"十四五"职业教育国家规划教材

四川省"十四五"职业教育省级规划教材

铁 路
特殊货物运输

杨冀琴　主　编
韩晶书　副主编
李　伟　主　审

人民交通出版社股份有限公司
北京

内 容 提 要

本书为"十四五"职业教育国家规划教材、四川省"十四五"职业教育省级规划教材。全书按照"价值引领、项目主导、任务驱动、实践巩固"的模式编写。其主要内容包括:组织铁路鲜活货物运输、组织铁路危险货物运输、制定阔大货物装载方案、制定阔大货物加固方案和组织超限、超重货物运输及组织铁路军事运输。

本书为高职、中职院校铁道运输类相关专业教材,可作为铁路行业人员培训教材,亦可供相关行业参考。

＊本书配有教学资源,读者可加入"职教铁路教学研讨群(教师专用 QQ 群号:211163250)"索取。

图书在版编目(CIP)数据

铁路特殊货物运输/杨冀琴主编. —北京 : 人民
交通出版社股份有限公司, 2019.4(2025.1 重印)
ISBN 978-7-114-15258-0

Ⅰ.①铁… Ⅱ.①杨… Ⅲ.①铁路运输—货物运输—
职业教育—教材 Ⅳ.①U294.1

中国版本图书馆 CIP 数据核字(2018)第 303000 号

"十四五"职业教育国家规划教材
四川省"十四五"职业教育省级规划教材

书　　名:**铁路特殊货物运输**
著 作 者:杨冀琴
责任编辑:袁 方 杨 思
责任校对:刘 芹
责任印制:张 凯
出版发行:人民交通出版社股份有限公司
地　　址:(100011)北京市朝阳区安定门外外馆斜街 3 号
网　　址:http://www.ccpcl.com.cn
销售电话:(010)85285911
总 经 销:人民交通出版社股份有限公司发行部
经　　销:各地新华书店
印　　刷:北京虎彩文化传播有限公司
开　　本:787×1092　1/16
印　　张:16.25
字　　数:367 千
版　　次:2019 年 4 月　第 1 版
印　　次:2025 年 1 月　第 5 次印刷
书　　号:ISBN 978-7-114-15258-0
定　　价:46.00 元

(有印刷、装订质量问题的图书,由本公司负责调换)

前　言

　　铁路运输是综合交通运输体系的重要组成部分,铁路货物运输是社会物流的重要环节之一,是联系社会生产、流通与消费的纽带。其基本任务是安全、迅速、经济、便利地运送货物。铁路特殊货物运输组织技术难度要求高,作业内容和作业标准要求严格,业务性质复杂,安全责任重大,关系国民经济发展、人民生命财产安全和社会稳定。随着铁路新设备、新技术、新组织办法的广泛运用,铁路运输企业迫切需要掌握职业岗位专业知识、技能操作和优秀职业精神的高素质技术技能人才。

　　本书在编写过程中,坚持立德树人、以人为本、可持续发展和现代职业教育理念,校企合作,深入铁路货运生产现场调研访谈,紧密对接企业人才需求,对接岗位职业标准,对接货运生产过程,基于工作过程系统化进行典型工作任务的提炼,形成"价值引领、项目主导、任务驱动、实践巩固"的编写模式,并开发活页式学习任务单引导学生自主学习,帮助教师开展混合式教学。

　　全书包括六个项目,分别为:组织铁路鲜活物运输,组织铁路危险货物运输,制定阔大货物装载方案,制定阔大货物加固方案,组织超限、超重货物运输,组织铁路军事运输。每个项目包项目描述、思政链接、教学目标,以及若干任务模块;其中任务模块下,按照任务引入、任务(知识)储备、任务实施、任务自测四个子模块展开学习;每个任务配套电子学习任务活页,个别项目增加了知识拓展。价值引领:立德树人,思政链接设计了"品质生活""法治在线""劳模故事""安全生产""改革创新"等与教材关联的思政内容,活页引导问题嵌入有关的思政思考,润物细无声。

　　参加本书编写工作的人员有:董恺凌(成都工业职业技术学院,编写项目一),黄珏(柳州铁道职业技术学院,编写项目二的任务一、任务二、任务三、参编项目二的任务四、任务五、任务六),魏玉晓(呼和浩特职业学院,参编项目二),韩晶书(黑龙江交通职业技术学院,编写项目三),吴丽然(成都工业职业技术学院,编写项目四)、杨冀琴(成都工业职业技术学院,编写项目五、项目六,编写项目二的任务四、任务五、任务六)。

　　校企合作,中国铁路成都局集团有限公司专业技术管理人员杜庆参编,刘晓斌以及中国铁路哈尔滨局集团有限公司姚洪川提出了中肯的修改建议。中国铁路成都局集团有限公司宜宾车务段李伟副段长担任本教材的主审,提出了许多宝贵建议。在此对他们给予的大力支持深表感谢。

　　由于铁路货运技术装备、运输组织方法在不断变化,货运规章也不断调整、补充,建议在教学过程中,应以实际的规章为准。

　　由于编者水平有限,书中仍有不妥之处,敬请读者批评指正。

编　者

2021 年 12 月

目　　录

配套学习任务电子活页使用说明

本教材积极响应国务院《国家职业教育改革实施方案》(2019 年)、中共中央办公厅 国务院办公厅《关于推动现代职业教育高质量发展的意见》(2021 年)、教育部《"十四五"职业教育规划教材建设实施方案》(2021 年)等有关政策,以学生为中心、产教融合,设计为电子活页式创新教材。

根据铁路特殊货物运输组织特点,以"项目—任务"为单元编写学习任务单 6 项 27 个,结构包括"学习任务名称""学习任务情境""学习任务目标""学习任务清单""学习任务评价""学习任务反思"。本教材学习任务活页有以下特点:

一是工作任务"真"。对接生产岗位、校企协同凝练设计。

二是工作清单"变"。清单问题可以结合生产实际、学生实际进行更新变动。

三是教学形式"活"。二维码下载灵活机动,利于教师自主更新丰富学习任务,灵活教学;利于培养学生自主学习能力、适应团队合作学习,实现"活教活学活用活改"。

四是价值育人"隐"。立德树人,课程思政塑造引领在任务中含蓄浸润,在评价中明确提高。

五是教学效果"明"。任务情境驱动、清单应用实施、多维评价、反思总结,学习活动实现闭环,便于教师、学生获得定量的综合性评价、增值评价。

学习任务活页请扫描下方二维码获得。

项目一　组织铁路鲜活货物运输

★ **项目描述**

鲜活货物是指在铁路运输过程中需要采取制冷、加温、保温、通风、上水等特殊措施,以防止出现腐烂、变质、冻损、生理病害、病残死亡等问题的货物。因其具有的特殊性,在承运时,对温度、湿度、通风、卫生条件以及货物的质量要求较为严格。在运输中,需要相应的设施设备来保证货物的质量及基本生存条件;在运输时间上,要求迅速、及时。因此,在铁路运输组织中,要在发送、途中、到达各个环节需严格把关,以确保货物安全、迅速的运输。

★ **教学目标**

1. 知识目标

(1)了解鲜活货物的定义、分类、运输特点和要求。

(2)掌握造成易腐货物腐烂的原因及储运方法。

(3)掌握鲜活货物的运输设备种类及其使用条件。

(4)掌握易腐货物运输一批的要求。

(5)掌握易腐货物运单填写的要求,以及易腐货物运输的承运要求。

(6)掌握活动物运输的基本要求。

(7)掌握易腐货物的发送、途中、到达作业的有关要求。

(8)知道不同活动物在运输设备选用、运输组织方面的要求。

2. 能力目标

(1)能正确分辨鲜活货物的种类及热状态,知道其在储运过程中的要求。

(2)能根据鲜活货物的特性,正确选用合适的储运方法及运输设备。

(3)能正确选择易腐货物的装载方法。

(4)能依规正确办理一批易腐货物的发送、途中、到达作业。

(5)能依规正确办理活动物的发送、途中、到达作业。

3. 情感目标

(1)注重安全,爱岗敬业。

(2)吃苦耐劳,耐心细致。

(3)诚信友善,团结协作。

(4)开拓创新,勇于担当。

思政链接

品质生活

任务一　认识鲜活货物

任务引入

【任务1-1】　A站于8月1日承运某托运人一批鲜玉米,整车运输,棚车一辆装运,编织袋包装,1200件,重42t,价值人民币100000元整。运单上"运到期限"栏为6d,"托运人记事"栏内注明"容许运到期限为11d"。A站于8月1日当日承运,并装车完了,8月14日,该批货物到达到站并卸车完了。卸车时,车内有腐臭味,部分货物湿损变质。

请思考:

(1)回忆整车货物运输运单审核内容。

(2)任务中,货物是否是易腐货物? 其热状态是多少? 若货物为玉米,则它是否为易腐货物?

(3)鲜玉米在运输中相较于普通货物有无特殊要求? 在运输合同中如何体现?

(4)任务中,使用棚车装运是否合理(注意时间)?

(5)生活中,鲜玉米在超市或市场出售时,有无保证其质量的措施?

【任务1-2】　A站于5月23日承运某托运人一批胰岛素,整车运输,机械冷藏车一辆装运,纸箱包装,2000件,重5t,价值880000元整。

请思考:

(1)胰岛素是否为易腐货物? 说明理由。

(2)胰岛素能否按照易腐货物运输?

任务(知识)储备

一、鲜活货物的概念及分类

(一)概念

鲜活货物是指在铁路运输过程中需要采取制冷、加温、保温、通风、上水等特殊措施,以防止出现腐烂、变质、冻损、生理病害、病残死亡等问题的货物。

(二)分类

鲜活货物分为易腐货物和活动物两大类。

1.易腐货物

易腐货物是指在一般条件下保管和运输时,极易受到外界气温、湿度、卫生条件及机械作用的影响而腐败变质的货物。

易腐货物按其热状态分为冻结货物、冷却货物和未冷却货物。

(1)冻结货物。它是指经过冷冻加工成为冻结状态的易腐货物,装车时按照货物的承运温度不同又有 −18℃以下、−15℃以下和 −12℃以下三种承运温度范围;运输时提供 −15℃以下、−12℃以下和 −10℃以下三种运输温度控制范围。如速冻食品、冻水产品、冻肉、冻乳制品等。

（2）冷却货物。它是指经过冷却处理,温度在冻结点以上的易腐货物;装车时货物的承运温度须达到规定要求,一般在 0~10℃ 范围。如冷却的熟肉制品、鲜蛋、蔬菜水果等。

（3）未冷却货物。它是指未经过任何冷处理,完全处于自然状态的易腐货物;装车时对货物的承运温度没有要求。如未冷却的熟肉制品、鲜蛋、鲜奶、鲜蔬菜水果、鲜花卉植物等。

易腐货物包括肉、蛋、乳制品、速冻食品、冻水产品、鲜蔬菜、鲜水果、花卉植物等。常见品名见《铁路鲜活货物运输规则》(以下简称《鲜规》)附件 1"易腐货物机械冷藏车运输条件表"。易腐货物,按其性质和运输条件分为 13 类:

（1）速冻食品,包括速冻水果、速冻蔬菜和速冻调理方便食品。

（2）冻水产品,包括冻鱼、冻鱼片、冻虾、冻蟹、冻贝类。

（3）肉类,包括猪肉、牛肉、羊肉、兔肉和禽肉。

（4）肉类制品,包括火腿、腌肉、熏肉、腊肉等熟肉制品和熏蒸火腿、火腿肠、香肠(腊肠)等。

（5）油脂类,包括动物油和食用植物油。

（6）禽蛋类,包括冰蛋和鲜蛋。

（7）乳制品,包括冷冻乳品、奶油、炼乳、鲜奶和乳类饮品。

（8）糖果类,包括巧克力和糖果、蜜饯。

（9）饮品,包括非酒精类饮品和酒类饮品。

（10）鲜蔬菜,包括叶菜类、根茎类、瓜菜类、花菜类、茄果类、葱蒜类和菜用豆类。

（11）鲜水果,包括仁果类、核果类、柑橘类、浆果类、瓜类、热带及亚热带水果。

（12）坚果类。

（13）其他,包括花卉植物和罐头。

《鲜规》中未列载的如药品、血浆、疫苗等,如在运输上有制冷、加温、保温、通风等特殊要求,托运人也可以按照易腐货物办理。

2. 活动物

活动物包括禽、畜、兽、蜜蜂、活水产品等。

二、影响易腐货物腐败的因素

（一）易腐货物腐败的原因

易腐货物是由有机物、矿物质和水组成的。其中有机物包括蛋白质、脂肪和类脂肪、糖类、维生素、酶和有机酸等。它们的化学成分及其含量决定了易腐货物具有不同的色、香、味、质地和营养。

易腐货物在储运过程中,由于某些原因的综合作用,其成分发生分解变化,逐渐失去其食用价值和使用价值,发生腐败。腐败是易腐货物各种组成成分在自身生化过程、一定外界环境条件综合作用下而产生恶臭、异味和毒素的过程。引起易腐货物腐败的原因主要有三种,即微生物作用、呼吸作用和氧化作用。

1. 微生物作用

微生物作用是指微生物在易腐货物内滋生繁殖,导致其腐败。微生物作用,主要是微生物分泌出有毒的酶、毒素等物质,破坏细胞壁,侵入内部,将细胞中复杂的有机物水解,供微生物利用,使其生长繁殖,最终加速易腐货物分解、消耗,导致其腐败变质。微生物作用是一种生物作用,主要作用于动物性易腐货物。如细菌、酵母菌、霉菌、病毒等微生物作用,引起蛋白质分解为硫化氢、氨等各种难闻气体和有毒物质,引起脂肪分解为甘油和脂肪酸;脂肪酸再被氧化分解为醛类、酮类和酸类,发酵、变酸、发臭,不堪食用,失去食用价值。

2. 呼吸作用

呼吸作用系指水果、蔬菜采摘离开母体后,在酶的作用下仍缓慢进行呼吸作用,逐渐消耗体内的养分,有机物被分解为较简单物质,并放出热量,最终腐败。在此过程中放出的热量并不是全部被细胞所利用,其中绝大部分以呼吸热的形式散发出去。呼吸作用分为有氧呼吸和缺氧呼吸,其中缺氧呼吸产生的乙醇及其他有害物质,累积在细胞中,并输送到其他部位,加快腐败。呼吸作用是一种生物化学作用,主要发生在植物性易腐货物。

影响呼吸作用的因素主要是呼吸强度,即植物性易腐货物每千克每小时放出的 CO_2 的毫克数。果蔬的品种不同,呼吸强度不一样,例如绿叶蔬菜呼吸强度最大,番茄、浆果其次,苹果、柑橘较小。果蔬的生长天数的长或短,也影响呼吸强度,一般早熟品种比晚熟品种大。

呼吸作用产生的免疫功能可以抵御外界微生物,但以消耗自身体内营养物质为代价。由于呼吸作用,果实逐渐由青转黄,由硬变软;蔬菜则由绿变黄,随着营养物质的消耗、水分的蒸发,抗微生物作用不断下降,促使其呼吸强度继续增大,最终导致腐烂或者枯萎。因此,在储藏植物性易腐货物时,要保护呼吸作用抵抗微生物作用积极的一面,又要限制其消耗养分消极的一面,只能降低呼吸作用而不能停止。

3. 氧化作用

氧化作用是指果蔬等易腐货物表皮碰伤后发生氧化,从而发生变色、变味、腐烂。氧化作用是一种化学作用。易腐货物因碰撞、振动、挤压等物理作用,表皮受到损伤,内部组织暴露于空气中,使其中某些成分被氧化,植物性易腐货物为了抵御微生物侵入,加强呼吸作用,导致加速腐败。例如当果蔬受伤、破碎或切开后,果实中的单宁物质(与风味、色泽有密切关系)被氧化而生成黑色物质。

以上导致易腐货物腐败的原因各有特点,并非孤立而是相互影响的,有时同时进行。例如水果碰伤后,伤口处迅速氧化、变色,细菌、霉菌等微生物也从伤口侵入,水果因自发愈伤和抵御微生物的侵袭又引起呼吸作用加强,从而加速了腐败变质。

一般来说,动物性食品腐败的原因主要是微生物作用;动物性食品没有生命,对细菌等微生物抵抗能力不大,一旦沾染,微生物很快繁殖,造成腐败变质。植物性食品腐败的原因主要是呼吸作用。

(二)影响微生物作用和呼吸作用的因素

1. 影响微生物作用的因素

微生物主要包括霉菌(黄曲霉、菌丝霉、青霉和毛霉)、酵母菌和病毒等三大类。微生物在易腐货物体内以几何级数迅速增加,但其繁殖速度受以下诸多因素影响:

(1)温度

一般微生物最适宜的繁殖温度是 $25 \sim 35℃$。一般细菌在 $60℃$ 环境中 $30min$ 即可杀死,$2 \sim 4℃$ 繁殖速度逐渐减慢,$-15 \sim -18℃$ 停止繁殖。

（2）湿度

各种微生物的繁殖都有一个最适合的湿度,过高或过低都会使微生物的生存繁殖受到限制。一般情况下,湿度过大,微生物繁殖快,呼吸作用强,货物容易腐败;湿度过小,水分蒸发快,货物干耗增大,使货物失去新鲜状态,质量和数量都受到损失。

（3）pH 值

一定的微生物都有自己适宜的酸碱度。最适合生存繁殖的 pH 值:多数病菌为 6.8 ~ 7.6,酵母菌为 3 ~ 6,一般霉菌为 2 ~ 8。

（4）渗透压

微生物繁殖最适合的盐水浓度为 0.8% ~ 0.9%。1.8% 的盐水即可抑制杆菌,15% 的盐水即可抑制球菌,接近饱和盐浓度即可杀死细菌。

（5）氧气

除厌氧菌外,一般微生物在氧气充足时繁殖会加快。

（6）阳光和紫外线

微生物都怕阳光和紫外线照射。

2. 影响呼吸作用的因素

（1）内因

内因主要是易腐货物的品种、果蔬的生长天数等。在相同条件下,不同品种的果蔬,呼吸强度有很大差异,一般来说热带水果的呼吸强度最高,亚热带水果次之,而温带水果呼吸强度较低。同品种不同收获期的果蔬呼吸强度也不同,一般是早熟的比晚熟的呼吸强度要高。

（2）外因

外因主要是温度、空气成分、机械创伤、微生物侵蚀等。在一般情况下,温度每上升10℃,呼吸强度就增加一倍。

三、易腐货物的储运和冷藏方法

（一）储运方法

易腐货物即易于腐败变质的货物。它在储运中必须采取能够抑制上述三种作用(微生物、呼吸、氧化)发生,防止腐败变质,保持新鲜度,延长保存期的保藏方法。

1. 冷藏法

冷藏法是通过降低货物的温度来抑制微生物的生长繁殖,降低酶的活性,减缓呼吸、氧化作用。

2. 气调法

气调法是通过调节或控制密闭储运环境中空气中的氧气、氮气、二氧化碳、乙烯或其他微量气体的浓度,抑制水果、蔬菜等植物性的易腐货物的呼吸作用和肉类等动物性易腐货物的氧化、脱水,延缓成熟过程,保持新鲜状态,减少损耗,从而增加保存期。该方法储藏效果好、储藏时间长、无污染,主要是用气调集装箱运输浆果等。

3. 电离子法

电离子法是利用一万伏或两万伏的高压电电离空气产生正、负离子,正、负离子使易腐货物的生物电得到中和,弱化生命活动,使其处于休眠状态;同时产生适量臭氧杀死微生物,使易腐货物极少消耗或不消耗营养物质,达到延长保存期保鲜的目的。这种方法可以使易腐货物在常温下长期储存而不腐烂。其特点是:设备简单、价格低廉、能量消耗小、操作过程可实现自动化。同时经此技术处理的易腐货物可用普通棚车或汽车运输,能大大缓和目前冷藏车不足的矛盾。

4.辐射处理法

辐射处理法是用射线照射易腐货物,杀死储运环境里的微生物、细菌,抑制易腐货物的生化作用和代谢作用,以延长保存期。但该方法会使易腐货物的色泽、风味、营养成分发生变化,维生素 E 易受到破坏。

5.减压法

减压法是通过降低易腐货物包装容器的气压使之成为低压密闭状态,抑制果蔬的呼吸作用和微生物的生长繁殖,保持湿度,较好地保持货物的质地、鲜度、风味、颜色和重量。

6.表面涂层法

表面涂层法是在果蔬表面涂抹或喷洒果蜡,或者由蛋白质、淀粉和油脂等高分子物质组成的溶液,使果蔬表面形成一层薄膜,起到限制呼吸作用,防止水分蒸发和阻止微生物侵入的作用。

7.超低温速冻保鲜和冷冻升华干燥法

冷冻干燥技术是将含水易腐货物快速冷冻后,在低温状态下使冰晶升华以使易腐货物干燥的一种方法。该方法使药品、食品的天然成分得到最大限度的保留。目前主要使用液氮速冻和真空干燥技术,但所需设备结构复杂、能耗高、加工时间长。近年来采用带回冷的空气涡轮制冷技术,在超低温环境下对中草药、食品进行速冻,在低温低压环境下对其升华干燥。

8.冻结真空干制法

冻结真空干制法是将含有大量水分的易腐货物速冻(速冻至 −18℃ 以下)后密封,在真空包装内低温升华脱水(97% ~98% 的水),可抑制微生物繁殖,又能使货物有良好的复水性。这种冻干食品比速冻食品更能保持原有的色、香、味及维生素,并且密封包装后可在常温下运输。食用时,充入适量的水即可复原。

(二)冷藏方法

各种保藏方法中,冷藏法以其简便易行、经济实用、安全有效的特点,在我国铁路易腐货物运输中得到了普遍采用。

在低温环境中,首先微生物的繁殖速度减缓;其次,呼吸作用和氧化作用需要氧化酶催化,而酶在温度较高时活性较强,温度较低时活性减弱,呼吸作用和氧化作用也随之减弱。由于微生物作用、呼吸作用和氧化作用的强弱均与温度高低有关,温度是造成易腐货物腐败的重要条件。因此,采用冷藏方法,保持适度的低温,既可有效抑制微生物的繁殖,又能减弱呼吸、氧化作用,对防止易腐货物腐败是相当有效的。而且较其他保藏方法,冷藏法通常以空气为热交换的介质,不会给易腐货物带来有害的化学物质,有利于保护消费者的健康。

冷藏是将易腐货物的温度降低,按其降低的程度分为冻结和冷却两种方法。

1.冻结方法

冻结方法是将易腐货物的温度降低到使货物中大部分水都变成冰的低温,在冻结状态下储运。在冷冻加工过程中,有快速冻结和慢速冻结的区别,快速冻结的效果比慢速冻结好。

快速冻结时,易腐货物液汁中的水能很快结冰析出,迅速形成分布均匀的微小冰晶体,不致损伤细胞组织结构,能增加变化的可逆性;解冻时液汁融化后能充分地渗回到细胞组织中,货物的营养成分和滋味都能得到较好的保持。

慢速冻结时,易腐货物液汁中的水结晶过程长,形成的冰晶体大,破坏了细胞组织结构;解冻时液汁融化后不能充分地渗回到细胞组织中,甚至有部分液汁流出,形成不可逆过程,使货物的品质下降。

冻结方法能做到在低于0℃的低温下储藏易腐货物,可取得较理想的保质效果。在冻结货物中,将经过深度冷冻,温度在 -18℃ 以下的冻结货物称为深度冷冻货物(简称深冷货物);将经过普通冷冻,温度高于 -18℃ 的冻结货物称为普通冷冻货物(简称普冷货物)。动物性易腐货物含水量小,耐冻性强,适宜用冻结的方法冷藏,如冻鱼、冰激凌等易腐货物,采用深冷运输,能更好地保持货物的品质和风味。果蔬等植物性易腐货物含水量大,如用冻结方法冷藏,应采用快速冻结,以免破坏细胞组织结构,造成冻损。

2.冷却方法

冷却方法是将易腐货物的温度降低到适宜储藏又不至于使货物冻结的低温。虽然降低温度,可有效地抑制微生物的繁殖,减弱氧化、呼吸作用,有利于保持货物的质量,但对果蔬等植物性易腐货物,温度又不宜过低,温度低于0℃易造成货物发生冷害冻损而变质,因此通常只是将货物冷却到适宜的温度(多数果蔬为 0 ~ 4℃)进行储运。

四、冷藏运输

冷藏运输是冷藏方法在易腐货物运输中的运用,需要在运输技术上提供适合货物性质的低温运输条件,在运输组织上尽量缩短运输时间。

(一)冷藏运输技术要求

冷藏运输最重要的技术要求是保持适当的低温。铁路冷藏运输主要是使用机械冷藏车或冷藏集装箱等运载器具,采用机械制冷等技术,将易腐货物置于适宜的低温防护下进行运输,以保持货物的质量,防止腐烂变质。此外,采用预冷技术,运输前在预冷站或冷库将易腐货物降温处理成冻结货物或冷却货物,装车前对车辆、集装箱进行预冷,运输时能将货物温度尽快降低到适宜的运输温度,更有利于保持易腐货物的质量。

运输过程中调湿也是一项关键的技术条件。湿度是指空气中含水蒸气的程度,通常用相对湿度即以绝对湿度与饱和湿度的百分比表示。目前铁路冷藏运输车辆、运输器具仍缺乏自动调湿技术,一般是通过降低温度,使空气中的水蒸气冷凝达到降低空气湿度的目的,采用洒水增大湿度。

冷藏运输还应注意及时通风换气,排除热量、有害气体和多余水汽,补充新鲜空气,并保持良好的卫生环境,防止易腐货物受到污损和被微生物感染。冷藏运输如能有选择地结合使用其他保藏技术,即可更有效地保持易腐货物的品质。例如,可将水果、蔬菜、肉类等用气调法或减压法密闭包装后冷藏运输,能更好地保持货物的鲜度、风味和色泽。

(二)冷藏运输组织方法

冷藏运输尽管采取了低温和其他特殊的防护措施来保持易腐货物的质量,但也只能延缓而不能停止货物的物理、化学、生物变化过程,货物质量仍有缓慢的降低,如营养成分减少、水分干耗增大、色泽风味改变等,运输时间越长,质量降低的程度越大。因此,应积极组织快速运输,尽量缩短运输时间,以利于保持易腐货物的初始质量。

（三）冷藏链与保鲜链

铁路冷藏运输只是易腐货物整个物流过程中的一个环节,如采用冷藏链技术,将易腐货物从生产、加工、分拣、储存、运输、配送、销售乃至消费的全过程,均置于低温防护下,则可最大限度地保护易腐货物的原有质量。采用保鲜链技术,综合运用各种适宜的无污染的保鲜方法和手段,则可以使易腐货物在生产、加工、分拣、储存、运输、配送、销售乃至消费的各环节中,最大限度地保持鲜活的品质特征。

任务实施

根据任务一中"任务（知识）储备"所学知识,分析"任务引入"中任务 1-1、任务 1-2。
实施要点：
（1）判断鲜活货物的种类及热状态。
（2）分析鲜活货物的特点及运输时的要求。

任务自测

一、单项选择题

1. 夏季运输热带水果时,在铁路运输过程中需要采取以下除（　　）以外的特殊措施。
　　A. 制冷　　　　　　　B. 加温　　　　　　　C. 通风　　　　　　　D. 加冰

2. 下列（　　）不是导致易腐货物腐败的外在因素。
　　A. 气温　　　　　　　B. 湿度　　　　　　　C. 卫生条件　　　　　D. 货物初始品质

3. 引起动物性食品腐败的原因主要是（　　）。
　　A. 微生物作用　　　B. 呼吸作用　　　　　C. 氧化作用　　　　　D. 机械作用

二、判断题

1. 冬季运输一批水果到哈尔滨,应采取制冷、通风、加冰等特殊措施。　　　　　　　（　　）

2. 血浆是易腐货物,需要按易腐货物办理。　　　　　　　　　　　　　　　　　　（　　）

3. 在储藏植物性易腐货物时,要保护呼吸作用抵抗微生物作用积极的一面,又要限制其消耗养分这一消极的一面,只能降低呼吸作用而不能停止。　　　　　　　　　　（　　）

三、简答题

1. 什么是鲜活货物? 鲜活货物的分类有哪些?

2. 引起易腐货物腐败的原因主要有哪些?

3. 易腐货物有哪些储运方法? 适合铁路运输的是哪种方法? 为什么?

任务二　选用鲜活货物铁路运输设备

任务引入

【任务 1-3】　7 月 30 日,某货运办理站接到货主托运（冷鲜肉、奶酪、香蕉、土豆、白菜、活鱼、生猪）申请。请根据货物性质,选择鲜活货物运输车辆。

一、运输鲜活货物的车辆

（一）冷藏车

1.机械制冷原理

首先，我们必须掌握机械制冷的原理。要知道，铁路机械冷藏车和机械冷藏集装箱是采用压缩式制冷机进行制冷的。

压缩式制冷机通常由压缩机、冷凝器、膨胀阀和蒸发器4个基本部件组成；并用管道连接成一个闭合的系统（见图1-1）。一般用氨或氟利昂做制冷剂，用水或空气做冷却剂。制冷剂在蒸发器内汽化而吸收周围介质的热，汽化后的制冷剂蒸气被压缩机吸出并加以压缩，压力和温度都提高后压入冷凝器。冷凝器是放热的部件，高压高温蒸汽在这里被冷却水冷却而凝成液体。高压的液体通过膨胀阀又进入蒸发器，由于压力降低，液体又吸热汽化，此后，低压的蒸汽又进入压缩机，开始新的循环。

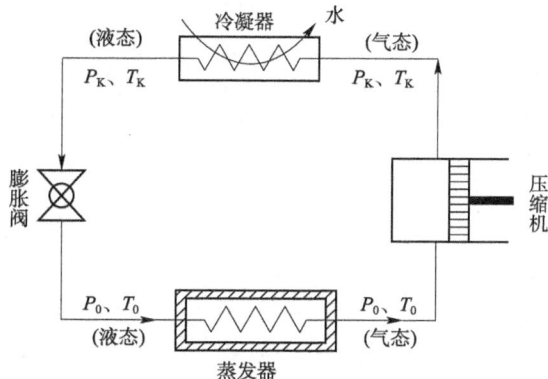

图 1-1 机械制冷基本原理示意图

常用的制冷剂，氨有毒，氟利昂会破坏大气中的臭氧（O_3），它们正逐步被无毒环保的制冷剂取代，以减少对环境的污染和破坏。

2.机械冷藏车

（1）机械冷藏车的构成

机械冷藏车，如图 1-2 所示。它是目前我国铁路鲜活货物运输的主要工具，主要包括 B_{22}、B_{23}、B_{10}、BX 等。其中 B_{22}、B_{23} 型为 5 节一组，均由 1 辆发电乘务车和 4 辆冷藏货物车组成（见图 1-3）。发电乘务车在车组的中部，两端各连挂 2 辆冷藏货物车。B_{10} 为单节机械冷藏车（见图 1-4），其运货质量良好，受到消费者的好评。

机械冷藏车车组采用集中供电，集中值乘，单车制冷、加温的形式。发电乘务车上设有机械间、变配电间和乘务员工作、生活设施。发电乘务车的两套柴油发电机分别为两端的冷藏货物车供电。冷藏货物车（见图 1-5）内长 18m，两端各有一个工具间，上部为制冷机组，下部为总控柜和制冷机组配电柜；车内的一套制冷、加温机组，通过顶棚风道向车内输送冷风或热风，使用风机将冷、热空气吹入车内，经循环挡板、底格板、通风条等循环装置进行循环，使车内获得比较均匀稳定的温度，并通过测温、控温装置进行测温、控温。车上设有通风换气装置，需要时可对车内进行通风换气（见图 1-6）。

a)B₂₂机械冷藏车　　　　　　　　b)B₂₂发电乘务车

c)B₂₂机械冷藏车组

图 1-2　B₂₂ 机械冷藏车

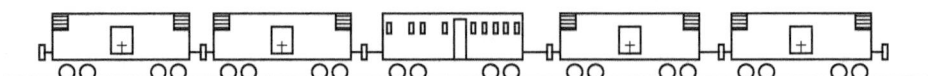

图 1-3　五节式机械冷藏车车组编组示意图

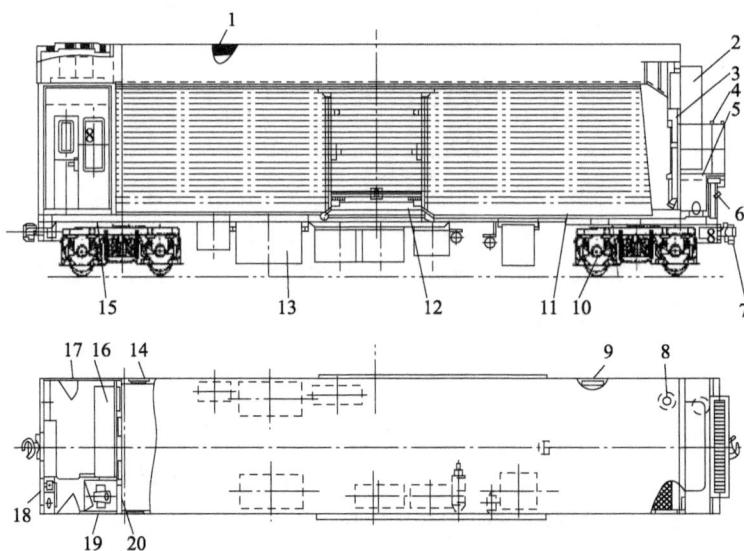

图 1-4　B₁₀ 型单节机械冷藏车结构示意图

1-车顶;2-制冷机组;3-回风道;4-工作台及扶梯;5-燃油装置;6-机械间;7-车钩缓冲装置;8-排水阀;9、14-侧墙;10-转向架;11-车底架;12-货物间车门;13-辅助柴油发电机组;15-标记;16-押运室;17-车门;18-端墙钢结构;19-车窗;20-隔热端墙

（2）机械冷藏车的技术参数及特点

我国铁路使用的各型机械冷藏车的基本性能,如表 1-1 所示。机械冷藏车能使热货快速降温,车内可获得与冷库相同水平的低温,车内温度分布比较均匀,便于实现制冷、加温、通风、循环、融霜的自动化,也可提高控温的稳定性与可靠性,适宜于鲜活货物的长距离运输。但是机械冷藏车造价昂贵,检修、运用成本高,维修复杂,耗能高。

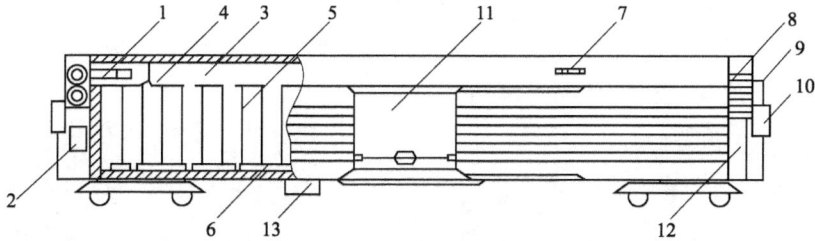

图 1-5　冷藏货物车设备布置图

1-制冷机组;2-冷藏车总控柜;3-风道;4-循环挡板;5-通风条;6-底格板(离水格子);7-通风换气排气口;8-机组通风百叶窗;9-护栏;10-工作台;11-车门;12-工作间侧门;13-备件箱

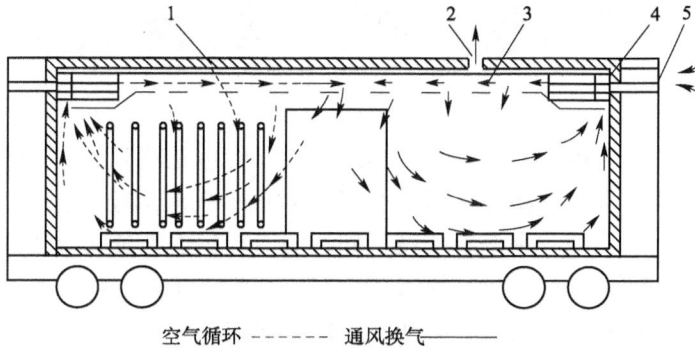

空气循环 ----- 通风换气 ———

图 1-6　B₂₂型机械冷藏车空气循环及通风换气示意图
1-风道孔隙;2-排气口;3-风道;4-风机;5-进气管

机械冷藏车基本性能表　　　　　　　　　　　　　　　　　　　　表 1-1

车型	自重(t)	载重(t)	容积(m³)	装货面积(m²)	车内装载尺寸(mm)长×宽×高	最大外部尺寸(mm)长×宽×高	门孔尺寸(mm)宽×高	车组自重(t)	车组载重(t)	车组全长(m)	车内可保持的温度(℃)	特点
B₂₂	38	46	105	46	18×2.558×2.3	21938×3020×4670	2700×2300	206	184	107.7	-24~+14	5节机械冷藏车,1辆工作车,两端各2辆货物车
B₂₃	38.2	45.5	105	46	18×2.260×2.3	21938×3134×4640	2702×2306	206	182	110.1	-24~+14	同上
B₁₀	41.1	38	100	43.6	17.3×2.56×2.3	21938×3094×4700	2700×2300	—	—	—	-24~+14	单节机械冷藏车

(二)棚车、敞车

棚车、敞车属通用货车。在专用车不足的情况下,可有条件地选用棚车、敞车装运鲜活货物。使用时,根据需要增设装载装置、装车备品并采取相应的防护措施。棚车可用于装运水果、蔬菜等易腐货物,棚车、敞车可用于装运马、牛、猪、羊等活动物。

二、运输鲜活货物的集装箱

运输鲜活货物的集装箱主要包括冷藏集装箱、绝热集装箱、加热集装箱等类型。铁路运输广泛使用冷藏集装箱。冷藏集装箱(见图 1-7)是专为运输要求保持一定温度的冷冻货物或低温货物而设计的集装箱。其箱内温度可维持在 −25 ~ +25℃ 之间,除了具有控制和调节箱内温度的装置外,还有气调装置、除湿和加湿装置及臭氧发生装置,主要用于运输新鲜水果、鱼虾、肉类、蔬菜、胶片、药品等鲜活货物。

a)

b)

图1-7 机械冷藏集装箱

冷藏集装箱是一种先进的易腐货物冷藏运载工具,也是冷藏链的一项重要技术基础。它除了具有一般集装箱载货量相对小、运用灵活、满足小批量运输需要,市场适应性强、“门到门”运输的优点外,还能减少易腐货物在不同运输方式运输工具间换和在待装、待搬、装卸、搬运、中转、配送等作业过程中的暴露时间,使货物免受外温影响而导致变质腐败或冷害冷冻,也减少了货物被污染的可能性,有利于保持货物的质量。

冷藏集装箱有机械冷藏箱、气调冷藏集装箱、低压冷藏集装箱等多种。

另外,冷藏集装箱还可以按尺寸主要分为20ft、40ft等类型;按控温范围分为冷冻集装箱和保温集装箱两种。

任务实施

根据任务二中“任务(知识)储备”所学知识,分析“任务引入”中任务1-3,依据规章,正确查定、使用《鲜规》。

实施要点:

(1)分析货物性质,包括品名、热状态、提交运输时货物温度、要求运输温度、包装等。

(2)分析不同类型的鲜活货物运输车辆特点和适用范围。

任务自测

一、单项选择题

1.B$_{22}$ 型机械冷藏车为 5 节一组,均由 1 辆(　　　)和 4 辆(　　　)组成。

　　A.发电乘务车、冷藏货物车　　　　　　B.冷藏货物车、发电乘务车

　　C.棚车、冷藏货物车　　　　　　　　　D.供冷车、冷藏货物车

2.机械冷藏车的特点没有(　　　)。

　　A.降温快　　　　　　　　　　　　　　B.车内温度分布集中

　　C.造价便宜　　　　　　　　　　　　　D.维修复杂

二、判断题

1.机械冷藏车的制冷原理是采用压缩式制冷机进行制冷。　　　　　　　　　　(　　)

2.在专用车不足的情况下,可有条件地选用棚车、敞车装运鲜活货物。　　　　(　　)

3.冷藏集装箱按控温范围分为冷冻集装箱和保温集装箱两种。　　　　　　　　(　　)

三、简答题

1. 我国铁路运输易腐货物的车辆、设备有哪些？其特点、适用范围有哪些？
2. 简述铁路冷藏车的主要类型及优缺点。
3. 简述 B_{22} 机械冷藏车的编组形式。
4. 冷藏集装箱的主要类型有哪些？其主要特点是什么？

任务三　组织易腐货物运输

任务引入

【任务1-4】　9月2日，托运人到 A 站托运一批 20t 冻牛肉，快运，纸箱包装，1000 件，总价值 20 万元整，保价运输。运单上"托运人记事"栏内注明"容许运输期限为 7d"，从 A 站到 B 站运价里程为 967km。

若你是 A 站车站货运员，请按照规定，于 9 月 2 日当日完成受理运输需求，选择车辆；完成该批货物的装车、承运，运抵到站（写出组织工作的步骤及相关要点）。

任务（知识）储备

一、鲜活货物运输的特点和要求

（一）鲜活货物运输的特点

1. 时效性强

鲜活货物运输时间过长，将导致其营养减少、颜色蜕变、质量下降甚至腐烂变质、掉膘、病残、死亡，因此，必须组织快速运输。通过运输的时间及空间效用获得市场价值，通过运输组织的特殊防护和组织方法保证货物质量，可取得更多经济效益和社会效益。

2. 对温度、湿度、卫生条件要求高

消费者对鲜活产品的品质要求高，主要体现在外观色泽、风味口感、新鲜营养、卫生安全等方面。这些质量指标极易受外界气温、湿度和卫生条件的影响，只有适宜条件、正确运输组织才能保证鲜活货物品质。

3. 季节性强，运量波动大

鲜活货物，尤其是新鲜蔬菜、水果类和水产品类，季节性生产，形成运输淡旺季，货源波动大。

4. 品种多样，个体不均，运输组织复杂

鲜活货物种类繁多，品种各异；即使是同一品种，由于成熟度不同，个体不均，储运条件也有差异。因此，鲜活货物的储运组织应与其耐运性、抗病性相适应，必要时装车前通过分级提高均一性，以保证运输质量。

5. 批量小，去向分散

鲜活货物市场总体需求逐年增加，但市场需求呈现需求品种多、批量小的发展趋势，除少数大宗鲜活货物的流向较为明显和稳定外，多数货物的流量流向都较为分散。

（二）鲜活货物运输的一般要求

1. 承运货物要符合运输条件的规定

易腐货物的热状态、承运质量、承运温度、包装和容许运输期限等要符合运输条件的规定;活动物应无病残,有规定的检疫证明,需要的容器、饲料和装车备品也应符合运输安全和卫生要求。

2. 需配备相应的运输服务设备

为保证鲜活货物的运输质量及安全,需要有冷藏车、家畜车、活鱼车等专用货车和冷藏集装箱等运载器具以及为鲜活货物运输服务的供电、预冷、上水、供料等设施。

3. 运输过程中保持适宜的温度、湿度

储运过程中的温度、湿度对鲜活货物的质量有很大影响。例如冻肉要求冷藏车内的温度保持在 −6℃以下,湿度95% ~100%;叶类鲜蔬菜(冷却)运输时要求机械冷藏车车内温度 0 ~3℃,湿度80% ~95%。空气湿度过于干燥,萝卜容易空心;过于潮湿,叶菜类就容易腐烂。

4. 要有良好的卫生和通风条件

鲜活货物事关食品卫生安全,储运环境应符合卫生防疫的要求,必须按规定严格对货车、货位进行清扫、洗刷除污和消毒,使用的装卸搬运机具、用品应清洁,运输需要的饮用水要卫生,防止货物受到污染和微生物侵害;还要有良好的通风条件,便于散热降温,排除有害气体、异味和多余水汽,保持空气清新适宜。

5. 做到灵活、快速运输

首先,鲜活货物都是具有生命或者营养价值的货物,随着运输时间增长,货物的质量降低程度也随之增大,因此,需要组织快速运输。其次,为适应去向分散、批量小的发展趋势,需要增加单节式机械冷藏车、冷藏集装箱等专用车辆和运载工具,采用灵活多样的运输组织方式。因此,必须加强运输组织工作,做到快速运输。要积极组织开行鲜活货物快运直达列车、鲜活货物五定班列,发展鲜活货物行包快运和绿色通道等多种快运形式。

6. 提供冷藏物流服务

为提高易腐货物储运质量,提高市场竞争力,铁路应以冷藏运输为主体,逐步构建和拓展易腐货物产储运销一体化的冷藏链,实现冷藏运输网络与冷藏仓储配送网络的无缝对接,形成具有铁路特色的冷藏物流网络体系,为托运人提供更优质的全方位和全程物流服务。

二、易腐货物的基本运输方法

在运输中为了保证易腐货物质量,需要采取保持一定的温度、湿度、通风和卫生条件的运输方法。为了在运输工具内满足相应要求,易腐货物可以采取下述基本运输方法。

1. 冷藏运输

冷藏运输是指由冷藏车、冷藏集装箱提供冷源,保持车内、箱内温度低于外界温度来运输易腐货物。运输工具要具备隔热的车体或箱体、制冷设备。大部分易腐货物适宜的运输温度低于外界温度,冷藏运输是主要运输方法。

2. 保温运输

保温运输是指不采用任何制冷、加温措施,仅利用车体或箱体的隔热性能或货物本身的冷量或热量来保持适宜的温度范围进行运输。如寒季保温运输冻肉、柑橘等。

3. 防寒运输

防寒运输是指当保温运输不能使车内温度维持在货物容许的最低温度以上时,需采取措施防止货物冷害冻害。防寒运输多用于寒季运输怕冷怕冻货物。此法实质是加强隔热性能的保温运输。其主要防寒措施:加挂草帘、棉被,铺垫稻草、稻壳等。

4.加温运输

加温运输是指由运输工具提供热源,保持车内温度高于外界温度来运输货物。当防寒运输不能防止货物冻害时,采取加温运输。铁路运输通过机械冷藏车开启电热器加温。

5.通风运输

通风运输是指运输全程或部分区段需要开启冷藏车的通风口盖、进风阀门、排气口或者棚车车门车窗,或吊起敞车侧板进行车内通风来运输货物。通风运输主要用于敞车、棚车运输水果、蔬菜,目的在于散发货物的田间热、呼吸热,排除二氧化碳、乙醇等有害气体和多余水汽,避免货物积热不散、缺氧呼吸或被乙醇催熟导致腐烂。

三、组织一批易腐货物的发送作业

易腐货物通常按整车运输,也可用冷藏(或保温)集装箱运输。铁路不办理零担鲜活货物运输。

(一)作业环节一:托运与受理

1.易腐货物的托运

装运易腐货物应按规定使用冷藏车或冷藏集装箱。确因冷藏车不足时,承运人可根据托运人的要求,按"使用棚车运输易腐货物的措施"(《鲜规》附件5)规定使用棚车或通用集装箱运输。托运人、承运人和收货人在办理易腐货物冷藏运输时,均应遵守"易腐货物机械冷藏车运输条件表"(《鲜规》附件1,格式见表1-2)的规定。该表将易腐货物分为13类,每一类按顺号将具体货物品名又按照热状态分类,对承运感官质量、承运温度、运输温度、适用包装、装载方法等作了具体规定。

(1)易腐货物按一批托运的规定

①不同热状态的易腐货物不得按一批托运

不同热状态的易腐货物,运输条件差别较大。例如:禽蛋中,冰蛋是冻结货物,其运输温度是-15℃;冷却鲜蛋是冷却货物,其运输温度是0~4℃;未冷却鲜蛋是未冷却货物,其运输温度是5~12℃;至于皮蛋、盐蛋等却不一定须按易腐货物办理。另外,易腐货物的热状态不同,对运输成本和货物质量的影响也较大。经冻结和冷却的货物运输时,不但可以减少制冷量,提高货物装载量,降低运输成本,也易于将货温尽快降低到规定的运输温度,有利于保持易腐货物的质量。因此,不同热状态的易腐货物运输条件不同,不得按一批托运。

②按一批托运的整车易腐货物,一般限运同一品名

使用机械冷藏车时,按一批托运的易腐货物,一般限同一品名。不同品名的易腐货物,如运输温度要求接近、货物性质允许混装的,可按一批托运,在同一机械冷藏车内组织混装运输。此时,托运人应与发站和乘务组商定运输条件,签订运输协议,并将运输条件记录在货物运单"托运人记事"栏和"机械冷藏车作业单"(《鲜规》附件8,格式见表1-3)内。

易腐货物机械冷藏车运输条件表（摘录）　　　　表 1-2

品类顺号	货物品类	货物品名	货物热状态	装车时货物质量要求		运输温度(℃)	适用包装号或包装	装载方式		说明
				感官质量	承运温度(℃)			装载要求	装载号	
1	速冻食品									
1.3	速冻蔬菜	速冻根茎类、速冻瓜菜类、速冻豆类、速冻花椰菜、速冻芦笋、速冻食用菌等	冻结	冻结良好，单体散冻，无粘连、结块、冰霜等现象。呈正常应有色泽。无失水、风干、冰衣脱落等现象。产品包装完好无破损。无复冻现象	-18以下	-15以下	3	紧密堆码		
3	肉类									
3.1	猪肉	冻分割肉、冻猪肉、冻猪胴体、冻猪副产品及其制品(冻火腿等)	冻结	冻结良好。肌肉有光泽，红色或稍暗，脂肪乳白色或粉白色。无不良异味，无变形，无复冻现象	-18以下 -15以下 -12以下	-15以下 -12以下 -10以下	3(猪头、胴体可不加包装)	紧密堆码		
6	禽蛋类									
6.2	鲜蛋	鲜蛋	冷却	新鲜、无变质、无异味。蛋壳清洁、完整、无破裂	-1~3	0~4	1、2、3	紧密堆码		
			未冷却			5~12				
7	乳制品									
7.6	乳类饮品	乳饮料	冷却	色泽均匀，呈乳白色、乳黄色或与产品相适应的特征色。乳液均匀细腻，无异物，无分层等不均匀现象。无其他异味	2~6	2~6	3	紧密堆码		
			未冷却							
10	鲜蔬类									
10.4	花菜类	花椰菜、青菜花等	冷却	成熟适度，色泽正，新鲜、清洁。无腐烂、散花、抽茎、异味、开裂、冷害、冻害、病虫害及机械伤	0~3	0~3	3、4、5、6、7	稳固装载，留通风空隙	1、2、3、4、5、6	
			未冷却							
12	坚果类	板栗	冷却	果粒均匀，色泽新鲜，无霉烂虫果。无雨湿、水渍。风干、咧嘴果两项不超过3%~5%	0~3	0~3	8	稳固装载，留通风空隙		呼吸强度大，外温在-5℃以下方可用冷藏车保温运输
			未冷却							

机械冷藏作业单 No.000003

一、始发站作业记录

1. 发站 __成都西__ 到站 __昆明东__ 车种、车型、车号 __B197801511～7801514__ 运单号 __54122__。

2. 货物品名、热状态 __冻牛肉(冻结)__;包装种类、状态 __无包装__。

3. 货物质量抽查情况: __冻结良好。肌肉呈红色,脂肪呈粉白色。无不良异味,无变形,无复冻现象__。

4. 货物装载方法 __紧密堆码__。

5. 商定的运输条件 __-12℃以下__。

6. 车辆预冷时间 __3__ 小时;车内预冷温度 __-2__ ℃。

7. 货物进站时间 __8__ 月 __2__ 日 __8__ 时。装车时间 __8__ 月 __2__ 日 __8__ 时 __20__ 分开始到 __8__ 月 __2__ 日 __11__ 时 __10__ 分止。其中制冷时间 __8__ 月 __2__ 日 __8__ 时 __20__ 分开始到 __8__ 月 __2__ 日 __11__ 时 __10__ 分止。

8. 装车时车内温度 __-3__ ℃,车外温度 __27__ ℃,货物的承运温度 __-13__ ℃。

9. 试运批准号: _____。

10. 其他需说明情况:

托运人或经办人签字(盖章) _____ 机械冷藏车机械长签字(盖章) _____。

铁路专用线(专用铁路)签字(盖章) _____ 发站货运员签字(盖章) _____。

二、到站作业记录

1. 到达车次 __20421__ 次,时间 __8__ 月 __5__ 日 __9__ 时 __12__ 分。

2. 车辆调入时间 __8__ 月 __5__ 日 __11__ 时 __35__ 分。卸车时间 __8__ 月 __5__ 日 __14__ 时 __50__ 分起至 __8__ 月 __5__ 日 __19__ 时 __20__ 分止。其中制冷时间 __8__ 月 __5__ 日 __15__ 时 __20__ 分开始到 __8__ 月 __5__ 日 __17__ 时 __00__ 分止。

3. 卸车时温度:车内 __-9.2__ ℃,车外 __29.8__ ℃。

4. 货物质量:感官观察 __正常__,冻结货物温度 __-13__ ℃。

5. 车内洗刷情况 __符合要求__。

6. 其他需说明情况:

收货人或经办人签字(盖章) _____ 机械冷藏车机械长签字(盖章) _____。

铁路专用线(专用铁路)签字(盖章) _____ 到站货运员签字(盖章) _____。

日/时分	3/17:10	3/23:10	4/5:10	4/11:10	4/17:10	4/23:10	5/5:10	5/11:10
外温(℃)	28.6	26.5	25.2	29.7	28.3	27.9	26.4	29.6
车内温度(℃)	-12.1	-13.2	-12.6	-12.8	-12.8	-12.5	-12.8	-12.2
日/时分								
外温(℃)								
车内温度(℃)								
日/时分								
外温(℃)								
车内温度(℃)								

机械冷藏车机械长(签字) _____ ;列车戳 _____

注:1. 未冷却货物可不填记货物的承运温度。

2. 冷却及未冷却的货物以卸车时车内温度为货物交接温度。

3. 机械冷藏车温度记录填满时,可在本页反面画格填写。

4. "机械冷藏车作业单"一式三份,一份由发站留存,一份随车递送到站保存,一份由机械冷藏车乘组交配属单位存档。

5. 本作业单保存期为一年。

一般情况下,下列货物不得混装运输:具有强烈气味的货物和容易吸收异味的货物;易

产生乙烯气体的货物和对乙烯敏感的货物;水果和肉类,蔬菜和乳制品。

(2)货物运单的填写与审查

①货物品名

托运易腐货物时,托运人应在货物运单"货物名称"栏内填记货物名称,同时在"托运人记事"栏注明其品类顺号及热状态。

例如,冷冻的牛肉,货物运单"货物名称"栏内应填写"冻牛肉","托运人记事"栏内填写"品类顺号:3.2,热状态:冻结"。

②容许运输期限

托运易腐货物时,托运人应在货物运单"托运人记事"栏内注明易腐货物容许运输期限(日数)。由于运输过程中存在各种不可控因素有可能导致运送延误或到站后不能及时送车和卸车,为使货物质量能有更可靠的保证,易腐货物容许运输期限须大于铁路部门规定的运到期限3d以上,发站方可承运。

易腐货物的容许运输期限,必须依据科学实验、实践经验和专门知识,根据货物的品种、性质、采收季节、初始质量、成熟度、加工处理方法、气候、运输工具、运输方式等一系列因素确定。

③易腐货物的检疫证明

托运人托运需检疫运输的易腐货物,应按国家有关规定提出检疫证明,例如运输动物产品的"动物检疫合格证明(动物A)"(格式见表1-4)和出入境植物的"植物检疫证书"(格式见表1-5)。托运人在货物运单"托运人记事"栏内注明检疫证明的名称和号码,车站凭此办理运输,并规定在铁路货运电子商务系统中留存证明文件的影像资料。为了防止病虫害的传播,控制疫情的蔓延,按照《中华人民共和国动物防疫法》《植物检疫条例》,经由铁路运输的动植物产品和鲜活植物,应是无病和符合检疫要求的。例如,需检疫运输的肉、油脂、内脏、生皮毛、血液、骨、蹄等畜禽产品;稻麦、瓜果、蔬菜的种子和中药材等植物产品以及苗木、盆景等鲜活植物。托运人应凭检疫合格证明办理运输。

动物检疫合格证明(动物A)　　　　　　　　　　　表1-4

编号:

货　主			联系电话			
动物种类			数量及单位			
启运地点	省　　市(州)　　县(市、区)　　乡(镇)　　村(养殖场、交易市场)					
到达地点	省　　市(州)　　县(市、区)　　乡(镇)　　村(养殖场、屠宰场、交易市场)					
用　　途		承运人		联系电话		第
运载方式	□公路　□铁路　□水路　□航空			运载工具牌号		
运载工具消毒情况		装运前经　　　　　消毒				
	本批动物经检疫合格,应于　　　　日内到达有效。 　　　　　　　　　　　　官方兽医签字: 　　　　　　　　　　　　签发日期:　年　月　日 　　　　　　　　　　　　(动物卫生监督所检疫专用章)					联 共 联
牲畜耳标号						
动物卫生监督 检查站签章						
备注						

注:1.本证书一式两联,第一联由动物卫生监督所留存,第二联随货同行。

2.跨省调运动物到达目的地后,货主或承运人应在24小时内向输入地动物卫生监督机构报告。

3.牲畜耳标号只需填写后3位,可另附纸填写,需注明本检疫证明编号,同时加盖动物卫生监督机构检疫专用章。

4.动物卫生监督所联系电话:＿＿＿＿＿＿＿。

表 1-5

植 物 检 疫 证 书

中华人民共和国出入境检验检疫

ENTRY-EXIT INSPECTION AND QUARANTINE
OF THE PEOPLE'S REPUBLIC OF CHINA

植 物 检 疫 证 书   编号 NO.1

PHYTOSANITARY CERTIFICATE

发货人名称及地址
Name and Address of consignor _____

收货人名称及地址
Name and Address of Consignee_____

品名   植物学名
Name of Produce _____ Botanical Name of Plants ***

报检数量   标记及号码
Quantity Declared _____ Mark & No.

包装种类及数量
Number and Type of Packages _____

产地
Place of Origin _____

到达口岸
Port of Destination _____

运输工具   检验日期
Means of Conveyance _____ Date of Inspection

兹证明上述植物、植物产品或其他检疫物已经按照规定程序进行检查和/或检验，被认为不带有输入国或地区规定的检疫性有害生物，并且基本不带有其他的有害生物，因而符合输入国或地区现行的植物检疫要求。

This is to certify that the plants. plant products or other regulated articles described above have been inspected and/or tested according to appropriate procedures and are considered to be free from quarantine pests specified by the importing country/region, and practically free from other injurious pests; and that they are considered to conform with the current phytosanitary requirements of the impoting country/region.

杀虫和/或灭菌处理 DISINFESTATION AND/OR DISINFECTION TREATMENT

日期   药剂及浓度
Date _____ Chemical and Concentration   METHYL BROMINDE 48G/M^3

处理方法   持续时间及温度
Treatment FUMIGATION _____ Duration and Temperature   24HRS/24℃

附加声明 ADDITIONAL DECLARATION

印章   签证地点 Place of Issue SHENZHEN, CHINA   签证日期 Date of Issue
Official Stamp

         授权签字人 Authorized Officer LUO HUI   签名 Signature

④机械冷藏车的运输方式

使用机械冷藏车运输易腐货物时,托运人应按"易腐货物机械冷藏车运输条件表"规定或与承运人商定的运输条件,在货物运单"托运人记事"栏内具体注明装载货物的运输温度要求和"途中控温""途中不控温""途中通风""途中不通风"等字样,以便铁路运输部门按要求组织运输。

(3)商定条件运输及试运

运输易腐货物原则上应按"易腐货物机械冷藏车运输条件表"的规定办理,以保证货物的质量。但在实际工作中,因新产品不断出现,或者受自然条件和作业条件的限制,托运人要求不按规定条件运输或运输未列名的易腐货物时,应按下列规定办理。

①使用机械冷藏车运输进口易腐货物,以及经过基因修改、非正常天然繁殖、使用过生长激素和经过化学药物处理等降低了耐储运性的易腐货物时,托运人应与发站和乘务组商定运输条件,签订运输协议,并将运输条件记录在货物运单"托运人记事"栏和"机械冷藏车作业单"内。

②使用机械冷藏车运输易腐货物,托运人要求不按《鲜规》规定条件办理时,应在确认货

物不致出现腐烂、变质、冻损等问题的前提下,与发站和乘务组商定运输条件,签订运输协议;并将运输条件记录在货物运单"托运人记事"栏和"机械冷藏车作业单"内。

③使用机械冷藏车运输易腐货物,装车时温度高于"易腐货物机械冷藏车运输条件表"规定或商定的运输温度的上限时,经托运人确认不影响货物质量的,经签订运输协议后可以组织运输。

④承运人按与托运人商定的运输条件或签订的运输协议组织运输,除承运人责任外,货物质量由托运人负责。

⑤使用机械冷藏车运输"易腐货物机械冷藏车运输条件表"中未列名的易腐货物时,应按以下规定试运:

a.试运前,托运人应与发站商定运输条件,提出"铁路易腐货物试运申请表"一式三份,托运人、发站、发送局集团有限公司各一份。

b.发站将"铁路易腐货物试运申请表"报发送局集团公司,经批准后组织试运,发送局集团公司将有关情况上报中国铁路国铁集团(以下简称"国铁集团")备案并抄送相关局集团有限公司。

c.托运人应将试运批准号和运输条件记录在货物运单"托运人记事"栏和"机械冷藏车作业单"内。

d.发站在确认首批试运货物安全抵达到站后,方可发出次批试运货物。同一发站、品名、运输条件的货物,首批试运不得超过4车。试运期不得超过1年。

e.试运期间,如货物在运输过程中出现腐烂、变质、冻损等问题,须立即停止试运。发站应组织有关人员分析事故原因,并将结果报发送局集团公司。需要继续试运的必须制定改进措施,重新办理试运手续。

f.试运结束后,发站应将试运总结报发送局集团公司,发送局集团公司将有关情况报国铁集团。

2.易腐货物的受理

承运人受理托运人提出的易腐货物运输需求时,除确认托运的货物是否符合运输条件,运单各栏填写是否齐全、正确、清楚。对营业办理限制(包括临时停限装)、专用线专用铁路办理范围、证明文件等有关内容进行审查;还应核对易腐货物运输条件,包括运输包装、热状态、容许运输期限,及托运人提出的"特殊运输要求"等。

易腐货物的阶段需求、日需求提报、进货、承运装车等相关流程具体操作按《铁路货运票据电子化作业办法》要求办理。

(二)作业环节二:进货、验收

托运人在指定日期将符合检疫要求,货物的质量、温度、包装符合"易腐货物机械冷藏车运输条件表""易腐货物运输包装表"规定的易腐货物搬入装卸线,准备实施装车。

发站对托运人交运的易腐货物按照规定进行检查,认真抽查托运货物的质量、包装及安全防护用品是否符合要求。使用机械冷藏车装运时,发站应在装车时会同乘务组对货物的温度、质量、包装和安全防护用品进行抽查,并将抽查情况记录在"机械冷藏车作业单"内。货物包装和破检部位的恢复由托运人负责。

1.易腐货物的质量

托运的易腐货物应有良好的初始质量,必须品质新鲜。冻水产品、肉类及肉类制品类动物性易腐货物必须色泽新鲜、气味正常,无腐烂变质现象。水果必须色泽新鲜,无过熟、破裂、腐烂、虫害等现象;蔬菜必须色泽新鲜,无腐烂、雨湿、水渍等现象,瓜类无破裂。

检查货物的质量,目前基本上仍采用看、闻、触摸等感官观察的方法,有待研发科学实用的检测仪表,以保证检测的客观性和准确性。

2.易腐货物的温度

易腐货物的温度必须符合承运温度要求。检测货物的温度,体大冻结的货物,可在货件上钻一深孔,深度以达到货物、货件中心部位为宜,插入温度计并保持 5 ~ 6min 后取出确定温度;松散、有缝隙的货物、货件,可将温度计直接插入货物、货件中心部位测温。

3.易腐货物的包装

易腐货物的包装必须符合"易腐货物运输包装表"规定。易腐货物的包装编为 9 个包装号,依次包括木箱、花格木箱、纸箱、钙塑箱、塑料箱、竹筐、条框、编织袋、桶等 9 个包装名称。包装材料应质量良好无污染,结构和规格能适应货物体积、形状的要求,便于装卸、搬运、堆码和装载。包装强度和性能须适应货物的性质,怕挤压的货物,包装必须坚固,能承受货物堆码的压力;需要通风的货物,包装应有适当的缝隙或通风孔。体大坚实的货物,如冻肉类、冻鱼和西瓜、哈密瓜等可不要包装。

货物的质量、温度、包装达不到要求时,承运人有权拒绝承运货物。

(三)作业环节三:装车

1.选配车辆

运输易腐货物时,应根据货物的种类、热状态、气候条件、运输距离和运输去向等因素选择使用的车辆。装运易腐货物应按规定使用冷藏车或冷藏集装箱。确因冷藏车不足时,承运人可根据托运人的要求,使用棚车或通用集装箱装运。使用棚车装运时,应按《鲜规》"使用棚车运输易腐货物的措施"规定办理。

(1)冷藏车的使用规定

①机械冷藏车组和 BX 型车组可组织同一到站卸车的两站分装,或同一发站装车的两站分卸。但两分装或分卸站应为同一径路,距离不超过 500km。第一装车站的装车数或第二卸车站的卸车数不得少于全组车的一半(枢纽地区除外)。两站分装(卸)是指机械冷藏车组中不同货物车在不同车站装(卸)车,同一货物车只能在一个车站装(卸)车。

②机械冷藏车组中不同的货物车,可以装运温度要求不同的货物。

③机械冷藏车装载货物的重量,不得超过车辆的标记载重量。

④机械冷藏车严禁用于装运易污染、腐蚀和损坏车辆的非易腐货物。

⑤无包装的水果、蔬菜(西瓜、哈密瓜、南瓜、冬瓜除外)等易污染、损坏车内设备的易腐货物不得使用冷藏车装运。

⑥使用机械冷藏车(包括空车回送和回空代用),应由发站逐级上报国铁集团调度部门,经其调度命令承认后方可使用。车站应将调度命令号码填记在"机械冷藏车装车通知单(BX 型车)"内。

(2)棚车的使用规定

易腐货物是否适合棚车运输,由托运人确定。使用棚车运输易腐货物,托运人应与发站商定运输条件,签订运输协议,并将运输条件记录在货物运单"托运人记事"栏内。托运人要求使用棚车代替冷藏车装运易腐货物时,应在提出的运输需求中注明"要求使用棚车,因此造成的货损自负",在货物运单"托运人记事"栏内记明要求使用的车种和容许运输期限(日数)。承运人应尽量满足托运人需要的车种和车数。

运输途中各地区有外温低于 -10℃ 时,使用棚车装运玻璃瓶装的酒、罐头、饮料类货物必须采取保温措施。

2. 易腐货物装车前的准备工作

(1)填记机械冷藏车装车通知单

机械冷藏车装车通知单(《鲜规》附件11,格式见表1-6),是车站与机械冷藏车乘务组进行工作联系的书面凭证。易腐货物装车前,发站应与托运人商定易腐货物进货、装车等事项,将计划装车时间、装车地点、货物品名及热状态、重量、到站等事项填记在"机械冷藏车装车通知单"内,于装车前12h内交给乘务组;两站分装的,第二装车站应在车辆到达后及时交给乘务组。乘务组应在装车前做好上水、补足油料、预冷车辆等工作。

机械冷藏车(BX型车)装车通知单 表1-6

车 号	装车地点	货物品名及热状态	重量(吨)	到站	计划装车时间	附 注
总公司、铁路局集团公司 调度命令号码						

装车站货运员(签字)站戳:　　　　　　　　　　　　　　机械长(签字)列车戳:

年　　月　　日　　　　　　　　　　　　　　　　　　年　　月　　日

注:1. 本通知单一式两份,一份交乘务组作为准备装货的通知,一份发站存查。

　　2. BX型车装车时,车号填写工作车车号,"货物品名及热状态"栏填写货物品名即可,"重量"栏可不填写,需要供电服务的,应在"附注"栏注明"供电"字样。

(2)检查车辆

承运人应调配技术状态良好、干净清洁的车辆,装车单位应在装车前认真检查。对状态不良不能保证货物安全和运输质量的车辆,承运人应予以调换。对不清洁、不符合卫生条件的车辆,车站要组织清扫、洗刷;按规定需要消毒的,由托运人委托有资质的单位对车辆和货位进行消毒。

(3)预冷车辆

车辆预冷有利于货物降温,减少途中冷量消耗,也便于保持车内适宜的运输温度。用冷藏车运输易腐货物时,在装车前必须预冷,待车内温度降低到规定温度后,方可装车。机械冷藏车车内预冷:冻结货物为 -3~0℃;香蕉为 11~15℃;菠萝、柑橘为 9~12℃;其他易腐货物为 0~3℃。

3. 易腐货物的装车作业

(1)装车作业基本要求

易腐货物应按"易腐货物机械冷藏车运输条件表""易腐货物装载方法表"(《鲜规》附件7)规定的方法装载。

使用机械冷藏车:经过预冷的冷藏车装车时,应采取措施保持车内温度。在装车作业中应使用不致损坏车内设备的工具,不得挤碰循环挡板和挤占车体压筋之间的空隙,上层货物距离循环挡板至少应留出50mm的空隙,不得在货物分层间使用影响通风的隔板。货物在车内的堆码,应当保证两侧车门能够方便开启。开关车门时,严禁乱砸硬撬。在采取保温、防寒、防湿等措施时，严禁以钉、钻、铆等方式损坏冷藏车车体。

使用棚车进行易腐货物装车作业时，要做到轻拿轻放。对需要通风运输的水果、蔬菜等易腐货物要留有足够的通风空隙。同时，可以将门窗开启固定，翻转到最大限度并捆绑牢固，用栅栏将货物挡住。开启的门窗最外突出部位不得超限。

易腐货物的装载与加固应符合《铁路货物装载加固规则》(以下简称《加规》)《铁路超限超重货物运输规则》(以下简称《超规》)等有关技术要求。

(2)装车作业组织

车站、机械冷藏车乘务组和托运人应加强装车组织工作，缩短装车时间。发站应与托运人商定易腐货物进货、装车和车辆取送时间等事项，及时通知机械冷藏车乘务组，避免出现货等车或车等货的现象，滞延易腐货物运输。

易腐货物作业车停站时间原则上不得超过该站的货车停留时间。单节机械冷藏车每辆装车作业时间(不包括洗车和预冷时间，下同)不得超过3h。货物车为4辆的机械冷藏车组，每组装卸车作业时间不得超过6h，每车的装车作业时间不得超过3h。装车期间需要制冷的，要在"机械冷藏车作业单"中注明起止时间，车站按规定核收有关费用。车站货运员和机械冷藏车乘务员应对装车作业进行指导，发现问题及时联系托运人、收货人共同解决。货物装车完毕，机械冷藏车乘务员应检查车门是否关闭严密，及时记录车内温度并开机调温。

车站、铁路专用线(专用铁路)、机械冷藏车乘务组要认真按车填写"机械冷藏车作业单"，并做好传递交接工作。

(3)易腐货物的装载方法

易腐货物的装载方法必须在保证货物质量良好的前提下，充分利用车辆、集装箱的装载容积和装载量。铁路易腐货物的装载方法包括紧密堆码法和稳固装载、留通风空隙法两大类。

①紧密堆码法。此法可减少货物间的空隙，减缓货物本身冷量的散失，有利于保证货物质量和有效利用货车装载量，适用于冻结货物、冬季保温运输的某些怕冷货物、热季运输的某些不发热的冷却货物或夹冰运送的鱼虾、蔬菜等的装载。马铃薯、晚白菜、萝卜、南瓜、冬瓜、西瓜、胡萝卜等可采用这种装载方法。

②稳固装载、留通风空隙法。此法是在货物或货件间留有通风空隙，以保证空气流通，利于货物散热和车内空气循环，适用于冷却和未冷却的水果、蔬菜、鲜蛋等的装载。按其所留空隙的方式及程度不同，又可分为4种装载方法、6个装载号，分别为品字形装载方法(1号)、"一二三、三二一"装载方法(2号)、井字形装载方法(3号)、筐式装载方法(4~6号)。

a. 品字形装载方法。此法是指奇数层与偶数层货件交错、骑缝装载，货件堆码呈品字形状(见图1-8)。该方法适用于箱装，并在热季要求冷却或通风，或在寒季要求加温的货物。品字形装载只能在货件的纵向形成通风道，车内空气只能沿车辆纵向循环，不能上下流通。

b. "一二三、三二一"装载方法。此法是指第一层按间隔一件、二件、三件留空隙，第二层按间隔三件、二件、一件留空隙，奇数层同第一层，偶数层同第二层(见图1-9)。这是铁路冬季运输柑橘使用较多的一种装载方法。使用这种方法装载，空气只能

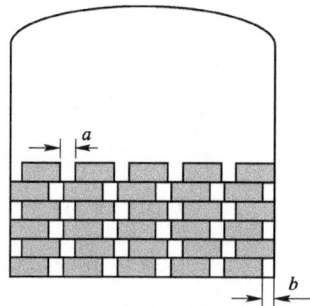

图1-8 品字形装车法

注:空隙值 $a = 4 \sim 5cm$、$b = 4 \sim 5cm$。

在车辆纵向的三条通风道中流通。因此,空气循环比品字形、井字形装载法要差,但可提高装载量,适宜运输较坚实的水果和蔬菜。

c. 井字形装载方法。此法是指货箱侧板之间留空隙,端板之间紧靠,奇数层装法相同,偶数层装法相同,奇数层与偶数层交叉堆放形成井字形(见图1-10)。这种方法适用于长条形包装货物的装载,堆码灵活,各层货件纵横交错,可按车辆有效装载尺寸和包装规模确定纵向或横向的放置件数。该方法的特点是,形成井字形上下通风道,并且各层直缝内形成纵横通风道,空气渗入包装件中的缝隙,循环流动,循环情况较品字形更优。此外,较好的空气循环使车内装载不受限制,货件摆放灵活,装载量较大。

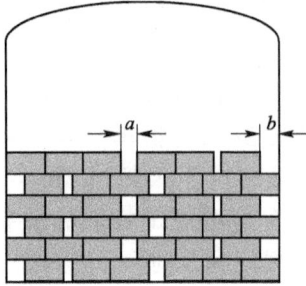

图1-9 "一二三、三二一装车法"

注:空隙值 $a = 3 \sim 4cm$、$b = 5 \sim 6cm$。

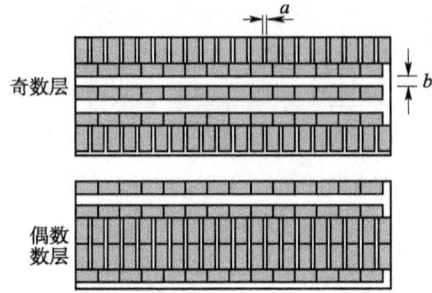

图1-10 井字形装车法

注:空隙值 $a = 3 \sim 4cm$、$b = 3 \sim 4cm$。

d. 筐式装载方法。此法主要适用于喇叭形竹筐、柳条筐等包装的水果和蔬菜的装载,也适用于梯形塑料箱类包装。由于这类筐形包装本身形状及编造上的特点,装载时货件之间自然形成一定间隙利于空气流通,故不必留出专用风道,只要考虑货物性质,确定好货件装载顺序即可。

筐式装载方法之一:底层两侧的箩、篓、筐等大筐口朝下,中间的大筐口朝上,第二层则方向相反,奇数层装法相同,偶数层装法相同(见图1-11)。其特点是货件与车墙间有纵向通风道,货件上下及横向有间隙,车内空气循环较好。

筐式装载方法之二:底层及奇数层全部大筐(箱)口朝上,第二层及偶数层全部大筐(箱)口朝下(见图1-12)。这种装载方法的特点是货件间纵横向均设有通风道,上下有间隙,车内空气循环条件最好,但对车辆容积的利用较差。

筐式装载方法之三:每层的筐(箱)口大头朝上,按顺序堆装(见图1-13)。

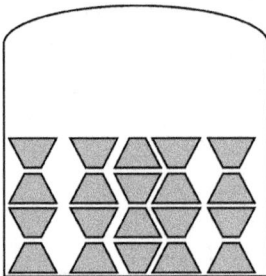

图1-11 框口对装法一

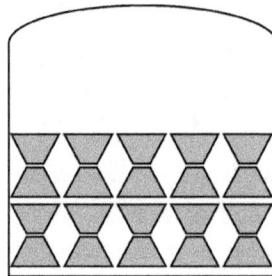

图1-12 框口对装法二

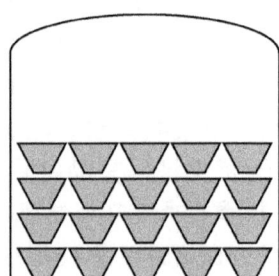

图1-13 框口对装法三

(四)作业环节四:制票与承运

易腐货物整车运输核算运费与普通货物整车运输核算运费的方法基本一致;但在计费重量和运价率加减成率方面有特别规定。

1.计费重量

机械冷藏车运送易腐货物按规定计费重量计费(见表1-7),超过时按货物重量以吨为单位四舍五入计费。

整车货物规定计费重量表(摘录) 表1-7

车种车型	计费重量(t)
B22 B23 机械冷藏车	48
B10 机械冷藏车	44

2.运价率的确定

使用铁路机械冷藏车运输的货物,按"铁路货物运价率表"中规定的冷藏车运价率计费。特殊情况按下述方法办理:

(1)使用铁路机械冷藏车运输,要求途中保持温度-12℃(不含)以下的货物,按机械冷藏车运价率加20%计费。途中不需加温(或托运人自行加温)或制冷的机械冷藏车按机械冷藏车运价率减20%计费。

(2)自备冷藏车、隔热车(即无冷源车)和代替其他货车装运非易腐货物的铁路冷藏车,均按所装货物适用的运价率计费。

发站承运易腐货物后应在货物运单"承运人记事"栏标注"⚠"(⚠表示装运易腐货物)。

四、易腐货物的途中作业

(一)易腐货物车辆运行组织

发站、列车编组站要将⚠符号转记在"列车编组顺序表"记事栏内。在易腐货物运量集中的区段,应开行易腐货物或以易腐货物为主的班列、直达、快运等快速货物列车。在其他区段,应积极组织挂运快速货物列车。

承运人应根据易腐货物季节性强、运量波动大、运输时间要求快的特点,加强运输组织工作,坚持优先安排运输计划、优先进货装车、优先配空、优先取送、优先编组、优先挂运。

各级调度对装有易腐货物的列车、车辆应重点掌握,防止途中积压。对装有易腐货物的车辆,除中间站装(卸)车可编入摘挂、小运转列车外,其他站均应编入快运列车或直达、直通、区段列车。车辆在编组站、区段站的中转停留时间,原则上不得超过车站有关去向的货车中转停留时间。

需中途上水的机械冷藏车应编在列车中部,乘务组应提前拍发电报将有关情况通知前方上水站。机械冷藏车需要上水时,各车站应予以支持并免费供水。装有易腐货物的车辆,在运行途中不得保留积压。遇有特殊情况需要保留时,保留站应立即向该局集团公司调度、货运部门报告;同时采取措施妥善处理,并编制普通记录说明原因。

装有易腐货物的车辆、集装箱因技术状态不良等原因发生滞留不能续运时,滞留站应及时向该局集团公司调度、货运部门报告,并尽量组织按原运输条件倒装。由于气温、技术条件等限制不能倒装又不宜在当地处理的货物,滞留站应通知发、到站及时联系托运人、收货人,并限时提出处理办法。超过要求时间未接到答复或因等候答复使货物造成损失时,由发生地局集团公司与发送局集团公司协商处理。

为便于检修和管理,机械冷藏车和 BX 型车组(有人值乘)临时备用时,应停留在有上水条件的枢纽地区或车站。

(二)易腐货物的途中作业

机械冷藏车乘务组应按"易腐货物机械冷藏车运输条件表"的规定或商定的温度要求保持车内温度,对未冷却的易腐货物应在最短时间内将车内温度降到规定的范围。同时定期对车内温度状况进行监控,在装车后及运输途中,每隔 2h 记录一次各车内的温度,每 6h 填写一次"机械冷藏车作业单"。使用机械冷藏车装运水果、蔬菜和其他需要通风运输的货物时,应根据具体情况定期进行通风作业。

易腐货物原则上不办理变更到站。确需变更时,可变更到站一次,且容许运输期限要大于重新计算的运到期限 3d 以上。

运输途中发现易腐货物腐烂、变质、冻损、污染、生理病害、病残死亡等问题时,发现单位应立即通知车站联系托运人、收货人并妥善处理,防止货物损失扩大。处理货物腐烂、变质情况时,应扣除运输途中的合理损耗。

五、易腐货物的到达作业

易腐货物车辆到达后,卸车单位应及时组织卸车,到站应及时发出催领通知,与收货人办理交付作业。收货人领取货物时,必须将货物的装车备品、防护用品、衬垫物品等全部搬出。

(一)卸车作业

车站货运员和机械冷藏车乘务员应对卸车作业进行指导,发现问题及时联系托运人、收货人共同解决。车站、机械冷藏车乘务组和托运人应加强卸车组织工作,缩短卸车时间。易腐货物作业车停站时间原则上不得超过该站的货车停留时间。单节机械冷藏车每辆卸车作业时间不得超过 3h。货物车为 4 辆的机械冷藏车组,每组卸车作业时间不得超过 6h,每车的卸车作业时间不得超过 3h。卸车期间需要制冷的,超过上述规定时间的,要在"机械冷藏车作业单"中注明起止时间,车站按规定核收有关费用。

在卸车作业中,应使用不致损坏车内设备的工具,不得挤碰循环挡板。开关车门时,严禁乱砸硬撬。

卸车单位负责将卸后的车辆和货位清扫干净。

(二)交付作业

为保证易腐货物的品质,运抵到站后车站应及时联系收货人办理交付手续,领取货物。当联系不到收货人或收货人拒绝领取到达易腐货物时,到站应自发出催领通知次日起(不能实行催领通知时,为卸车完了的次日)或收货人拒绝领取之日起,1d 内及时通知发站和托运人,征求处理意见。托运人自接到通知之日起,2d 内提出处理意见答复到站。对于超出容许运输期限仍无人领取的货物,或收货人拒领而托运人又未按规定提出处理意见的货物,或虽未超过上述期限,但是货物已开始腐坏、变质时,到站可按无法交付货物或依据有关规定处理。

到达发现易腐货物腐烂、变质、冻损、污染、生理病害、病残死亡等问题时，到站应立即组织卸车并按规定编制货运记录，使用机械冷藏车的，应会同乘务组组织卸车。收货人有异议的，不得拒绝卸车或中途停止卸车，否则因此造成的扩大损失由收货人承担。

（三）车辆的洗刷除污作业

被易腐货物污染的车辆，卸车单位要彻底洗刷除污，保证没有残留的污水、秽物。按规定需要消毒的，由收货人委托有资质的单位进行消毒。车辆洗刷除污、消毒后适当通风，晾干后再关车门。机械冷藏车洗刷除污、消毒后须经车站和乘务组检查验收；棚车、敞车洗刷除污、消毒后须经车站检查验收。卸车单位没有货车洗刷除污条件的，车站应根据调度命令填写"特殊货车及运送用具回送清单"，向局集团公司指定的洗刷除污站回送。

清扫、洗刷除污费用由收货人承担。

任务实施

根据任务三中"任务（知识）储备"所学知识，分析"任务引入"中任务1-4，依据规章，正确查定、使用《鲜规》。

实施要点：

（1）分析发站易腐货物发送作业各环节的要求。

（2）分析该批易腐货物的运输条件（货物种类、热状态、一批规定、办理种别等）。

（3）完成对该批易腐货物运单的审查（能否承运，承运所需条件）。

（4）核算该批易腐货物的运费。

（5）完成该批易腐货物的发送作业。

任务自测

一、单项选择题

1. 托运易腐货物时，托运人应在货物运单"货物名称"栏内填记货物品名，并在"托运人记事"栏注明其（   ）及（   ）。

    A. 类项号、货物温度   B. 品类顺号、热状态

    C. 热状态、品类顺号   D. 类项号、热状态

2. 易腐货物容许运输期限须大于铁路部门规定的运到期限（   ）以上。

    A. 2d   B. 3d   C. 4d   D. 5d

3. 承运人受理托运人提出的易腐货物运输请求，应特别检查易腐货物品名是否填记完整、正确。下列不正确的是（   ）。

    A. 鲜玉米   B. 玉米   C. 猪肉   D. 冻猪肉

4. 进货、验收时，下列（   ）不是承运人需要检查的内容。

    A. 易腐货物的价值   B. 易腐货物的重量

    C. 易腐货物的包装   D. 易腐货物的温度

5. 使用铁路机械冷藏车，要求途中保持温度（   ）℃（不含）以下的货物，按机械冷藏车运价率加20%计费。

    A. −10   B. −12   C. −15   D. −18

二、判断题

1. 装运易腐货物应按规定使用冷藏车,确因冷藏车不足时,承运人可根据托运人的要求,使用棚车或通用集装箱装运。使用棚车装运时,应按"使用棚车运输易腐货物的措施"规定办理。 (　　)

2. 不同热状态的易腐货物可以按一批托运。 (　　)

3. 按一批托运的整车易腐货物,一般限运同一品名。 (　　)

三、简答题

1. 简述鲜活货物运输的特点。

2. 鲜活货物运输有哪些要求?

3. 受理易腐货物有哪些特别规定?

4. 简述冷藏车的使用规定。

5. 易腐货物装车有何特别规定?

6. 对比整车普通货物,完成下表中的易腐货物在托运受理及装车环节作业内容异同点的梳理。

托运受理环节作业内容梳理表

托运受理细节	组织普通整车货物发送作业	组织易腐货物发送作业
办理种别		
运载车辆		
一批的规定		
填写审查运单填写"货物名称"栏时		
填写审查运单"容许运输期限"		
填写审查运单"货物凭证文件"		
填写审查"机械冷藏车"运输方式		
审查营业站办理限制及最大起重能力		

装车环节作业内容梳理表

装车细节	组织普通整车货物发送作业	组织易腐货物发送作业
选配车辆		
装车前		
装车		
装车后		

任务四 组织活动物运输

任务引入

【任务1-5】 8月14日,某托运人到车站托运生猪一批,车站货运员按照规定,完成受理运输需求,选择车辆;完成该批货物的装车、承运,运抵到站。

任务（知识）储备

一、活动物运输的发送作业

（一）托运与受理

1. 办理种别

活动物一般按整车运输。

2. 活动物的检疫证明

为防止动物疫病的传播,保护畜牧养殖业发展和人民身体健康,运输的活动物(包括家禽、家畜、鱼虾、蟹贝、实验动物、观察动物、演艺动物、野生动物等)应是健康无病的,必须持有国家卫生防疫部门出具的检疫合格证明。动物检疫合格证明(动物A)(见表1-8)是活动物健康无病的凭证,也是运输、销售时必备的合法凭证之一。

动物检疫合格证明 表1-8

动物检疫合格证明（动物A）

中国统一动物卫生证 出证专用章 中华人民共和国农业

编号：

货　主		联系电话	
动物种类		数量及单位	
启运地点	省　市（州）　　县（市、区）　　乡（镇）　村（养殖场、交易市场）		
到达地点	省　市（州）　　县（市、区）　乡（镇）　村（养殖场、屠宰场、交易市场）		
用　　途		承运人	联系电话
运载方式	□公路　　□铁路　　□水路　　□航空	运载工具牌号	
运载工具消毒情况	装运前经_____消毒		

本批动物经检疫合格,应于___日内到达有效。

官方兽医签字：_____
签发日期：　　　年　　月　　日
(动物卫生监督所检疫专用章)

第　联

共　联

牲畜耳标号	
动物卫生监督检查站签章	

注：①本证书一式两联,第一联由动物卫生监督所留存,第二联随货同行。
　　②跨省调运动物到达目的地后,货主或承运人应在24小时内向输入地动物卫生监督机构报告。
　　③牲畜耳标号只需填写后3位,可另附纸填写,需注明本检疫证明编号,同时加盖动物卫生监督机构检疫专用章。
　　④动物卫生监督所联系电话：_____。

托运活动物,托运人应按国家检疫规定提出检疫证明,在货物运单"托运人记事"栏内注明检疫证明的名称和号码,并按规定在铁路货运电子商务系统中留存证明文件的影像资料,车站凭此办理运输。

3. 猛禽、猛兽商定条件运输

托运猛禽、猛兽(包括演艺用)时,不仅存在动物的安全问题,还涉及运输作业人员的人身安全问题。因此,托运人应与发站商定运输条件和运输防护方法,报发送局集团公司批准。跨局运输时,发送局集团公司应将商定的事项通知有关的其他局集团公司,以便做好接运接卸的准备和防护工作。托运人应在货物运单"托运人记事"栏内注明商定的运输条件和运输防护方法。

4. 活动物的押运

活动物运输的最大特点就是运输过程中要同时进行饲养工作,养运难以分离。运输活动物,托运人必须派熟悉动物特性的押运人随车押运,负责做好动物的饲养、饮水、换水、洒水、看护和安全工作。托运人应在运单"托运人记事"栏内注明押运人人数和押运人的姓名、证件名称及号码。

押运人的人数,每车1~2人,押运人应遵守"押运人须知"和铁路的有关规定,途中不得吸烟、生火、做饭、用明火照明。押运人携带物品必须符合有关规定及安全要求,只限途中生活用品和途中需要的饲料和饲养工具。运输蜜蜂时,为放蜂需要带的狗必须装在铁笼内,并交验检疫证明。押运人不得携带危险品和违反政令限制的物品。

托运人随车携带增氧机时,必须配备1~2只灭火器。随车携带的动力用柴油不得超过100kg。柴油应盛装于小口塑料桶内,口盖必须拧紧,达到严密不漏。严禁使用汽油动力增氧机,严禁携带汽油上车。

5. 蜜蜂的托运

托运蜜蜂时,托运人要按车填写物品清单(一式两份,一份留站存查,一份托运人自留)。物品清单要记明蜜蜂的空箱数、有蜂箱数、押运人所带的生活用品,饲养工具及蜜蜂饲料等。

6. 活动物的运输标记

对承运的活动物,发站应在货物运单"承运人记事"栏标注"活动物"和"禁止溜放"字样,以引起各环节运输工作人员的注意,做好沿途服务工作,及时办理运输作业,缩短在途时间。

(二) 进货、验收与装车

承运人要求托运人在指定日期将符合检疫要求的健康活动物进货,验收货物后,准备实施装车。装运活动物的车辆是否适合所装活动物生活、生理特点的要求,是运输过程中能否为活动物创设必要的生存环境的重要前提。承运人应按照活动物的装车作业要求,进行指导、实施、检查和验收。

1. 车辆的选用

装运活动物,应选配合适的车种、车型及符合卫生要求的车辆。装运活动物应选用专用车辆、敞车或有窗的棚车。由托运人检查确定拨配的车辆是否适合装运活动物,并在运单"托运人记事"栏内记明同意使用车辆的车型、车号。托运人认为车辆不适合时,承运人应予以调换。

装运牛、马、骡、驴、骆驼等大牲畜,应使用木(竹)地板货车,确因木地板货车不足而需要使用其他货车时,应采取衬垫等防滑措施,以免因行车、调车冲击、振动,引起大牲畜跌倒、坠落而残废、死亡,甚至造成行车事故。

2. 活动物的装车

装车前,装车单位应认真检查技术状态、卫生清洁状况。对技术状态不良不能保证货物安全和运输质量的车辆,发站应予调换。对不清洁的车辆,车站要组织清扫、洗刷。按规定需要消毒的,由托运人委托有资质的单位对车辆和货位进行消毒。

装车时,应按规定的方法和要求装载:

禽、畜可单层或多层装载,每层的装载数量由托运人根据季节、运输距离、活动物的体积及选用的车种车型等情况来确定。装运活动物的车辆可开启门窗,但应采取措施防止大牲畜头部伸出。对开启的车门应捆绑牢固,并用栅栏将活动物挡住。开启的门窗最外突出部位不得超限。

蜜蜂的装载,应纵向排列、稳固堆码,并留有足够的通风道,预留押运人休息的位置。在顶部蜂箱上不准乘坐人员,不准装载自行车和其他杂物。以往,曾发生过在通过隧道、天桥及接触网区段时,坐在顶部的押运人员碰死碰伤以及触电事故。

蜜蜂进站时,托运人必须在蜂箱巢门外安装纱罩,防止蜜蜂飞出蜇人,遮蔽信号,危及车站作业人员人身安全,影响车站作业安全和行车安全。蜂箱巢门未安装纱罩的,发站不得承运。蜜蜂的装车,托运人必须严格按照车站指定的时间进货、装车,最好在蜂群休息的夜间组织进行。

活动物的装载,应符合《加规》《超规》等有关技术要求。

为避免溜放冲击造成活动物损伤甚至死亡,活动物装车后应插挂"禁止溜放"货车表示牌。

(三)制票与承运

活动物整车装车后,货运核算员核收运杂费,发站在货物运单上加盖车站日期戳,完成承运。

二、活动物运输的途中作业

(一)编组挂运

装载活动物的车辆原则上不得与乘坐旅客的车辆编挂在同一列车内。确需编挂在同一列车内时,应与乘坐旅客的车辆隔离1辆以上。

车站调车作业时,活动物车严禁溜放。

(二)途中运行组织

在活动物运量集中的区段,应开行以活动物为主的班列、直达、快运等快速货物列车。在其他区段,应积极组织挂运快速货物列车。

承运人应根据活动物运输时间要求快的特点,加强运输组织工作,坚持优先安排运输计划、优先进货装车、优先配空、优先取送、优先编组、优先挂运。

各级调度对装有活动物的列车、车辆应重点掌握,防止途中积压。对装有活动物的车辆,除中间站装(卸)车可编入摘挂、小运转列车外,其他站均应编入快运列车或直达、直通、区段列车。车辆在编组站、区段站的中转停留时间,原则上不得超过车站有关去向的货车中转停留时间。

（三）途中的上水作业

水是生命之源。在运输途中如果活动物的饮用水不能得到及时补充和更换，将导致其生存环境和条件恶化，易造成活动物中暑、缺氧、掉膘、病残，甚至死亡。

活动物在中途上水，由铁路部门指定的上水站免费供应。上水设备由托运人或押运人自备。车站应将挂有活动物的列车接入备有上水设备的股道。对需要途中上水的活动物，发站或上水站应拍发电报依次向前方上水站进行预报。

（四）污染物的清理作业

活动物的排泄物以及垫料、包装物、容器等污染物，应由押运人或收货人在铁路指定站或到站清除，并按动物防疫部门的规定处理；不得中途随意向车外抛撒，不得违规在中途站清扫和冲洗。

（五）活动物疫情的处理

运输过程中发现活动物染疫、疑似染疫、病死或死因不明时，押运人应及时通知车站。车站发现上述情况时，应及时向当地兽医主管部门、动物卫生监督机构或者动物疫病预防控制机构报告，同时拍发电报通知发、到站和上级主管部门，并采取隔离等控制措施，防止动物疫情扩散。严禁乱扔染疫、疑似染疫的活动物，以及病死或死因不明的活动物尸体。

（六）运输蜜蜂的途中作业

为防止蜜蜂蜇伤人畜、危及生命，保证铁路作业安全和货物安全，在车站和运输过程中不得放蜂。蜜蜂运输不办理变更到站。根据国家有关规定，运输蜂群外出采蜜需要取得到达地专门机构签发的许可证，托运人是根据许可到指定的到站进行生产活动。因此，不允许蜜蜂办理变更到站。

三、活动物的到达作业

活动物车辆到达后，卸车单位应及时组织卸车，到站应及时发出催领通知，与收货人办理交付作业。蜜蜂到达到站后，要尽快办理卸车、交付手续，并及时搬出货场。收货人领取货物时，必须将货物的装车备品、防护用品、衬垫物品等全部搬出。

卸车单位负责将卸后的车辆和货位清扫干净。卸车时要采取必要的措施防止活动物发生病残死亡等事故。

被活动物污染的车辆、货位，卸车单位要彻底洗刷除污，保证没有残留的污水、秽物。按规定需要消毒的，由收货人委托有资质的单位进行消毒。车辆洗刷除污、消毒后适当通风、晾干后再关车门。机械冷藏车洗刷除污、消毒后须经车站和乘务组检查验收；棚车、敞车洗刷除污、消毒后须经车站检查验收。卸车单位没有洗刷除污条件的，车站应根据调度命令填写"特殊货车及运送用具回送清单"，向该局集团公司指定的洗刷除污站回送。

✓ 任务实施

根据任务四中"任务（知识储备）"所学知识，分析"任务引入"中任务1-5，依据规章，正确查定、使用《鲜规》。

实施要点：

（1）分析发站活动物运输组织的规定；确定办理种别。

（2）分析该批活动物的物种生理特性(维持生命的需求)。

（3）分析容易造成该批活动物病残死亡的因素。

（4）完成该批活动物的运输组织。

任务自测

简答题

1.受理活动物有哪些特别规定？

2.铁路运输活动物的车辆及设备有哪些？其基本要求是什么？

项目二　组织铁路危险货物运输

★ **项目描述**

　　在铁路货物运输全过程中,危险物品具有很强的危险性,在储存、包装、搬运以及运输等方面都有着特殊的要求;危险货物一旦发生事故,会对人身、财产及环境造成无法挽回的损害。因此,对危险货物的运输安全需要特别防范。本项目,主要基于铁路危险货物运输组织的发送作业、途中作业和到达作业环节工作过程进行卡控;针对危险货物基础知识、车站办理规定及货车适用性质、包装类别等理论与规定展开。通过"教、学、做",培养学生具备组织铁路危险货物运输的实践能力和职业素养。

★ **教学目标**

　　1.知识目标

　　(1)掌握危险货物的定义、危险货物的分类及判定方法,了解危险货物的性质。

　　(2)熟悉危险货物的办理条件。

　　(3)熟悉危险货物运输设备。

　　(4)掌握危险货物包装的要求。

　　(5)掌握危险货物的发送、途中和到达作业的有关规定。

　　(6)知道组织铁路危险货物罐车、集装箱运输的有关要求。

　　2.能力目标

　　(1)能正确组织各类危险货物的发送作业、途中作业和到达作业。

　　(2)能确保危险货物的运输安全。

　　3.情感目标

　　(1)具有严格按章作业、协调配合、安全生产的职业素养。

　　(2)具有吃苦耐劳、细致认真的职业素养。

　　(3)具有不惧困难、勇于挑战、敢于担当的品质。

　　(4)具有良好的语言表达、交流沟通素养。

思政链接

法治在线

任务一　认识铁路危险货物

任务引入

　　【任务2-1】　某托运人拟托运一批鞭炮,该货物是否为危险货物,有哪些办理限制,需要准备什么证明文件,要办理哪些手续,铁路运输中应采取哪些特殊措施方能保证安全?

（1）辨析铁路危险货物品名，确认运输条件、办理程序、作业地点、存在的危险性等。

（2）辨析铁路危险货物不同的性质。

任务（知识）储备

铁路运输的货物中，危险货物具有与普通货物不同的特性，如黑火药经剧烈摩擦或遇明火、高温能猛烈燃烧或爆炸；电石遇水（湿）能产生易燃的乙炔气体；黄磷暴露在空气中会自燃；酸、碱能对人的机体和其他物质产生腐蚀作用；砒霜、氰化钠具有强烈的毒害作用；同位素钴-60、铀-235能放出射线等。

此外，有些货物除本身具有危险性外，其与某些特定的货物相互接触后能引起化学反应；化学反应特别激烈时甚至引起燃烧或爆炸，有时还会放出有毒、易燃、助燃的气体。

这些货物之所以危险，根本原因是由它的理化性质所决定的，即内因；而在运输过程中这些货物有时会发生各类事故，则是因为外界条件的作用而引起的，也即外因。

为了安全地运输这些货物，必须制定相应的运输方案，严格办理条件，有序地将其运送到目的地。

一、危险货物与危险化学品

（一）危险货物

在铁路运输中，凡具有爆炸、易燃、毒害、感染、腐蚀、放射性等特性，在运输、装卸和储存保管过程中，容易造成人身伤亡、财产毁损或者环境污染而需要特别防护的物质和物品，均属危险货物。

危险货物的危险性主要取决于货物本身的理化性质，但是与外界的环境条件也密切相关。只要我们严格按章办事，以科学的态度掌握危险货物的性质和变化规律，认真做好危险货物的运输、搬运、装卸、保管、防护等各项工作，控制可能导致危险货物发生事故的外界条件，就能实现危险货物的安全运输。铁路危险货物种类中，绝大部分是危险化学品。

（二）危险化学品

化学品是指天然的或人造的各类化学元素、化合物和混合物。化学品是人类生产和生活不可缺少的物品，目前全世界的化学品已超过1000余万种，日常使用的有700余万种，新产品以每年上千种的速度增长。新造化学品分为无机物和有机物两大类。无机物一般指碳元素以外各元素的化合物和单质，如金属、水、食盐、硫酸等。但一些简单的含碳化合物如二氧化碳、碳酸、碳酸盐和碳化物等，由于它们的组成和性质与其他无机化合物相似，因此，也作为无机化合物来研究。有机物是含有碳元素的化合物。

危险化学品，是指具有毒害、腐蚀、爆炸、燃烧、助燃等性质，对人体、设施、环境具有危害的剧毒化学品和其他化学品。

二、判定危险货物的方法与步骤

危险货物的运输条件比普通货物更严格、更复杂、更专业。如果把危险货物误认为普通货物，就会降低危险货物的运输条件，如不采取特殊措施，就有可能酿成事故；如果把普通货物误认为危险货物，在运输过程中就会增加不必要的防护措施，延误货物的运送，影响铁路运输效率。怎样来判定危险货物呢？

危险货物的具体判定方法可按下述步骤进行：

（1）在《铁路危险货物品名表》（以下简称"品名表"，见表2-1）中列载的品名，均属危险货物（特殊规定可按普通货物运输条件运输的品名除外），均按危险货物运输条件运输。

（2）未列入"品名表"中，但国铁集团已确定并公布为危险货物的品名时，按规定办理。

（3）在"品名表"中未列载的产品且货物性质不明确的，应进行性质技术鉴定，按有关条件办理运输。

铁路危险货物品名表（摘录）　　　　　　表2-1

铁危编号	品名	别名	主要特性	包装标志	包装类	包装方法	灭火方法	洗刷除污编号	急救措施	特殊规定	联合国编号
1	2	3	4	5	6	7	8	9	10	11	12
42001	白磷	黄磷	白色或蛋黄色蜡状半透明固体，有特殊臭气，比重1.82，自燃点30℃，熔点44.1℃，不溶于水。在空气中自燃，燃烧时发出白色有毒烟雾，有剧毒，$LD_{50}=1mg/kg$，烧伤皮肤，伤口不易愈合	4.2和6.1	Ⅰ	按2（甲、乙、丙）蛋黄磷顶面需用厚度为15cm以上的水层覆盖	雾状水、沙土	用石灰乳液浸湿撒漏处，再用大量清水冲洗	皮肤烧伤，涂擦石灰水或5%的硫酸铜溶液，但不可涂油，急性中毒应送医院，忌牛奶和脂肪	30、74、77	2447 1381

三、危险货物的分类及品名编号

（一）危险货物的分类

经由铁路运输的危险货物品类繁多、性质复杂，要求运输条件各异。根据《危险货物分类和品名编号》（GB 6944）和"危险货物品名表"（GB 12268），结合铁路运输实际情况，铁路危险货物按其具有的危险性或主要危险性划入9类（见表2-2）中的一类；有些类别再分成项别。

危险货物类项名称及铁危编号　　　　　　表2-2

类号及名称	项号及名称		铁危编号
第1类　爆炸品	第1.1项	有整体爆炸危险的物质和物品	11001～11148
	第1.2项	有迸射危险，但无整体爆炸危险的物质和物品	12001～12057
	第1.3项	有燃烧危险并有局部爆炸危险或局部迸射危险或两种危险都有，但无整体爆炸危险的物质和物品	13001～13061
	第1.4项	不呈现重大危险的物质和物品	14001～14066
	第1.5项	有整体爆炸危险的非常不敏感物质	15001～15005
	第1.6项	无整体爆炸危险的极端不敏感物品	16001
第2类　气体	第2.1项	易燃气体	21001～21072
	第2.2项	非易燃无毒气体	22001～22069
	第2.3项	毒性气体	23001～23077
第3类　易燃液体	第3.1项	一级易燃液体	31001～31318
	第3.2项	二级易燃液体	32001～32158

类号及名称	项号及名称		铁危编号
第4类 易燃固体、易于自燃的物质、遇水放出易燃气体的物质	第4.1项 易燃固体	一级易燃固体	41001~41074
		二级易燃固体	41501~41559
	第4.2项 易于自燃的物质	一级自燃物品	42001~42052
		二级自燃物品	42501~42537
	第4.3项 遇水放出易燃气体的物质	一级遇水易燃物品	43001~43057
		二级遇水易燃物品	43501~43510
第5类 氧化性物质和有机过氧化物	第5.1项 氧化性物质	一级氧化性物质	51001~51087
		二级氧化性物质	51501A~51530
	第5.2项有机过氧化物		52001~52123
第6类 毒性物质和感染性物质	第6.1项 毒性物质	一级毒性物质(剧毒品)	61001~61205
		二级毒性物质(有毒品)	62501~61941
	第6.2项 感染性物质		62001~62004
第7类 放射性物质(物品)	六种形式:易裂变物质、低弥散放射性物质、低比活度放射性物质、表面污染物体、特殊形式放射性物质、其他形式放射性物质		71001~71030
第8类 腐蚀性物质	第8.1项 酸性腐蚀性物质	一级	81001~81135
		二级	81501A~81647
	第8.2项 碱性腐蚀性物质	一级	82001~82041
		二级	82501~82526
	第8.3项 其他腐蚀性物质	一级	83001~83030
		二级	83501~83515
第9类 杂项危险物质和物品	第9.1项 危害环境的物质		91001~91021
	第9.2项 高温物质		92001、92002
	第9.3项 经过基因修改的微生物或组织,不属感染性物质,但可以非正常地天然繁殖结果的方式改变动物、植物或微生物物质		93001

不属于表2-2中的9类危险货物,在铁路运输过程中易引起燃烧、需采取防火措施的货物,属易燃普通货物(见表2-3)。

易燃普通货物品名表   表2-3

顺 号	品 名
1	《铁路危险货物品名表》规定之外的籽棉,棉花(皮棉),木棉,黄棉花,废棉,破籽花
2	《铁路危险货物品名表》规定之外的各种麻类和麻屑
3	麻袋(包括废、破麻袋),各种破布,碎布,线屑,乱线,化学纤维
4	牧草,谷草,油草,蒲草,羊草,芦苇,荻苇,玉米棒,玉蜀黍秸,豆秸,秫秸,麦秸,蒲叶,烟秸,甘蔗渣,蒲棒,蒲棒绒,芒秆,亚麻草,烤烟叶,晒烟叶,棕叶及其他草秸类
5	葵扇(芭蕉扇),蒲扇,草扇,棕扇,草帽扇,草席,草帘,草包,草袋,蒲包,草绳,芦席,芦苇帘子,笤帚以及其他芦苇,草秸制品
6	干树皮,干树枝,干树条,树枝(经脱叶加工),带叶的竹枝,薪柴(劈柴除外),松明子,腐朽木材(喷涂化学防腐剂的除外)
7	刨花,木屑,锯末
8	纸屑,废纸,纸浆,柏油纸,油毡纸
9	炭黑,煤粉
10	粮谷壳,花生壳,笋壳

顺　号	品　　名
11	羊毛,驼毛,马毛,羽毛,猪鬃以及其他禽兽毛绒
12	麻黄,甘草

注:1.用敞、平、砂石车装运易燃普通货物时,应用篷布苫盖严密,在调车和编入列车时,应进行隔离。但对于树皮、干树枝、干树条和带叶的竹枝,由于干湿程度、带叶多少不同,是否应苫盖篷布,由发站根据气温和运输距离在确保运输安全的原则下负责确定。

2.腐朽木材喷防火涂料或采取其他防火措施后,可不苫盖篷布。

3.本表未列的品名,是否也属于易燃普通货物,由发站报局集团公司确定。

4.以易燃材料做包装、捆扎、填塞物,以竹席、芦苇、棉被等苫盖的非易燃货物,以及用木箱、木桶、铁桶包装的易燃普通货物;均按普通货物运输。以敞车装运时,是否应苫盖篷布,由托运人根据货物的运输安全情况负责确定,并在运单托运人记事栏内注明。

托运人托运危险货物时,应在货运运单"货物名称"栏内填写危险货物品名和铁危编号,在运单右上角空白处加盖红色危险货物类项名称戳记。(实行铁路货运电子商务系统的必须按相关规定办理)

(二)铁路危险货物的品名编号(简称"铁危编号")

铁危编号是判断货物是否为危险货物的重要标志,是办理承运、配放、确定运输条件的主要依据;一旦发生事故,还是判定货物性质,采取施救措施的依据。

铁危编号由 5 位阿拉伯数字及英文大写字母组成。第 1 位数字表示该危险货物的类别,第 2 位数字表示该危险货物的项别;后 3 位数字表示该危险货物品名的顺序号,顺序号 001~500 为一级、501~999 为二级(第三类二级除外)。

如黄磷铁危编号为 42001,第 1 位数字"4"表示该物品为危险货物的第四类,第 2 位数字"2"表示该物品为第四类中的第二项,"001"表示黄磷为该项的顺序号为 001。

同一铁危编号具有不同运输条件时,在数字编号后用英文大写字母(如 A、B、C 等)表示。如 11041A、11041B 分别表示同一铁危编号具有不同运输条件的危险货物,环三次甲基三硝胺(含水≥15%)、环三次甲基三硝胺[减敏的]。同一品名,不同状态的危险货物不能比照运输。同时,品名相同,铁危编号不同的,不得按相同运输条件办理,如:硝酸铵,含可燃物质 >0.2%(铁危编号 11082,按有整体爆炸危险的物质和物品办理);同时也有含可燃物质总量≤0.2%(铁危编号 51069A,按一级氧化性物质办理)。

四、易燃普通货物

有些货物虽不属于上述九类危险货物,但易引起燃烧,在铁路运输过程中需采取防火措施,这些货物属于"易燃普通货物",如棉花、麻类、牧草等(见表2-3)。

装运易燃普通货物的车辆技术状况良好、清扫彻底。棚车装运的成件易燃普通货物时,要保证棚车门、窗关闭良好,车辆底板与壁板没有明显裂缝、孔洞等。车内有较多金属凸起物时,必须适当处理,达到不产生静电、无锐角突起的状态。同时,距车顶部须留有适当通风空间,防止货物积热自燃,装车后在车门、窗外处应采取有效的防火措施,防止外来火源引燃货物。

五、危险货物的性质

(一)爆炸品

在国防建设、开山筑路、房屋爆破等方面我们都要大量用到爆炸品。因此,掌握爆炸品的性质,确保爆炸品的运输安全具有重要的意义。

1. 爆炸品的定义

爆炸品是指受到高热、摩擦、撞击震动或其他外界作用,能迅速发生剧烈化学反应,瞬间产生大量气体和热量,形成巨大的压力而发生爆炸,对周围环境造成破坏的物品。

按引起爆炸的原因可分为化学爆炸、物理爆炸和核爆炸三种。原子弹、氢弹的爆炸属于核爆炸;装有压缩气体的钢瓶受热爆炸属于物理爆炸;炸药及爆炸性药品的爆炸、可燃性气体(石油液化气)与空气混合达到爆炸极限时遇明火发生的爆炸、可燃性粉末(面粉厂粉尘)与空气混合遇明火发生的爆炸等属于化学爆炸。危险货物中爆炸品的爆炸一般都属于化学爆炸。

2. 爆炸品的性质

(1)爆炸性

爆炸品的爆炸具有反应速度快、释放大量热量、产生大量气体的特点。

如梯恩梯的性能:分解温度 130 ~ 150℃,爆发点 300℃,气体生成量 690L/kg,爆热 397kJ/kg,爆温 2927℃,爆速 6990m/s,撞击感度 4% ~ 8%。

所以,爆炸品一旦发生爆炸,肯定会对周围的环境造成严重破坏。

爆炸的反应速度通常用爆炸速度(简称爆速)表示,爆速一般以 8000m/s 为界限,高于此限的为烈性炸药,低于此限的为一般炸药。

(2)敏感性

在外界能量作用下,炸药发生爆炸的难易程度,称为炸药的敏感度。敏感度一般以引起炸药爆炸所需要的最小外界能量来度量,这种能量称为起爆能。炸药的起爆能越小,其敏感度越高。在铁路运输中,炸药遭受撞击、摩擦,加热、遇火、遇光、遇电都有可能引起炸药爆炸,所以在炸药的仓储、列车运行、调车作业及炸药的装卸作业过程中必须按章办事,防火花、防撞击、防摩擦同时还要防止杂质(如砂石、金属屑等物)混入炸药,以免提高炸药的敏感度。

过分敏感或反应性很强以致可能产生自发反应的爆炸性物质禁止运输。

3. 爆炸品的分项品名摘录

(1)电引爆雷管、导爆索、重氮甲烷、梯恩梯、苦味酸、硝铵炸药等。

(2)猎枪子弹、手榴弹、民用火箭等。

(3)电火器、硝化纤维素(湿的,含乙醇≥25%)、礼花弹。

(4)响墩、火炬信号、烟花、爆竹等。

(5)铵油炸药、铵沥蜡炸药等。

(6)极端不敏感爆炸性物品。

(二)气体

气体通常应以耐压的气瓶装运,部分沸点高于常温的气体,可用安瓿瓶或质量良好的玻璃、塑料、金属容器盛装;个别气体亦可采用特殊容器装运。它们在受热撞击等作用时易引起爆炸;加之这些气体具有易燃、助燃、有毒等特性,在运输中应当引起我们的高度重视。

1. 气体的定义

本类气体是指符合下述两种情况之一的物质:

(1)在50℃时,蒸气压大于300kPa的物质。

(2)在20℃及101.3kPa标准压力下完全是气态的物质。

气体包括:压缩气体、液化气体、溶解气体、冷冻液化气体、气体与其他类别物质的蒸气的混合物、充有气体的物品和烟雾剂。

通常用高压的方式把气体压缩到钢瓶内储运。当钢瓶内气体的压力增大到超过钢瓶所能承受的程度,这时就会发生钢瓶的胀裂或爆炸。因此,钢瓶严禁接触火种、热源。

处于压缩状态的气体称为压缩气体。如果对压缩气体继续施压,压缩气体就会转化为液体,这就是铁路运输中的液化气体。但是有些气体仅仅使用加压的办法并不能使其变为液体,还必须在加压的同时降低其温度。例如氧气,必须把温度降到 -118.8℃(临界温度),施加 5.04MPa(49.7 大气压,临界压力)的压力,才能液化。若温度未达到此值,无论施加多大的压力都不能使其液化,这个能使气体液化的最高温度称为临界温度。不同气体,其临界温度也不相同。在临界温度时,使气体液化所需要的最小压力称为临界压力。

2. 气体的危险性质

(1)气体受热膨胀

压缩气体和液化气体使用高压和低温压缩与液化,气体分子处于压缩状态,存在很大动能。充装在钢瓶内的气体当其温度升高时,压力将随之增大。这种压力大至超过钢瓶所能承受的程度时,会导致钢瓶爆炸。例如一个常规氧气钢瓶的爆炸威力相当于 5t 梯恩梯炸药的爆炸威力。

(2)容器为压力容器

盛装压缩气体和液化气体的容器即压力容器具有很大的危险性,加上货物易燃、有毒等性质,如爆炸则杀伤性大。安全帽、阀门、气嘴安装、关闭不到位时易折断以及密封圈失效等,造成货物外泄。

(3)货物具有易燃、毒性和窒息性

易燃气体和一些毒性气体很容易燃烧,如氢气、甲烷气、磷化氢等,遇火即能燃烧。

有些气体是剧毒气体,如氰化氢气体、氯气、氨气等,对人、牲畜都有很大的毒害性,当空气中含有 0.01% ~0.02% 的氰化氢气体时,吸入人体内即能引起中毒。有毒气体密度比空气大,发生泄漏造成空气污染时,短时间内不易扩散到高空,被污染的空气长时间与人接触,将会引起人体中毒甚至死亡。

当有大量的不燃气体(如二氧化碳)扩散到空气中时,有可能使人体因缺氧而窒息死亡。

3. 气体的分项品名摘录

(1)氢(压缩的)、甲烷、乙烷、丁烯、电石气(乙炔)液化石油气、打火机、液态烃等。

(2)氧(压缩的)、氮(压缩的)、二氧化碳、制冷气体、惰性气体、氦、氖、氩、氙等。

(3)液氯、液氨、磷化氢、一氧化碳、硫化氢等。

(三)易燃液体

易燃液体均为有机化合物,其中不少属于石油化工产品。该类货物除具有一般液体状态的性质外,还具有易燃、易爆、易挥发等性质。

1. 易燃液体

易燃液体是指闭杯闪点不高于 60.5℃、或开杯闪点不高于 65.6℃ 的液体或液体混合物,或在液体及悬浮液中含有固体的液体。

易燃液体在常温下易挥发,其蒸气与空气混合能形成爆炸性混合物,部分易燃液体还具有毒性或麻醉性;某些易燃液体,易自行聚合,放出热量和气体,导致容器胀裂。

易燃液体的闪点是用闪点测定仪器测定的。在盛有易燃液体的容器中,液体表面上的蒸气和空气形成的混合物与火焰接触初次发生蓝色火焰时的温度,即为该液体的闪点。根据测定仪器的不同,闪点又分为开杯闪点和闭杯闪点两种。开杯闪点是将易燃液体放在敞开的容器中加热所测定(称开杯法)的闪点;闭杯闪点是将易燃液体放在一个特定的密闭容器中加热所测定(称闭杯法)的闪点。

2.易燃液体的性质

（1）高度的易燃性

易燃液体的沸点较低,如汽油、醇、苯等在常温下能不断地挥发蒸气,挥发程度随温度的升高而增大。这些蒸气一旦接触明火,或者与火焰相隔一定距离就会燃烧,甚至爆炸。易燃液体的易燃程度通常用闪点来表示,闪点越低,其液体越易燃烧,危险性越大。如:车用汽油闪点－50℃。

（2）蒸气的易爆性

由于易燃液体都有很强的挥发性,当其挥发的蒸气和空气混合达到一定比例范围时,遇明火或火花后就会发生爆炸,这种比例范围称为该液体的爆炸极限。爆炸极限通常用蒸气在混合物中的体积百分比来表示。能引起燃烧爆炸的最低浓度,称为爆炸下限;能引起燃烧爆炸的最高浓度,称为爆炸上限。如乙醇的爆炸极限为3.3%～19%,环氧氯丙烷的爆炸极限为5.2%～17.5%等。下限越低,爆炸极限范围越大,其危险性越大。蒸气的浓度低于或高于爆炸极限浓度范围,都不会发生爆炸。

易燃液体除上述主要特性外,还具有高度的流动扩散性、较大的蒸气压、遇强酸及氧化剂等能发生剧烈反应而引起燃烧等特性,有的易燃液体还具有毒性,如甲醇、苯、二硫化碳等,人体吸入较多后能引起急性中毒。大多数易燃液体不溶于水,且相对密度小于1,所以在灭火中不应使用水扑救,一般采取砂土、泡沫、干粉、二氧化碳性质消防方式施救。

3.易燃液体的分项品名摘录

（1）汽油、乙醛、丙酮、原油、石脑油、苯、乙醇等。

（2）煤油、松节油、氯苯、碘酒等。

（四）易燃固体、易于自燃的物质、遇水放出易燃气体的物质

本类物品易于引起和促成火灾,按其燃烧特性,本类物品分为三项:易燃固体、易于自燃的物质、遇水放出易燃气体的物质。

易燃固体中的金属粉末燃烧时温度高,与空气混合达到爆炸极限时容易引起粉尘爆炸。易于自燃的物质,特别是黄磷,因为外包装出现裂缝等问题,造成隔绝空气的水外流,黄磷与空气接触发生自燃,不少经办站都发生过自燃着火。遇水放出易燃气体的物质,在受潮、雨淋或遇水接触过程中会带来燃烧甚至爆炸,与一般货物的性质有根本区别,所以应该引起我们足够的重视。

1.易燃固体

易燃固体包括:在运输环境和条件下容易燃烧或由于摩擦可能引燃或助燃的固体;可能发生强烈放热反应的自反应物质;不充分稀释可能发生爆炸的固体退敏爆炸品。

这些物质燃点低,对热、撞击、摩擦均较敏感,易被外部火源点燃,燃烧迅速,并可散发出有毒性烟雾或气体。分级品名摘录:

（1）一级易燃固体,红磷、硝化沥青、发泡剂等。

（2）二级易燃固体,硫黄、镁合金、生松香、冰片、樟脑、安全火柴等。

2.易于自燃的物质

易于自燃的物质包括:发火物质和自热物质。这些物质自燃点低,在空气中易于发生氧化反应,放出热量,而自行燃烧。分级品名摘录:

（1）一级自燃物品,黄磷、钡合金、胶片、锂电池等。黄磷置于空气中,当温度达到30℃时就会自燃,并放出有毒气体五氧化二磷。

（2）二级自燃物品,赛璐珞(碎屑)、拷纱、云母带、潮湿棉花、油布及其制品等。在空气中能与氧发生缓慢氧化作用而产生热量,当积热不散、温度不断上升、达到自燃点时,也会发生自燃。

3.遇水放出易燃气体的物质

遇水放出易燃气体的物质与水接触或受潮可能放出易燃气体,这种气体与空气混合能够形成爆炸性混合物。这种混合物极易被引燃,所产生的冲击波和火焰可能对人和环境造成危害。分级品名摘录:

（1）一级遇水易燃物品,金属钠4300、钾、铝粉、碳化钙(电石)、磷化锌、保险粉等。

（2）二级遇水易燃物品,锌灰、硅钙等。

4.危险性质

（1）爆炸性

易燃固体与氧化剂、酸类接触或受到摩擦、撞击时能引起燃烧爆炸;易燃固体中的金属粉末如铝粉,镁粉等,燃烧时不仅温度很高,而且粉尘极易飞扬,与空气混合达到爆炸极限时,遇明火引起粉尘爆炸;遇湿易燃物品与水作用产生的可燃性气体与空气混合达到爆炸极限时,遇明火也发生爆炸。2014年,江苏昆山市中荣金属制品有限公司"8.2"特别重大爆炸事故,就是因为铝粉在空气中聚积发生燃烧爆炸。

（2）毒害性

易燃固体、自燃物品燃烧时产生有毒气体,尤其是硝基化合物和氨基化合物燃烧时生成的气体毒性更大。

（3）腐蚀性

遇湿易燃物品与水作用生成腐蚀性较强的碱。

（五）氧化性物质和有机过氧化物

氧化性物质和有机过氧化物是化学性质比较活泼的一类物质,在工农业生产中常常用到,不少人错误地认为其危险性较爆炸品要小,所以在作业过程中,往往未能引起注意,反而成了危险货物中最容易发生事故的一类货物。因此,必须了解它的性质,保证该类货物的安全运输。

氧化性物质和有机过氧化物具有强氧化性,易引起燃烧、爆炸。本类物质按其组成分为氧化性物质和有机过氧化物两项。

1.氧化性物质

氧化性物质是指易分解并产出氧和热量的物品,其本身不一定可燃,但能导致可燃物的燃烧;与粉末状可燃物能组成爆炸性混合物,对热震动或摩擦较敏感。分以下两级:

（1）一级氧化性物质大多为碱金属或碱土金属的盐类,性质极不稳定,如过氧化钠、过氧化钾、硝酸钾、高氯酸、高氯酸钙、次氯酸钙、高锰酸钾等。

（2）二级氧化性物质的性质较一级氧化性物质稳定,如过氧化氢、二氧化铅、铬酸、亚硝酸钠等。

2.有机过氧化物

有机过氧化物是指分子组成中含有过氧基(—O－O—)的有机物质,属热不稳定物质,可能发生放热自加速分解等。其主要特性有:对热、碰撞或摩擦敏感,分解爆炸性;易燃烧(如过氧化二叔丁醇闪点12℃);与其他物质起化学反应;损害眼睛(如过醋酸)。

有些有机过氧化物在常温下会自行加速分解,必须控温运输;有的则需要加入一定的稳定剂方能运输,如过氧化二苯甲酰干品极不稳定,受撞击易燃爆炸,运输中要求含水量不少于30%。

3.危险性质

(1)氧化性

在氧化-还原反应中,物质给出电子的过程叫氧化,这种物质称还原剂;物质接受电子的过程叫还原,这种物质称氧化剂。氧化剂具有较强的氧化性,其中大部分物品属于无机氧化剂。

(2)不稳定性

氧化性物质遇热会分解(如有机氧化性物质中的过氧化二苯甲酰、无机氧化性物质中的硝酸钾51056),所以氧化性物质应严禁受热;有些氧化性物质遇水会发生分解,放出助燃气体(如过氧化钠),所以这些氧化剂在运输过程中应防潮防雨淋;有些氧化剂在日光照射下会很快地分解放出氧气(如氧化银),所以氧化性物质应避免日光直接照晒;大多数氧化性物质在包装不严密时,会吸收空气中的二氧化碳或水蒸气而发生反应(如过氧化钠),所以氧化性物质包装要求完好,有破损时应及时处理。

(3)爆炸性

很多氧化性物质的爆炸性比较突出,特别是一些氯酸盐类、硝酸盐类及一些有机氧化性物质类。而且当其中混有可燃的杂质后,这种爆炸性更加明显。

(六)毒性物质和感染性物质

毒性物质不仅是化工生产的重要原料与产品,而且是农业生产中不可缺少的重要物资(如农药等)。然而,毒性物质也是铁路运输中造成人、畜中毒的主要物质,车辆污染的主要污染源。因此做好毒性物质的安全运输,意义重大。

1.分项

本类货物分为毒性物质和感染性物质两项。

(1)毒性物质

毒性物质在吞食、吸入或与皮肤接触后可能损害人类健康、造成严重损伤甚至死亡。

毒性物质毒性的大小通常用半数致死量(用 LD_{50} 表示)或半数致死浓度(用 LC_{50} 表示)表示。其含义是指在一群试验动物中,一次染毒后引起半数动物死亡的剂量(mg/kg)或浓度(mg/L)。

毒性物质包括:急性经口毒性 $LD_{50} \leq 200mg/kg$ 的固体和 $LD_{50} \leq 500mg/kg$ 的液体;急性皮肤接触毒性 $LD_{50} \leq 1000mg/kg$ 的物质;急性吸入毒性 $LC_{50} \leq 10mg/L$(蒸气、粉尘或烟雾)的物质。

本项划分为一级毒性物质(剧毒品)、二级毒性物质(有毒品)(见表2-4),如氰化物、砷、硝基苯、农药(液态、固态),硒粉、二级无机汞化合物、煤焦沥青、生漆、鸦片等。

毒性物质分级表 　　表2-4

分　　级	经口摄取半数致死量 LD50(mg/kg)	经皮肤接触24h半数致死量 LD50(mg/kg)	粉尘、烟雾或蒸气吸入半数致死浓度 LC =(mg/L)
一级毒性物质 (剧毒品 61001~61499)	LD50 ≤200	LD50 ≤200	LC50 ≤2
二级毒性物质 (有毒品 61501~61999)	固体:50 < LD50 ≤200 液体:50 < LD50 ≤500	200 < LD50 ≤1000	2 < LC50 ≤10

(2)感染性物质

含有病原体的物质,包括生物制品、诊断样品、基因突变的微生物、生物体和其他媒介,如病毒蛋白、感染性物质(对人、对动物)、医院诊断废弃物、诊断样品等。

2.影响毒性物质毒性大小的因素

影响人体中毒的因素较多,但中毒的程度主要与毒性物质的成分、结构及机体的功能、状况有关。影响毒性物质毒性大小的主要因素有以下几个方面:

（1）毒性物质的化学组成与结构是决定毒性物质毒性大小的决定因素。例如，烷基中碳原子数目的多少对毒性有着明显的影响，随着碳原子的增加，其毒性通常也增大。

（2）毒性物质的挥发性越大，其毒害性越大。挥发性较大的毒性物质在空气中能形成较高的浓度，易从呼吸道侵入人体而引起中毒。

（3）毒性物质在水中溶解度越大，其毒性越大。越易溶于水的毒性物质越易被人体吸收，如氯化钡、碳酸钡易溶于水，因此毒性较大；而硫酸钡不溶于水，则不易使人中毒。

（4）毒性物质的颗粒越小，越易中毒。如粉末状的氰化物就比颗粒状的氰化物容易经呼吸道进入人体而引起中毒。

3. 毒性物质进入人体的途径

（1）呼吸道。大部分气体、粉尘以及具有强挥发性液体毒性物质极易经过呼吸道吸入体内；然后随血液循环而散布全身，引起中毒。

（2）皮肤。毒性物质的气体、液体及固体接触人体皮肤通过皮肤吸收进入体内，也是引起人体中毒的途径。当皮肤损伤或患有皮肤病时，其屏障作用被破坏，这时经皮肤吸收的毒性物质很快进入血液引起中毒。

（3）消化道。毒性物质经消化道进入人体的机会一般较少，但铁路装卸作业由于手被毒性物质污染，又未经彻底清洗而进食，或在存放毒物的场所进食、饮水而造成毒性物质经消化道进入人体内。

（七）放射性物质

1. 放射性物质的特性

在托运货物中，任何含有放射性核素并且其活度和比活度均高于国家规定的豁免值者属于放射性物品（物质）。

此类物质能自发地、不断地放出 α、β、γ 射线或中子流，具有不同的穿透能力，过量的射线照射对人体细胞有杀伤作用。有些放射性物质还具有易燃易爆、腐蚀和毒害等危险性。几种射线的特性比较，见表 2-5。

各种射线的特性比较表　　　　　　　　　　　　　　　　表 2-5

射线种类	带电性质	速度	空气中射程	穿透能力	电离能力	主要照射方式	防护材料
α	带正电的粒子流	2 万 km/s	10 多厘米	最弱	强	内照射	塑料、铝
β	带负电的粒子流	20 万 km/s	20 多米	较强	较强	内、外照射	塑料、铝
γ	不带电的光子流	30 万 km/s	几百米	强	只能间接电离	外照射	铁、铅
中子流	不带电的粒子流	与 γ 相似	与 γ 相似	强		外照射、内照射	水、石蜡

2. 半衰期和放射性活度

（1）半衰期

放射性元素因放出射线而变成另一种新元素的有规律的核变化，称为放射性元素的衰变。放射性物质的原子数因衰变减少到原来一半所需要的时间，称为半衰期。每一种放射性元素都有一定的半衰期，如镭^{226}的半衰期是 1620 年，碘^{131}的半衰期是 8.04d。在铁路运输中，通常把半衰期少于 15d 的放射性元素称为"短寿命"放射性物品。

（2）放射性活度

放射性活度是放射性物质放出射线强弱的一种物理量，单位为 Bq（贝可）。

在铁路货物运输中，常用"放射性比活度"表示单位物质中所含放射性的强弱。其含义是单位重量（或单位体积）的固体物质中所具有的放射性活度，常用单位有 Bq/kg、kBq/kg。

3. 剂量当量及剂量当量率

剂量当量是人体对一切射线所吸收能量的剂量,单位为 Sv(希沃特)。

单位时间内所受到的剂量当量,称为剂量当量率,国际单位制规定为 Sv/s,常用单位为 mSv/h。

4. 放射性物质的形式

放射性物质有下列 6 种形式:

(1)低比活度放射性物质(LSA)。此类物质放射性比活度较低,包括Ⅰ类、Ⅱ类和Ⅲ类低比放射性物质。

(2)表面污染物体(SCO)。它包括Ⅰ类和Ⅱ类表面污染物体。

(3)带有放射性物质的仪器或仪表等制品。

(4)放射性同位素。

(5)易裂变物质:包括 ^{235}U、^{233}U、^{238}Pu、^{239}Pu 和 ^{241}Pu。

(6)其他放射性物质:不包括在上述五种形式内的放射性物质。

(八)腐蚀性物质

硫酸、硝酸、盐酸、烧碱等腐蚀性物质,是化工生产的基本产品,也是化学工业的重要原料。在铁路运输中是运量较大的一类危险货物。

1. 腐蚀性物质的概念

腐蚀性物质是指与完好皮肤组织接触不超过 4h,在 14d 的观察期中发现引起皮肤全厚度损毁;或在 55℃时,对 S235JR + CR 型或类似型号钢或无覆盖层铝的表面均匀年腐蚀率超过 6.25mm/年的物质。

腐蚀性物质可通过化学作用使生物组织接触时造成严重损伤,在渗透时会严重损害甚至毁坏其他货物和运载工具。有些腐蚀性物质挥发出的蒸气能刺激眼睛、黏膜,吸入后会中毒;有些腐蚀性物质受热或遇水会形成有毒烟雾;有些无机酸性腐蚀性物质具有较强氧化性,接触可燃物易引起燃烧;有些有机腐蚀性物质具有易燃性。

2. 腐蚀性物质的性质

腐蚀性物质的化学性质比较活泼,能与金属、有机物及动植物机体发生化学反应,并具有腐蚀性、氧化性、毒害性及易燃性。腐蚀的类型可分为湿腐蚀和干腐蚀。

(1)腐蚀性

腐蚀性物质对人体造成灼伤,如硝酸、硫酸等对人的皮肤、眼睛及黏膜具有破坏作用;酸、碱都能与金属材料发生不同程度的反应,对金属容器、货物包装、车辆、仓库地面等造成腐蚀,如硫酸与铁发生反应,使铁质包装造成销蚀;氢氧化钠与铅发生反应生成铅酸钠和氢气等。此外,酸、碱对棉、麻、纸张、木材等发生作用,使它们脱水碳化,从而失去使用价值。

(2)氧化性

有些酸类具有很强的氧化性。有的自身分解,释放出氧气;有的在与其他物质作用时,可以从其他物质中获得电子,将其氧化。如硝酸置于空气中,就会分解放出氧气。

(3)毒害性

腐蚀性物质中的一些强酸还具有不同程度的毒性。如发烟硝酸、发烟硫酸、氢氟酸等易挥发出有毒气体,能引起人体的局部或全身中毒。

(4)易燃性

有些有机腐蚀性物质本身易燃烧。如甲酸、醋酸等接触火源时,会立即引起燃烧。

3. 腐蚀性物质的分项

（1）酸性腐蚀性物质

根据性质强弱分为一级酸性腐蚀性物质（如硝酸、硫酸、盐酸等）和二级酸性腐蚀性物质（如磷酸、醋酸等）。

（2）碱性腐蚀性物质

根据性质强弱分为一级碱性腐蚀性物质（如氢氧化钠、无水肼等）和二级碱性腐蚀性物质（如氨水、氧化钙等）。

（3）其他腐蚀性物质

根据性质强弱分为一级其他腐蚀性物质（如亚氯酸盐溶液）和二级其他腐蚀性物质［如甲醛溶液、塑料沥青、漂白水、汞（水银）等］。

（九）杂项危险物质和物品

杂项危险物质和物品，是指危险货物第 1 类至第 8 类未包括的物质和物品。它主要包括：

（1）危害环境的物质，如乙醛合氨、石棉、干冰、锂电池组等。

（2）高温物质（如运输或要求运输的物质液态温度达到或超过 100℃，或固态温度达到或超过 240℃），未列名的高温固体、高温液体。

（3）经过基因修改的微生物或组织，不属感染性物质，但可以非正常地天然繁殖结果的方式改变动物、植物或微生物物质，品名为基因改变的微生物、基因改变的生物体。

任务实施

根据任务一中"任务（知识）储备"所学知识，分析"任务引入"中任务 2-1，请简要说明，是否为危险货物，有哪些办理限制，需要准备什么证明文件，要办理哪些手续，铁路运输中应采取哪些特殊措施方能保证安全？

实施要点：

（1）辨析铁路危险货物品名，确认承运条件、办理程序、作业地点、存在的危险性等。

（2）辨析铁路危险货物不同的性质。

任务自测

1. 什么是铁路危险货物？什么是危险化学品？解释两者的区别与联系。

2. 铁路危险货物如何分类？如何分项？

3. 简述铁路危险货物品名编号的含义。

4. 请描述生活中常见危险货物性质. 简要说明储运注意事项。

任务二　选用危险货物铁路运输设施设备

任务引入

【任务2-2】　某托运人拟托运一批鞭炮，能去什么站办理，需要选用什么车辆，能不能用集装箱办理，要办理哪些手续？

（1）辨析铁路危险货物运输作业地点（办理站、危险货物专用线）间的异同。

（2）能根据危险品名选定合适的铁路货车车型，或确定是否适箱货物并选择合适的集装箱箱型。

（3）会办理铁路危险货物自备货车、铁路危险货物自备罐车、铁路危险货物自备集装箱的技术审查程序。

任务（知识）储备

各种危险货物具有不同的危险性质，为了完成铁路危险货物的运输任务，应在铁路危险货物运量较大及具备安全运输条件的地方设立危险货物办理站，并配备必要的专用仓库、车辆、装卸工具等运输设备。

一、危险货物办理站

（一）危险货物办理站的分类

危险货物办理站是站内或接轨的专用线办理危险货物发送（含换装）、到达业务的车站。按类型分为3种：

（1）站内办理站：仅在站内办理危险货物业务的车站。

（2）专用线接轨站：仅在接轨的专用线办理危险货物业务的车站。

（3）兼办站：在站内和接轨的专用线均办理危险货物业务的车站。

危险货物办理站除应执行铁路货场、专用线一般规定外，还应符合铁路危险货物办理站、专用线货运安全设施设备有关技术条件等相关规定以及有关法律、法规、规章对危险货物运输安全管理、安全作业、安全培训和应急处置等要求。

（二）危险货物办理限制

中国铁路各局集团有限公司（以下简称"局集团公司"）应根据相关规定和要求，确认批准《铁路办理站危险货物办理限制》（以下简称办理限制）中管内增加或修改内容，并报国铁集团货运部公布。新增爆炸品、剧毒品、放射性物质（物品）和气体类危险货物办理限制时，由局集团公司确认后将安全评估报告等相关材料报国铁集团货运部批准公布。

站内办理时，办理限制包括办理站名称，发送、到达品名及相应的装运方式。

接轨的专用线办理时，办理限制包括接轨站、专用线名称，发送、到达品名及相应的装运方式；专用线共用时，还应包括共用单位名称，发送、到达品名及相应的装运方式等。

（三）安全评价

与国铁接轨的危险货物专用线新建、改扩建时，应符合《铁路专用线接轨管理办法》等有关规定。

站内办理站、兼办站和与国铁接轨的危险货物专用线企业应当按照《中华人民共和国安全生产法》《危险化学品安全管理条例》《铁路危险货物运输安全监督管理规定》《危险化学品建设项目安全监督管理办法》等法律、法规、规章相关规定，对危险货物装卸、储存作业场所和设施等安全生产条件进行安全评价。新建、改建危险货物装卸、储存作业场所和设施，在既有作业场所增加危险货物品类，以及危险货物新品名、新包装和首次使用铁路罐车、集装箱、专用车辆装载危险货物的，应当进行安全评价。

安全评价机构应严格按照有关法律、法规、规章和标准等规定开展安全评价工作，并对评价结果负责。安全评价报告应符合有关法律法规，规章标准和铁路危险货物办理站、专用线货运安全设备设施有关技术条件等相关规定。有关单位应落实安全评价报告中的整改方案，消除安全隐患。

（四）安全评估

局集团公司确认办理限制前，应组织对危险货物办理条件进行安全评估，并形成安全评估报告或安全评估意见，不符合安全要求的不得批准。局集团公司应制定相关评估办法。

安全评估应包括以下内容：

（1）危险货物储运库房、装卸站台、堆场、雨棚等专用设施以及装卸机具、设备是否与所办理危险货物的品类和运量相适应。

（2）危险货物作业场所的安全距离、消防、防雷、防静电、计量、安全检测、防护、储存、装卸、载运工具、污水（污物）处理等设施、设备，以及专用线接轨方式、线路作业条件等铁路运输安全基本设施、设备，是否符合法律、法规、规章和标准等规定。

（3）管理人员、货运作业人员、装卸作业人员、运输经办人员和押运人员等是否经过铁路危险货物运输业务知识培训合格，是否熟悉本岗位的相关危险货物知识，是否掌握铁路危险货物运输规定。

（4）是否建立健全危险货物受理、承运、装卸、储存保管、消防、劳动安全防护等安全作业及管理制度。

（5）是否制订完善的铁路危险货物运输事故应急预案，是否配备应急救援人员和必要的救援器材、设备。

二、危险货物货车

（一）车辆的选择

危险货物限使用棚车装运（"品名表""特殊规定"栏有特殊规定的除外）。装运时，同一车限装同一品名、同一铁危编号的货物。

爆炸品、硝酸铵、氯酸钠、氯酸钾、黄磷和钢桶包装的一级易燃液体应选用 P_{64}、P_{64A}、P_{64AK}、P_{64AT}、P_{64GK}、P_{64GT}、P_{70} 等竹底棚车或木底棚车装运，并应对门口处金属磨耗板，端、侧墙的金属部分采用非破坏性措施进行衬垫隔离处理。如使用铁底棚车时，应经局集团公司批准。

毒性物质限使用毒品专用车，如毒品专用车不足时，经局集团公司批准可使用铁底棚车装运（剧毒品除外）。局集团公司应指定毒品专用车保管（备用）站。

部分装运危险货物的车辆，见表2-6。

部分装运危险货物的车辆　　　　　　　　　　　　　表2-6

车辆种类	危险货物品名	备注
P_{64}、P_{64A}、P_{64AK}、P_{64AT}、P_{64GT}、P_{70} 型竹底棚车或木底棚车装运	爆炸品、硝酸钠、氯酸钠、氯酸钾、黄磷和铁桶包装的一级易燃液体	如使用铁底棚车时，须经局集团公司批准
限用"停止制动作用"的棚车	爆炸品中14个品名	由货车车辆段组织相关人员负责开启（拆封）和关闭（施封）截断塞门
禁用棚车	整车沥青及含沥青的制品	
可使用敞车	①塑料沥青；②油布、绸、漆布、动植物纤维（含动植物油）、油纸及其制品、油橡纱、油麻丝；③氨溶液、硫化钠、硫化钾、氢氧化钠、氢氧化钾、焦油、煤焦油、松焦油；④含油金属屑；⑤混胺-02、发烟硝酸	①可以使用敞车；②经局集团公司批准，可用敞车苫盖篷布运输；③钢桶包装的可以使用敞车；④散装运输时，须使用全钢敞车，车内必须干燥；⑤经局集团公司批准，可以使用规定的铝罐装敞车

车 辆 种 类	危险货物品名	备 注
限用冷藏车	乙醚	4~9月用钢桶装
用铁路罐车	原油、汽油、煤油、航空煤油、柴油、石脑油、溶剂油轻质燃料油； 非危险货物：重油、润滑油	
用自备罐车	气体、液体危险货物	符合《危险货物品名表》（GB 12268—2012）的规定，未规定的由发局审报国铁集团后试运
P64、P64A、P64AK、P64AT 型棚车装运	硝酸铵（按氧化性物质承运办理的）	使用敞车运输时，需采取安全措施，并经过局集团公司相关部门批准，应采取随车押运措施
其他	"危险货物品名表"（GB 12268—2012）特殊规定	各局根据具体情况制定和下发《××局集团有限公司铁路危险货物运输管理办法》，车站在实际操作时，也须遵守该办法

（二）危险货物自备车辆

1.危险货物自备货车

危险货物自备货车过轨运输，应按照《自备铁路车辆经国家铁路过轨运输管理办法》实行协议制管理。

采用自备货车运输危险货物的，要有危险货物专用线（或共用专用线）及专用储运附属设施设备，运输的品类和业务范围应与设计内容一致。

2.危险货物自备罐车

自备罐车装运危险货物，品名范围及车种要求应符合"品名表""特殊规定"栏的特殊规定。未作规定的，由所属局集团公司组织研究提出安全运输条件建议，报国铁集团货运部。安全运输条件建议应包括事故应急预案和环保应急处理预案。国铁集团货运部组织专家进行技术审查，通过技术审查后公布安全运输条件。

危险货物罐车装卸作业应在专用线内办理。

对专用线（专用铁路）内无栈桥、鹤管等设备，罐车作业采取汽车对装对卸方式的，不得办理危险货物业务。

三、危险货物集装箱

铁路危险货物可以使用集装箱运输。集装箱（以下简称"危货箱"）除应执行铁路集装箱及其装卸场所、设施的一般规定外，还应符合《危规》规定。

（一）危货箱的办理品类

危货箱仅办理"品名表"中下列品类：

1.铁路通用箱

（1）二级易燃固体。

（2）二级氧化性物质。

（3）腐蚀性物质。

①二级酸性腐蚀性物质。

②二级碱性腐蚀性物质。

③二级其他腐蚀性物质。

2. 自备危货箱

(1)铁路通用箱中所列品名。

(2)二级毒性物质。

危货箱装运上述第(1)、(2)点以外的危险货物,以及使用罐式集装箱装运危险货物的,由所属局集团公司组织研究提出安全运输条件建议(罐式箱还应提出框架静强度及冲击试验合格报告),报国铁集团货运部。国铁集团货运部组织专家进行技术审查,通过技术审查后公布安全运输条件。

(二)自备危货箱的编号

自备危货箱投入运用前,局集团公司应按《铁路危险货物集装箱编号登记簿》进行登记并编号,编号方式如:哈 TWX0001、京 TWX0001、上 TWX0001。

任务实施

根据任务二中"任务(知识)储备"所学知识,分析"任务引入"中任务 2-2,请简要说明任务中的货物应到哪类车站办理,需要选用什么车辆,能不能用集装箱办理,要办理哪些手续?

实施要点:

(1)辨析铁路危险货物运输作业地点(办理站、危险货物专用线)间的异同。

(2)能根据危险品名选定合适的铁路货车车型,或确定是否适箱货物并选择合适的集装箱箱型。

任务自测

请扫描二维码,进行任务学习后的测试

任务三　审查铁路危险货物包装

任务引入

【任务 2-3】　某托运人拟托运一批鞭炮,需要什么包装,包装有什么具体要求,要办理哪些手续?

(1)查定危险货物应使用何种包装,并能够选用适用包装。

(2)辨析危险货物包装是否适用,各包装标志是否完整。

(3)知道办理申请包装检测,审核包装检测证明、包装企业生产许可证等规定。

任务(知识)储备

一、包装的分类

包装分类方法很多,按制作材料可分为纸质、木质、金属、玻璃陶罐制、塑料和编织材料制包装等;按包装容器类型可分为箱形、桶形、袋类、筐类、包类、捆类、坛缸瓶类与集合包装(如集装袋、集装架、集装笼、托盘等);按包装的密封性能分为密封包装和非密封包装两种;按包装抗御变形能力分为硬性包装(不易变形的刚性包装)和软包装(各种袋类的柔性包装)两种;按包装要求可分为专用包装(专为某一种货物而设计制造的包装)和通用包装(用来包装无特殊要求的货物包装)两种;按包装的目的可分为销售包装、运输包装和集合包装。

根据包装内所装货物的不同,运输包装可分为普通货物包装、易腐货物包装、危险货物包装等。

危险货物包装是指以运输仓储安全为主要目的,根据危险货物的性质和特性,按照有关法令、标准和规定,采用专门设计制造的容器和防护物的包装。装有危险货物的包装称为包装件。

二、危险货物包装类别

我国铁路根据危险货物包装件内装货物的危险程度分为以下 3 种类别:

Ⅰ类包装——盛装具有较大危险性的货物,包装强度要求高。

Ⅱ类包装——盛装具有中等危险性的货物,包装强度要求较高。

Ⅲ类包装——盛装具有较小危险性的货物,包装强度要求一般。

三、危险货物包装的要求

货物在运输过程中会受到各种因素的影响,主要有自然因素、外力因素等。

自然因素包括环境温度、湿度、光线、雨雪、微生物虫害以及各种有害气体等环境状况的变化。外力因素包括垂直静载荷、冲击、震动等。此外,装卸方式的优劣程度、中转换装次数,运载工具减振装置质量的好坏,以及铁路线路质量等都会对货物产生影响。

(一)危险货物包装基本要求

危险货物的运输包装和内包装,应按"品名表"和"铁路危险货物包装表"(《危规》附件3,表2-7,以下简称"包装表")的规定确定,同时还须符合下列要求:

(1)包装的材质、规格和包装结构应与所装危险货物性质和重量相适应。包装材料不得与所装货物产生化学反应或削弱包装强度。

铁路危险货物包装表(摘录)　　　　　　　　　　表 2-7

包装号	包 装 要 求		单位包装件限制质量或容量	备 注
	外 包 装	内 包 装		
1	钢质气瓶: 钢质气瓶的设计、制造、充装、运输、储存必须符合国家质量技术监督检验检疫总局颁布的《气瓶安全技术监察规程》。盛装乙炔气的气瓶应符合原劳动部颁布的《溶解乙炔气瓶安全监察规程》		钢质气瓶每瓶总质量不得超过1000kg。超过时应征求到站的意见	①20L 以下的钢质气瓶应外加坚固木箱,每箱总重不超过 50kg

包装号	包装要求		单位包装件限制质量或容量	备注
	外包装	内包装		
1	钢质气瓶气阀完好,安全阀与瓶身配套旋紧。有防护罩的钢质气瓶,安全帽不得超出护罩。瓶身外套两只防震胶圈。钢质气瓶瓶肩或护罩上,应有制造和检验钢印标记。钢印标记必须准确、清晰。检验钢印标记上,还应按检验年份涂检验色标。检验色标的颜色和形状应符合《气瓶安全技术监察规程》的规定。钢质气瓶外表面的颜色和字样,应符合《气瓶颜色标志》(GB 7144)的规定			②装有液化石油气的气瓶(即液化石油气罐)禁止铁路运输
4	钢塑复合桶:用钢板制成,桶身有两道环筋和两组 3 ~ 7 道波纹。桶身直缝应电气焊接,桶身与桶顶、桶底的组装应双重或三重卷边。卷层内的缝隙必须充填封缝胶。桶内应无任何能擦伤内塑料桶(胆)的凸出物	塑料桶(胆):桶(胆)厚 0.8mm以上,吹塑厚薄均匀并合适地装在钢桶内。塑料桶(胆)不得以任何使用过的塑料作制造材料,并应具有符合规定的防老化和抗冻性能及抗刺、抗磨功能。桶口、盖配套完好,液密不漏	甲.钢板厚 1.2 或 1.25mm,每桶净重不超过 200kg;乙.钢板厚 1.0mm,每桶净重不超过 50kg	钢桶底部不得开孔
11	复合塑料编织袋:聚丙烯三合一袋;聚乙烯三合一袋。以聚丙烯、聚乙烯塑料编织布为基材,由布/膜/纸复合而成的复合塑料编织袋,聚丙烯、聚乙烯塑料编织布经纬密度 48×48 根/10cm,纸每平方米质量不小于80g,涂膜厚度不小于0.05mm;聚丙烯二合一袋;聚乙烯二合一袋。以聚丙烯、聚乙烯塑料编织布为基材,由布/膜复合而成的复合塑料编织袋,聚丙烯、聚乙烯塑料编织布经纬密度 48×48 根/10cm,涂膜厚度不小于0.05mm;各种袋口折叠后,用机械缝合,针距不大于 10mm	塑料袋:袋厚 0.1mm 以上。袋口双层扎口或封口,严密不漏。袋的容积应大于外包装	甲.聚丙烯三合一袋、聚乙烯三合一袋,每袋净重不超过 50kg;乙.聚丙烯二合一袋、聚乙烯二合一袋,每袋净重不超过 50kg	

(2)充装液态货物的包装容器内至少留有5%的余量。铁路罐车及罐式集装箱装运的液体危险货物充装量上限不得大于罐体标记容积的95%,下限不得小于罐体标记容积的83%。

（3）包装封口应根据内装物性质采用严密封口、液密封口或气密封口。装有通气孔的容器，其设计与安装应能防止货物流出和杂质、水分的进入。

（4）包装应坚固完好，能抗御运输、储存和装卸过程中正常的冲击、振动和挤压，并便于装卸和搬运。

（5）包装的衬垫物不得与所装货物发生反应而降低安全性，应能防止内装物移动和起到减震及吸收作用。

（6）包装表面应保持清洁，不得黏附包装货物和其他有害物质。

（7）危险货物包装限一次性使用（有特殊规定除外）。

（二）危险货物包装其他要求

（1）危货包装应由取得工业产品生产许可证（列入国家实行生产许可证制度工业产品目录的包装）的企业生产，除符合国家有关标准外，还应符合《铁路危险货物运输包装性能试验规定》（见《危规》附件4）和《铁路危险货物运输包装性能试验要求和合格标准》（见《危规》附件5，见表2-8），并经国家质量监督检验检疫部门认定的检验机构（以下简称"包装检验机构"）检验合格，出具包装检验报告。包装检验机构对检验结果负责。

（2）包装不得重复使用（盛装气体类危险货物的钢瓶除外）。

（3）采用集装化运输的危险货物，包装应符合《危规》的要求，使用的集装器具应有足够的强度，能够经受堆码和多次搬运，并便于机械装卸。

（4）货物包装上应牢固、清晰地标明规定标志。进出口危险货物在国内段运输时应粘贴或拴挂、喷涂相应的中文危险货物包装标志和储运标志。

（5）放射性物质（物品）运输包装容器应符合《放射性物品运输安全管理条例》《放射性物质安全运输规程》（GB 11806）的相关规定。压力容器应当符合国家特种设备安全监督管理部门制定并公布的《移动式压力容器安全技术监察规程》《气瓶安全技术监察规程》等有关安全技术规范要求，并在经核准的检验机构出具的压力容器安全检验合格有效期内。

四、运输包装标志

运输包装标志是指在运输包装外部制作的特定记号或说明，有包装储运图示标志和危险货物包装标志两种。运输包装标志主要赋予运输包装件传达功能，目的是识别货物，实现货物的收发管理，明示物流中采取的防护措施，识别危险货物，以保证危险货物运输安全。

（一）危险货物包装标志（GB 190—2009）

在危险货物包装件外部明显位置，应打印危险货物包装标志（见《危规》附录3）。

标志分为标记（见表2-9）和标签（见表2-10），其中标记4个、标签26个，其图形分别标示了9类危险货物的主要特性。

在危险货物包装件上应按其类别与项别标打相应的标志。

标志标打的位置为：箱状包装位于包装端面或侧面的明显处；袋、捆包装位于包装明显处；桶形包装位于桶身或桶盖；集装箱或成组货物的包装粘贴四个侧面；铁路危险货物自备罐车位于车辆两端头车钩上方的罐体部位。如果某种货物还具有其他类别的危险性质，包装上除标打该类标志作为主标志外，还应标打表明其他危险性的标志作为副标志，副标志图形的下面不应标有危险货物的类项号。

表2-8

铁路危险货物运输包装性能试验要求和合格标准

试验项目 包装容器类型	跌落试验					液压试验				气密试验				堆码试验			
	数量	地面	试验方法	跌落高度	合格标准	数量	试验方法	压力	合格标准	数量	试验方法	气压	合格标准	数量	试验方法	时间	合格标准
钢桶(罐)、铝桶	6个，分两次试验，每次3个	符合规定的碰撞地面	第一次：桶(罐)的凸边呈斜角线撞击在地面上，如无凸边，则以桶(罐)身与桶(罐)底接缝处撞击。第二次：第一次没有试验到的薄弱地方，如纵、横向焊缝，封闭口等	①如果用所装运的固体、液体或模拟物进行跌落试验，跌落高度为：Ⅰ类包装：1.8m；Ⅱ类包装：1.2m；Ⅲ类包装：0.8m。②当以水代替所装运的液体进行试验，如果所装物的相对密度(d)不超过1.2，跌落高度同上；如果所装物的相对密度超过1.2，跌落高度为：Ⅰ类包装：1.5m；Ⅱ类包装：1.0m；Ⅲ类包装：d×0.67m	桶(罐)和内容器不得破损，内容物不得有任何撒漏或破损	3个	需经受5min的液压试验。桶(罐)不能用机械支撑	Ⅰ类包装:250kPa；Ⅱ，Ⅲ类包装：不小于所运物质在55℃时的蒸气压力的1.5倍减去100kPa，但最小的试验压力为100kPa	桶(罐)不应渗漏	3个	①将桶(罐)浸入水中，对桶(罐)内充加气压，观察有无气泡产生；②在桶(罐)接缝或其他渗漏处涂上皂液或其他合适的液体后向桶(罐)内充气加压，观察有无气泡产生	Ⅰ类包装：不小于50kPa(0.5巴)；Ⅱ，Ⅲ类包装：不小于30kPa(0.3巴)	桶(罐)不应漏气	3个	①将硬质平板载荷平板置于试验包装件的顶面，在平板上放置重物；②堆码高度：码堆高度3m(含被试包装件)	24h	桶(罐)不应引起堆码不稳定的任何变形和破损
胶合板桶、纤维板桶、硬纸板桶	同钢桶	同钢桶	同钢桶	Ⅰ类包装:1.8m；Ⅱ类包装:1.2m；Ⅲ类包装:0.8m	同钢桶								同钢桶	3个	同钢桶	同钢桶	

54

包装容器类型\试验项目\试验方法和要求	跌落试验					液压试验				气密试验				堆码试验			
	数量	地面	试验方法	跌落高度	合格标准	数量	试验方法	压力	合格标准	数量	试验方法	气压	合格标准	数量	试验方法	时间	合格标准
塑料桶（罐）	同钢桶	同钢桶	同钢桶	同钢桶	同钢桶	3个	需经受30min恒压试验。桶（罐）不能用机械支撑	同钢桶	同钢桶	3个	同钢桶	同钢桶	同钢桶	3个	同钢桶	28d（温度40℃条件下）	同钢桶
钢塑复合桶（箱）	同钢桶	同钢桶	同钢桶	同钢桶	同钢桶	3个	同钢桶	同钢桶	同钢桶	3个	同钢桶	同钢桶	同钢桶	3个	同钢桶	24h	同钢桶
榫槽接缝木箱、普通木箱、半花格木箱、花格木箱、纤维板箱、胶合板箱、铁皮箱	5个、每次试验一个	同钢桶	第一次箱底平落，第二次箱顶平落，第三次长侧面平落，第四次短侧面平落，第五次对角跌落	同胶合板桶	外包装和内容器不得破损；内容物不得有任向撒漏												

55

试验项目 试验方法和要求 包装容器类型	跌落试验 数量	地面	试验方法	跌落高度	合格标准	液压试验 数量	试验方法	压力	合格标准	气密试验 数量	试验方法	气压	合格标准	堆码试验 数量	试验方法	时间	合格标准
瓦楞纸箱、钙塑瓦楞箱	同榫槽接缝木箱	同钢桶	同榫槽接缝木箱	同胶合板桶	同榫槽接缝木箱									3个	同钢桶	24h。钙塑箱同塑料桶	同钢桶
麻袋、乳胶布袋、塑料编织袋、复合塑料编织袋、塑料袋、纸袋	3个，每个试验3次	同钢桶	第一次袋的平面平落，第二次袋的一侧平落，第三次袋的端部平落	同胶合板桶	袋不应有任何破损或撒漏												
耐酸坛、陶瓷坛、厚度3mm以上的大玻璃瓶						3个	需经受5min的恒压的试验	I类包装:250kPa; II类包装:200kPa; III类包装:200kPa	坛、瓶不破裂					3个	同钢桶	24h	同钢桶

表 2-9

序号	标 记 名 称	标 记 图 形
1	危害环境物质和物品标记	 （符号：黑色；底色：白色）
2	方向标记	 （符号：黑色或正红色；底色：白色） （符号：黑色或正红色；底色：白色）
3	高温运输标记	 （符号：正红色；底色：白色）

序号	标签名称	标签图形	对应的危险货物类项号
1	爆炸性物质或物品	 （符号:黑色;底色:橙红色）	1.1 1.2 1.3
		 （符号:黑色;底色:橙红色）	1.4
		 （符号:黑色;底色:橙红色）	1.5
		 （符号:黑色;底色:橙红色） ＊＊项号的位置——如果爆炸性是次要危险性,留空白; ＊配装组字母的位置——如果爆炸性是次要危险性,留空白	1.6
2	易燃气体	 （符号:黑色;底色:正红色）　　（符号:白色;底色:正红色）	2.1

序号	标记名称	标记图形	对应的危险货物类项号
2	非易燃无毒气体	（符号：黑色；底色：绿色）　　（符号：白色；底色：绿色）	2.2
	毒性气体	（符号：黑色；底色：白色）	2.3
3	易燃液体	（符号：黑色；底色：正红色）　　（符号：白色；底色：正红色）	3
4	易燃固体	（符号：黑色；底色：白色红条）	4.1
	易于自燃的物质	（符号：黑色；底色：上白下红）	4.2

59

序号	标记名称	标记图形	对应的危险货物类项号
4	遇水放出易燃气体的物质	(符号:黑色;底色:蓝色)　　　(符号:白色;底色:蓝色)	4.3
5	氧化性物质	(符号:黑色;底色:柠檬黄色)	5.1
	有机过氧化物	(符号:黑色;底色: 红色和柠檬黄色)　　　(符号:白色;底色: 红色和柠檬黄色)	5.2
6	毒性物质	(符号:黑色;底色:白色)	6.1
	感染性物质	(符号:黑色;底色:白色)	6.2

序号	标记名称	标记图形	对应的危险货物类项号
7	一级放射性物质	(符号:黑色;底色:白色,附一条红竖条) 黑色文字,在标签下半部分写上: "放射性" "内装物＿＿＿" "放射性强度＿＿＿" 在"放射性"字样之后应有一条红竖条	7A
	二级放射性物质	(符号:黑色;底色:上黄下白,附两条红竖条) 黑色文字,在标签下半部分写上: "放射性" "内装物＿＿＿" "放射性强度＿＿＿" 在一个黑边框格内写上:"运输指数" 在"放射性"字样之后应有两条红竖条	7B
	三级放射性物质	(符号:黑色;底色:上黄下白,附三条红竖条) 黑色文字,在标签下半部分写上: "放射性" "内装物＿＿＿" "放射性强度＿＿＿" 在一个黑边框格内写上:"运输指数" 在"放射性"字样之后应有三条红竖条	7C

序号	标记名称	标记图形	对应的危险货物类项号
7	裂变性物质	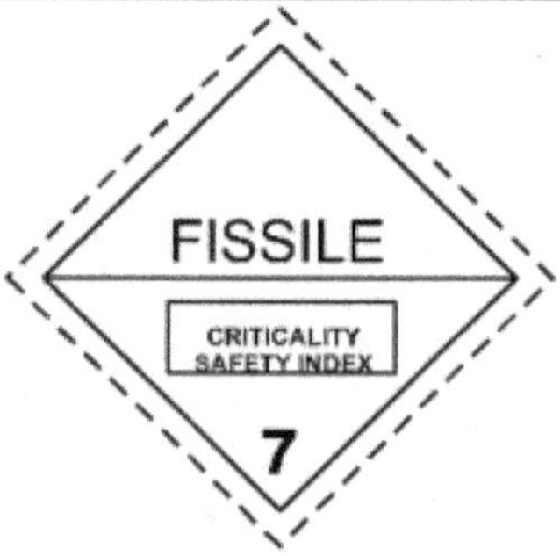 （符号:黑色;底色:白色） 黑色文字,在标签上半部分写上:"易裂变" 在标签下半部分的一个黑边框格内写上:"临界安全指数"	7E
8	腐蚀性物质	 （符号:黑色;底色:上白下黑）	8
9	杂项危险物质和物品	 （符号:黑色;底色:白色）	9

危险货物包装标志的尺寸一般分为4种,见表2-11。

标志尺寸表(单位:mm)

表2-11

尺寸号别	长	宽	尺寸号别	长	宽
1	50	50	3	150	150
2	100	100	4	250	250

注:如遇特大或特小的运输包装件,标志的尺寸可按规定适当扩大或缩小。

（二）包装储运图示标志(GB/T 191—2008)

货物包装件上按需要应标打包装储运图示标志,其目的是为在物流过程中引起从业人员的注意,便于安全操作。包装储运图示标志由图形符号、名称及外框线组成;共 17 种,如表 2-12 所示。

包装储运图示标志名称及图形 表 2-12

序号	标志名称	图形符号	标志	含义	说明及示例
1	易碎物品		 易碎物品	表明运输包装件内装易碎物品,搬运时应小心轻放	应标在包装件所有的端面和侧面的左上角处。 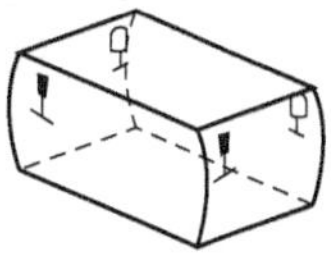
2	禁用手钩		 禁用手钩	表明搬运运输包装件时禁用手钩	
3	向上		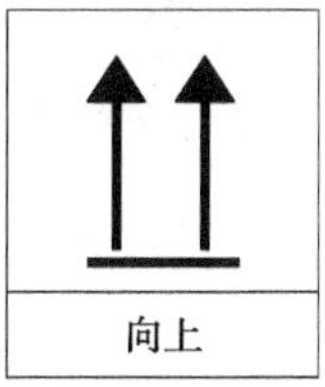 向上	表明该运输包装件在运输时应竖直向上	在包装件所有端面和侧面的左上角处;当和标志 1 同时,标志 3 应更接近包装箱角。 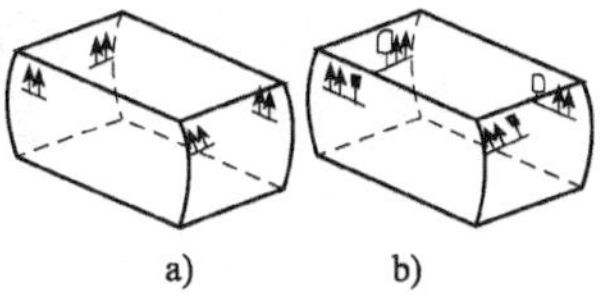 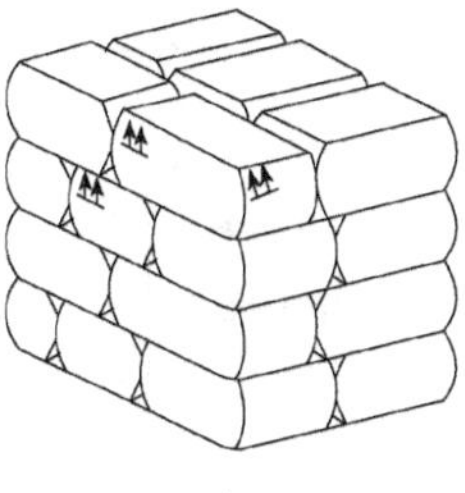 a) b) c)
4	怕晒		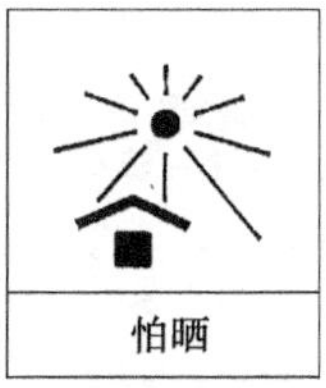 怕晒	表明该运输包装件不能直接照晒	
5	怕辐射		 怕辐射	表明该物品一旦受辐射会变质或损坏	

序号	标志名称	图 形 符 号	标 志	含 义	说明及示例
6	怕雨		怕雨	表明该运输包装件怕雨淋	
7	重心		重心	表明该包装件的重心位置，便于起吊	应尽可能标在包装件所有六个面的重心位置上，否则至少应标在包装件2个侧面和2个端面上。该标志应标在实际位置上
8	禁止翻滚		禁止翻滚	表明搬运时不能翻滚该运输包装件	
9	此面禁用手推车		此面禁用手推车	表明搬运货物时此面禁止放在手推车上	
10	禁用叉车		禁用叉车	表明不能用升降叉车搬运的包装件	
11	由此夹起		由此夹起	表明搬运货物时可用夹持的面	只能用于可夹持的包装件上，标注位置应为可夹持位置的两个相对面上，以确保作业时标志在作业人员的视线范围内

序号	标志名称	图 形 符 号	标 志	含 义	说明及示例
12	此处不能卡夹			表明搬运货物时不能用夹持的面	
13	堆码质量极限	$...kg_{max}$	$...kg_{max}$ 堆码质量极限	表明该运输包装件所能承受的最大质量极限	
14	堆码层数极限	n	n 堆码层数极限	表明可堆码相同运输包装件的最大层数	包含该包装件，n 表示从底层到顶层的总层数
15	禁止堆码		禁止堆码	表明该包装件只能单层放置	
16	由此吊起		由此吊起	表明起吊货物时挂绳索的位置	至少应标注在包装件的两个相对面上
17	温度极限		温度极限	表明该运输包装件应该保持的温度范围	$...℃_{min}$ $...℃_{max}$ a) $...℃_{min}$ $...℃_{max}$ b)

包装储运图示标志整体外框为长方形,其中图形符号外框为正方形,尺寸一般分为4种,见表2-13。如果包装尺寸过大或过小,可等比例放大或缩小。

图形符号及标志外框尺寸表(单位:mm)　　　　　　　表2-13

序号	图形符号外框尺寸	标志外框尺寸
1	50×50	50×70
2	100×100	100×140
3	150×150	150×210
4	200×200	200×280

包装储运图示标志颜色一般为黑色。包装储运图示标志可采用直接印刷、粘贴、拴挂、钉附及喷涂等方法。一个包装件上使用相同标志的数目,应根据包装件的尺寸和形状确定。标志应标注在显著位置上。

五、各类危险货物的包装要求

第1类　爆炸品

爆炸品的包装容器类型往往对危险性有决定性影响。包装的材料应与所装爆炸品的性质不相抵触,严密不漏、耐压、防震、衬垫妥实,并有良好的隔热作用。单件包装应符合"品名表"和"包装表"的规定。

本类物质按其危险程度一般使用Ⅱ类包装。

第2类　气体

气体通常应以耐压的气瓶装运,部分沸点高于常温的气体,可用安瓿瓶或质量良好的玻璃、塑料、金属容器盛装,个别气体亦可采用特殊容器装运。其具体包装方法,按"品名表"和"包装表"规定办理。

第3类　易燃液体

易燃液体按其闪点和初沸点分为3个包装类,见表2-14。

易燃液体包装类别　　　　　　　　　　　表2-14

包　装　类	闪点(闭杯)	初沸点
Ⅰ	—	≤35℃
Ⅱ	<23℃	>35℃
Ⅲ	23℃≤闪点≤60.5℃	>35℃

包装容器应气密封口,并留有不少于5%的膨胀余位,以防液体受热体积膨胀而致容器破裂。

本类物质按其危险程度分为Ⅱ、Ⅲ(见表2-14)类包装。

第4类　易燃固体,易于自燃的物质和遇水放出易燃气体的物质

盛装遇空气或潮气能引起反应的物质,其容器须气密封口。对缓慢氧化能自燃的物品,包装应易于通风散热。对化学性质特别敏感的钠、钾等金属,须浸没在煤油或密封于石蜡中。

本类物质按其危险程度分为Ⅰ、Ⅱ、Ⅲ类包装。

第 5 类　氧化性物质和有机过氧化物

本类物质包装和衬垫材料应与所装物性质不相抵触。封口要严密,包装要防潮,内外包装不得沾有杂质。

氧化性物质根据其危险程度分为Ⅰ、Ⅱ、Ⅲ类包装。

第 6 类　毒性物质和感染性物质

毒性物质(包括农药)在确定包装类别时,必须考虑到人类意外中毒事故的经验及个别物质具有的特殊性质,如液态、高挥发性、任何特殊的渗透可能性和特殊生物效应。在缺乏人类经验时,必须以动物试验所得的数据为根据划定包装类别,见表 2-15。

毒性物质包装类别　　　　　　　　　　　　　　　　　表 2-15

包装类别	经口毒性 LD50 （mg/kg）	皮肤接触毒性 LD50 （mg/kg）	吸入粉尘和烟雾毒性 LC50 （mg/L）
Ⅰ	LD50≤5	LD50≤40	LC50≤0.5
Ⅱ	5 < LD50≤50	40 < LD50≤200	0.5 < LD50≤2
Ⅲ	固体:50 < LD50≤200 液体:50 < LD50≤500	200 < LD50≤1000	2 < LC50≤10

对易挥发的液态毒性物质容器应气密封口,其他的应严密不漏。

第 7 类　放射性物质

放射性物质包装分为:工业型包装、A 型包装、B 型包装、可按普通货物运输的包装。

放射性物质包装件按其外表面辐射水平和运输指数分为三个运输等级,即Ⅰ级、Ⅱ级、Ⅲ级。

第 8 类　腐蚀性物质

腐蚀性物质应选用耐腐蚀容器,按所装物质性质、状态采用气密封口、液密封口或严密封口,防止泄漏、潮解或撒漏。

腐蚀性物质根据其危险程度分为Ⅰ、Ⅱ、Ⅲ类包装。这类货物的包装类是根据人类经验同时考虑到另外一些因素确定的。如缺少人类经验,包装类必须根据试验数据确定。

任务实施

根据任务三中"任务(知识)储备"所学知识,分析"任务引入"中任务 2-3,请简要说明货物需要什么包装,包装有什么具体要求,要办理哪些手续?

实施要点:

(1)查定危险货物应使用何种包装,并能够选用适用包装。

(2)辨析危险货物包装是否适用,各包装标志是否完整。

(3)能够办理申请包装检测,审核包装检测证明、包装企业生产许可证等业务。

任务自测

请扫描二维码,进行任务学习后的测试

任务四　组织铁路危险货物发送作业

【任务2-4】　某托运人拟托运一批鞭炮,需要什么资质,如何办理承运手续,如何装车?

(1)会审核托运人相关资质、经办人员相关资格及一些特殊危险货物品名必需的有关运输证明文件;能根据危险货物品名进行受理审核,办理承运手续。

(2)会查定危险货物品名的特性,能根据危险货物品名确定装车注意要点,会办理监装和组织装车工作。

(3)会办理铁路危险货物运输发送的货运交接检查、签认工作。

任务(知识)储备

一、危险货物安全协议管理

(一)签订托运危险货物安全协议,提交托运人相关资料

局集团公司应与托运人每年签订托运危险货物安全协议,并将托运人名称、托运品名范围、协议有效期(起止日期)等上报国铁集团货运部备案,国铁集团货运部在危险货物托运人名称表中公布。

签订托运危险货物安全协议时,局集团公司应查验托运人提供的下列相关材料:

(1)托运品名范围。

(2)营业执照。

(3)危险化学品安全生产许可证,安全使用许可证,经营许可证或工业产品生产许可证。

办理民用爆炸物品、烟花爆竹业务的,提供民用爆炸物品生产许可证或烟花爆竹安全生产许可证;办理民用液化石油气、天然气业务的,提供燃气经营许可证;办理放射性物质(物品)业务的,提供辐射安全许可证等。

对于列入"品名表"或经鉴定为危险货物,但未列入国家实行生产许可证制度的工业产品目录或《危险化学品目录》的货物品名,在办理危险货物运输时,可不提交相应的生产许可证或经营许可证等。

危险化学品建设项目试生产(使用)期间办理危险货物运输时,应符合《危险化学品建设项目安全监督管理办法》相关规定。

(4)办理气体类危险货物运输的,提交轨道衡年检合格证。

(5)铁路危险货物运输事故应急预案。

(6)包装检验合格证明文件。

(7)法律、法规、规章规定的其他材料。

不符合规定的,不得签订托运危险货物安全协议。托运危险货物安全协议的有效期应在上述相应证照文书有效期内。

(二)签订时限

托运危险货物安全协议有效期到期前1个月,局集团公司应通知托运人按规定签订新协议。逾期未签订新协议的托运人,由局集团公司上报国铁集团货运部在危险货物托运人名称表中取消。

（三）托运人信息化档案

局集团公司应将危险货物安全协议的相关材料的扫描件或彩色照片存档,填写托运人登记表,建立托运人材料信息化档案。

托运人的名称、办理的危险货物品名等发生变化以及换发证照文书时,应及时向局集团公司提供新的证照文书等材料,重新签订托运危险货物安全协议,变更托运人材料信息化档案。

托运人的证照文书未按规定换证以及被依法暂扣或吊销的,托运人应及时、如实向局集团公司说明,局集团公司应及时在托运人材料信息化档案中予以注明,通知办理站不再受理业务,并上报国铁集团货运部备案公布。托运人未及时或如实向局集团公司说明的,托运人应承担违约责任。局集团公司未及时或如实向国铁集团货运部上报、造成不良后果的,局集团公司应承担责任。

二、危险货物的托运与受理

（一）危险货物的托运

托运人托运危险货物时,应如实表明收货人名称、货物的名称、性质、重量、数量等;不得匿报、谎报品名、性质、重量,不得在普通货物中夹带危险货物。

1. 货物运单的填写

托运人托运危险货物时,应向车站提交正确填写的货物运单需求联。

（1）"货物名称"栏

托运人托运危险货物时,应在货物运单"货物名称"栏内填写"危险货物品名索引表"内列载的品名和编号,并填写信息化品名和铁危编号。

"危险货物品名索引表"内列载具体名称的,应填写具体名称（如氢化铝、43021）;具体名称附有别名的,品名可填写其中之一［如硝铵炸药（或铵梯炸药）、10841］;属于概括名称的,先填写具体名称,再注明所属概括名称（如氰化钾、61001,并注明"氰化物"）。

（2）运单的右上角空白处

托运人托运危险货物时,在货物运单的右上角用红色戳记标明类项名称、编组隔离符号（三角形里有数字⚠ ~ ⚠）、"禁止溜放"或"限速连挂""停止制动作用"等警示标记。

如白磷（42001）应用红色戳记标明:一级易于自燃的物质（类项名称）、⚠（编组隔离符号）、禁止溜放。

托运爆炸品或烟花爆竹时,标明"爆炸品"或"烟花爆竹"字样。

（3）货物运单"托运人记事"栏

在货物运单"托运人记事"栏内填写经办人身份证号码,对派有押运员的还需填写押运员姓名、身份证号码。

托运爆炸品或烟花爆竹时,托运人须相应出具运达地县级人民政府公安部门核发的《民用物品运输许可证》或《烟花爆竹道路运输许可证》,均应注明许可证名称和号码。

（4）"包装"栏

"包装"栏应按"铁路危险货物包装表"的规定填写相应的外包装和内包装名称。

2.禁止运输的危险货物

（1）禁止运输法律、法规严禁生产和运输的危险物品。

（2）禁止运输危险性质不明以及未采取安全措施的过度敏感或者能自发反应而产生危险的物品。如叠氮铵、无水雷汞、高氯酸（>72%）、高锰酸铵、4-亚硝基苯酚等。

（3）凡性质不稳定或由于聚合、分解在运输中引起剧烈反应的货物，托运人需采用加入稳定剂或抑制剂等方法，保证运输安全，如乙烯基甲醚、乙酰乙烯酮、丙烯醛、丙烯酸、醋酸乙烯、甲基丙烯酸甲酯等。

（4）"品名表"第12栏特殊规定71号禁止运输品名，如：

①浓度大于72%的高氯酸（11026）。

②无机高锰酸盐中的高锰酸铵（51053）。

③无机亚硝酸盐类中的亚硝酸铵（51071）。

④铵盐和无机亚硝酸盐混合物（51074）。

⑤冷冻液态氢（21002）。

⑥冷冻液态甲烷及甲烷含量高的冷冻天然气（21008）。

（二）危险货物的受理、承运

车站受理人员需通过电商系统，审核托运人提出的货物运输需求（货物运单需求联）信息，添加运输戳记和承运人记事信息，使用高拍仪采集证明文件资料等。

1.受理危险货物的有关规定

办理站受理危险货物时，应符合下列规定：

（1）托运人名称与危险货物托运人名称表相统一。

（2）国家对生产、经营、储存、使用等实行许可管理的危险货物，发站还应查验收货人提供的相关证明材料并留存备查；必要时，到站应进行复查。

（3）经办人身份证与货物运单记载相统一。

（4）货物运单记载的品名、类项、编号等内容与"品名表"的规定相统一，并核查"品名表""特殊规定"栏有无铁路危险货物运输特殊规定（以下简称特殊规定）。

（5）发到站、办理品名、装运方式与办理限制相统一。

（6）货物品名、重量、件数与货物运单记载相统一。

（7）经办人具有培训合格证明。

（8）托运人具有包装检验合格证明文件。

（9）货物运单右上角用红色戳记标明编组隔离、禁止溜放或限速连挂等警示标记。

（10）其他有关规定。

2.车站受理运单时应审查的内容

车站受理托运人提出的运单时，应认真审查以下内容：

（1）托运危险货物时，应认真审核托运人资质证书、经办人身份证、押运人的培训合格证。不符合规定的一律不办理运输。

（2）整车运输有无批准计划号码，计划外运输有无批准命令；集装箱运输时是否符合规定的去向。国内运输危险货物禁止代理。

（3）到站营业办理限制（危险货物办理站业务范围，包括临时停限装）和起重能力（涉及危险货物集装箱运输）。主要根据《货物运价里程表》和《办理规定》确定。

（4）货物名称是否准确。货物名称关系着货物运输条件、安全和运费的计算。危险货物名称应以"品名表"中的"危险货物品名索引表"所列的品名和规定填写(有信息化品名时应填写信息化品名)。其品名、编号及类项是否符合规定,托运品名与发到站办理的品名是否相符,所运货物是否符合运输条件等,都应——审查。

(5)危险货物的包装种类是否符合"铁路危险货物包装表"的规定,不符合时是否按"试运包装"办理。危险货物运输包装应取得国家规定的包装物、容器生产许可证和检验合格证。

(6)需要凭证明文件运输的危险货物,证明文件中的品种、数量、运入地、货主及收货人是否相符,证件是否齐全有效。

(7)托运"短寿命"放射性物质时,其容许运输期限至少须大于货物运到期限3d。

(8)其他需要声明的事项,是否在"托运人记事"栏内注明。

3. 受理剧毒品时应特别审查的内容

受理剧毒品时,还应特别审核下列内容

(1)列入剧毒品运输跟踪管理范围的剧毒品(《品名表》"特殊规定"栏有67条特殊规定的),应使用剧毒品黄色专用运单,并在运单上印有骷髅图案。同一车辆必须是同一品名、同一铁危编号的剧毒品。

(2)未列入剧毒品跟踪管理范围的剧毒品,不采用剧毒品黄色专用运单,但仍按剧毒品分类管理。

(3)对照"全路剧毒品办理站站名表"认真审核发、到站办理范围,严禁超范围受理。

(4)剧毒品仅限使用毒品专用车和经国铁集团批准的企业自备集装箱装运,所使用的车、箱是否符合规定。

(5)剧毒品必须符合《危规》有关技术条件的规定,必须具有国铁集团认定的专业技术机构出具的"危险货物运输包装检测报"表。

以上内容均由铁路运输部门认可后,拟运输的危险货物方可运输。

办理站应对承运的货物加强安全检查,发现托运人匿报、谎报危险货物品名或在普通货物中夹带危险货物时,除依法不予承运外,局集团公司还应按《铁路危险货物运输安全监督管理规定》要求,及时向所在地铁路监督管理局报告。

三、危险货物按普通货物运输条件运输

(一)危险货物可以按普通货物运输条件运输的原因

铁路运输危险货物在满足下列条件时,可以按普通货物运输条件运输。

(1)拟通过铁路运输的危险货物含水量高,或危险物质含量、浓度较低,或危险货物数量很少。

(2)拟通过铁路运输的危险货物包装较好,能很好地降低危险性(放射性物质包装件外表面辐射水平很低)。

(3)拟通过铁路运输的危险货物本身危险性较小。

(4)其他经过认定检测鉴定机构进行检测后,认定为危险性质较低的货物。

(二)危险货物可以按普通货物运输的运输条件

"品名表""特殊规定"栏规定符合按普通货物运输条件的,局集团公司应在其包装方法和包装标志满足危险货物要求,并使用整车或集装箱装载单一品名的情况下,批准其可按普通货物条件运输。

托运人应在货物运单"托运人记事"栏内注明"×××"(铁危编号),可按普通货物运输。

（三）危险货物按普通货物运输中的注意事项

虽然允许按普通货物运输条件运输，且经局集团公司批准可以在非危险货物办理站办理，但货物本身仍然属于危险货物。其危险性虽然较小，但与普通货物比较，危险性依然存在。所以，必须注意如下几点：

（1）虽业务办理不受危险货物办理站的限制，但要注意在运单上按要求注明相关事项。

（2）因货物本身依然是危险货物，所以使用货车、使用集装箱、包装、包装标志、货物标签等仍按危险货物办理。

四、新品名、新包装（含改变包装）管理

（一）新品名托运

"品名表"中未列载的产品且货物性质不明确的，托运人办理运输时应委托国家安全生产监督管理部门认定的检测鉴定机构（以下简称鉴定机构）进行性质技术鉴定，出具鉴定报告。属于危险货物时，应办理危险货物新品名试运手续。鉴定机构对鉴定结果负责。

托运人提交技术鉴定前，需填写《铁路货物运输技术说明书》（以下简称《技术说明书》，《危规》格式2），一式四份。托运人对填写内容和送检样品真实性负责。托运人办理新品名试运时，应向局集团公司提交试运技术条件、事故应急预案和环保应急处理预案。

（二）采用新包装（含改变包装，下同）

"包装表"是根据国家标准《危险货物包装通用技术条件》、各种单项国家包装标准及行业包装标准，参照了联合国危险货物专家委员会及国际各单项组织制定的危险货物运输规则中确定的包装方法，采纳了不断出现的新的包装材料、包装容器、包装方法而制定的。

随着包装材料和方法的不断改进，危险货物新包装不断出现。当包装方式与"包装表"不一致时，托运人要求采用新包装时，应委托包装检验机构进行包装性能试验，合格后方可办理危险货物新包装试运手续。托运人申请试运前，应填写《新运输包装申请表》（《危规》格式3，表2-16），一式四份。托运人办理新包装试运时，应向局集团公司提交试运技术条件。

（三）试运管理

危险货物新品名、新包装试运，应符合"品名表""特殊规定"栏的特殊规定，由局集团公司批准，并报国铁集团货运部备案。经批准后，发站、局集团公司、托运人各留存一份《技术说明书》和《新运输包装申请表》（见表2-16）。试运应在指定的时间和区段内进行。跨局集团公司试运时，由批准单位以电报形式通知有关局集团公司。试运前办理站、托运人双方应签订试运安全运输协议。

新运输包装申请表 表2-16

申请鉴定单位填写	申请单位声明		
	本单位对所填数据的真实性负责，保证送鉴样品与所托运货物一致。否则，所造成的一切损失由本单位承担经济、法律责任。 申请单位（盖章）： 经办人（签字）： 年　月　日		
	品　名		别　名	
	外文名称		分子式（结构式）	
	成分及百分含量			

		颜色： ；状态： ；气味： ；相对密度： ；水中溶解度： g/100mL	
申请鉴定单位填写	货物主要理化性质	熔点： ℃;沸点： ℃;闪点： ℃(闭杯);燃点 ℃;黏度：	
		分解温度： ℃;聚合温度： ℃;控温温度： ℃;应急温度： ℃	
		与酸、碱及水反应情况：	
		其他有关化学性质：	
	拟用包装	内包装(材质、规格、封口)：	
		衬垫(材质、方法)：	
		外包装(材质、规格、封口、捆扎)：	
		单位重量： kg;总重： kg;包装标志： ;包装类：	
	防护及应急措施	作业注意事项：	
		容器破损及撒漏处理方法：	
		灭火方法： ；灭火禁忌：	
		中毒急救措施：	
		存放注意事项： ；洗刷除污方法：	
鉴定单位填写	货物的主要危险性	爆炸性	爆发点： ℃;爆速： m/s;撞击(摩擦)感度：
		气体特性	临界温度： ℃;50℃时蒸气压： kPa;充装压力： kPa
		易燃性	闪点： ℃(闭杯);爆炸极限： ;燃点： ℃;燃烧产物：
		自燃性	自燃点： ℃
		遇水易燃性	与水反应产物： ;反应速度： ;放热量：
		氧化性	与可燃物粉末混合后燃烧、摩擦、撞击情况：
		毒害性	经口或皮肤接触半数致死量:LD$_{50}$ = mg/kg; 吸入蒸气:LC$_{50}$ = mg/m^3; 感染性：
		放射性	比活度： Bq/kg;总活度： Bq;半衰期： ;射线类型：
		腐蚀性	与皮肤、碳钢、纤维等作用情况：
		其他危险性	水生急毒性： ；恶臭： ；其他影响运输的性质：
	鉴定单位意见	该货物属于:危险货物( )；非危险货物( )	
		危险货物	非危险货物
		该货物应属危险货物第__类,第__项,比照编号,比照品名,比照"包装表"第包装。 包装标志： ;包装类： 。	
		建议：	
	鉴定单位及鉴定人	鉴定单位(公章) 年 月 日	鉴定人(签章) 年 月 日
装车站意见		(公章) 年 月 日	
直属站、车务段(货运中心)意见		(公章) 年 月 日	
铁路局主管部门意见		(公章) 年 月 日	
产品生产及托运单位		产品生产单位： 电话： 地址： 邮编： 产品托运单位： 电话： 地址： 邮编： 托运单位(公章) 联系人(签章) 年 月 日	

新品名试运时,由托运人在货物运单"托运人记事"栏内注明"比照铁危编号×××新品名试运,批准号×××"字样。新包装试运时,由托运人在货物运单"托运人记事"栏内注明"新包装试运,批准号×××"字样。

试运时间2年。试运结束时,托运人应会同办理站将试运结果报主管局集团公司。局集团公司对试运结果进行研究后,提出试运报告、新品名铁路运输条件或新包装技术条件建议报国铁集团货运部。新品名铁路运输条件建议,应包括事故应急预案和环保应急处理预案。国铁集团货运部组织专家进行技术审查,通过技术审查后公布新品名铁路运输条件或新包装技术条件,纳入正式运输。

五、危险货物装车作业

(一)装车前作业

危险货物装车前,除办理普通货物装车前的各项检查、准备工作外,特别要做好以下工作:

(1)安全防护。危险货物装卸作业前,应对车辆和仓库进行必要的通风和检查,向装卸工组说明货物品名、性质、作业安全事项并准备好消防器材和安全防护用品。对车辆采取防溜、防护措施。

(2)检查车辆。检查车种车型与实际装运货物是否相符,查看门窗状态、进行透光检查,确认车辆状况良好。

(3)检查货物。检查货物品名、包装、件数与货物运单填写是否一致,以及货物包装是否符合规定。

(二)装车作业

(1)传达安全注意事项及装载方案,检查消防器材和安全防护用品。

(2)作业时要轻拿轻放,堆码整齐稳固,防止倒塌,严禁倒放、卧装(钢瓶等特殊容器除外)。

(3)具有易燃易爆性质的危险货物。作业中使用的照明设备、装卸机具必须具有防爆性能,并能防止由于装卸作业摩擦、碰撞产生火花。

(4)装载货物(含国际联运换装)不得超过车辆(含集装箱)标记载重量及罐车允许充装量,严禁增载和超装、超载。

(5)剧毒品装车作业时,货运员要会同托运人确认品名、清点件数,货物堆放整齐、牢靠稳固(罐车除外)。

(三)装车后作业

危险货物装车后,检查堆码及装载状态,查验门窗是否关闭良好,做好施封加锁工作等。检查施封是否有效(剧毒品装车完毕后,货运员要监督托运人进行施封,并共同检查施封是否有效),装有剧毒品的车辆应在车辆上门扣用加固锁加固并安装防盗报警装置。措施如下:

(1)施封。装运危险货物的棚车、罐车、集装箱都应施封,但派有押运人的货物以及回送的空集装箱可以不施封。

(2)苫盖篷布。符合使用敞车装运危险货物的,应按要求苫盖篷布。

(3)填写运输票据。按要求准确、完整填写货运票据封套、货车装载清单等。

(4)特殊防护。根据危险货物的特殊性质,在调车作业和运输编组隔离、车辆技术检查、整备、检修等技术作业中需采取特殊防护事项,要有明确规定,并须书面通知有关单位和人员。有关运输单据和货车上的表示方法见表2-17特殊防护事项表。

特殊防护事项表 表2-17

特殊防护事项	货车上的表示	运输单据上的表示
《铁路车辆禁止溜放和限速连挂表》(附件7)中规定禁止溜放和限速连挂的货车	在货车两侧插挂"禁止溜放"或"限速连挂"的货车表示牌	在货物运单右上角、票据封套上用红色记明"禁止溜放"或"限速连挂"的字样
《铁路技术管理规程(普速铁路部分)》中规定编组需要隔离的货车	①在货车表示牌上要记明三角标记;②未限定"禁止溜放"或"限速连挂"的货车可用货车表示牌背面记明三角标记,并插于货车两侧	在货物运单右上角、票据封套上红色记明规定的三角标记
"品名表""特殊规定"栏中规定停止制动作用的货车	在货车表示牌上记明"停止制动作用"字样	在货物运单右上角、票据封套上红色记明"停止制动作用"的字样

①按规定插挂货车表示牌。货车表示牌具有对车站调车作业人员提示的作用。货车装车后需要插挂"禁止溜放""限速连挂""编组隔离符号"时,应按危险货物品名的要求正确插挂表示牌,以防调车作业中违反规章操作,从而发生事故。

②填记车辆编组隔离标记。

③需要"停止制动作用"的货车通知车辆部门关闭截断塞门并施封,封上须有"停止制动"字样。

(5)清扫(洗)货位。

(6)对上述装车作业要按照规定进行《危险货物运输作业签认》(除国铁集团规定的外,各局集团公司另行下发办法,需要一并执行)。

(四)各类危险货物装卸与搬运注意事项

第1类 爆炸品

开关车门、车窗不得使用铁撬棍、铁钩等铁质工具;必须使用时,应采取防火花涂层等防护措施。装卸搬运时,不准穿铁钉鞋,使用铁轮、铁铲头推车和叉车,应有防火花措施。禁止使用可能发生火花的机具设备。

照明应使用防爆灯具。作业时应轻拿轻放,不得摔碰、撞击、拖拉、翻滚。有整体爆炸危险的物质和物品,有迸射危险,但无整体爆炸危险的物质和物品的装载和堆码高度不得超过1.8m。车、库内不得残留酸、碱、油脂等物质。发现跌落破损的货件不得装车,应另行放置,妥善处理。

第2类 气体

装卸作业前,应提前打开车门进行通风,作业时,应使用抬架或搬运车,防止撞击、拖拉、摔落、滚动。防止气瓶安全帽脱落及损坏瓶嘴。装卸机械工具应有防止产生火花的措施。

气瓶装车时应平卧横放。装卸搬运时,气瓶阀不要对准人身。装卸搬运工具、工作服及手套不得沾有油脂。装卸有毒气体时,应配备防护用品,必要时使用供氧式防毒面具。

第 3 类　易燃液体

装卸前应先通风,开关车门、车窗时不要使用铁制工具猛力敲打,必须使用时应采取防止产生火花的防护措施。作业人员不准穿铁钉鞋。装卸搬运中,不能撞击、摩擦、拖拉、翻滚。装卸机具应有防止产生火花的措施。装载钢桶包装的易燃液体,要采取防磨措施,不得倒放和卧放。

第 4 类　易燃固体,易于自燃的物质和遇水放出易燃气体的物质

装卸前应先通风,作业时不得摔碰、撞击、拖拉、翻滚,防止容器破损。特别注意勿使黄磷脱水,引起自燃。装卸搬运机具,应有防止产生火花的措施。雨雪天无防雨设备时,不能装卸遇水易燃物品。

第 5 类　氧化性物质和有机过氧化物

装车前,车内应打扫干净,保持干燥,不得残留有酸类和粉状可燃物。卸车前,应先通风后作业。装卸搬运中不能摔碰、拖拉、翻滚、摩擦和剧烈震动。搬运工具上不得残留或沾有杂质。托盘和手推车尽量专用,装卸机具应有防止发生火花的防护装置。

第 6 类　毒性物质和感染性物质

装卸车前应先行通风。装卸搬运时严禁肩扛、背负,要轻拿轻放,不得撞击、摔碰、翻滚,防止包装破损。

装卸易燃毒害品时,机具应有防止发生火花的措施。作业时必须穿戴防护用品,严防皮肤破损处接触毒物;作业完毕及时清洁身体后方可进食和吸烟。

第 7 类　放射性物质

装卸车前应先行通风,严禁肩扛、背负、撞击、翻滚。作业时间应按《危规》装卸放射性货物容许作业时间表(见表2-17)的要求控制。堆码时应将辐射水平低的放射性包装件放在辐射水平高的包装件周围。在搬运Ⅲ级放射性包装件时,应在搬运机械的适当位置上安放屏蔽物或穿防护围裙,以减少人员受照剂量。

装卸、搬运放射性矿石、矿砂时,作业场所应喷水防止飞尘;作业人员应穿戴工作服、工作鞋,戴口罩和手套,作业完毕应全身清洗。

货物撒漏时,应立即向有关部门报告;由安全防护人员测量并划出安全区域,悬挂明显标志。

第 8 类　腐蚀性物质

作业前应穿戴耐腐蚀的防护用品,对易散发有毒蒸气或烟雾的腐蚀性物质,必须通风作业,并使用防毒面具。货物堆码必须平稳牢固,严禁肩扛、背负、撞击、拖拉、翻滚。装车前卸车后必须清扫车辆,不得留有稻草、木屑、煤炭、油脂、纸屑、碎布等可燃物。

六、车辆停止制动作用

货车装运危险货物按要求需停止车辆制动作用时,车站应通知车辆部门关闭车辆截断塞门。到站卸车后,应通知车辆部门恢复车辆制动作用。车站及车辆部门应认真登记并做好签认交接记录。

爆炸品中的某些物品对热、火花特别敏感,为防止车辆制动时闸瓦与车轮踏面因摩擦起火而发生事故,需关闭车辆自动制动机。

办理危险货物运输时,涉及危险货物品名查"品名表",如特殊规定栏可见 4 号、26 号特殊规定,装运该危险货物品名的货车即需要停止车辆制动作用。

七、插挂货车表示牌

装运危险货物的铁路车辆应尽量避免冲撞,以保证内装危险货物的安全。所以,在调车、编组时对装有某些危险货物的车辆规定"禁止溜放",有的规定为"限速连挂"。

"禁止溜放",表示调动这些车辆时禁止平面溜放作业和从驼峰上解体。

"限速连挂",表示调动这些车辆时可以平面溜放和从驼峰上解体,但与停留车组安全连挂的速度不得超过2km/h,以避免连挂时车辆间的剧烈冲撞。

铁路车辆禁止溜放和限速连挂的具体处置情况,见表2-18。

铁路车辆禁止溜放和限速连挂的具体处置情况 表2-18

顺号	种类	禁止溜放 (调动这些车辆时禁止溜放和由驼峰上解体)	限速连挂 (溜放或由驼峰上解体调车,车辆连挂速度不得超过2km/h)
1	爆炸品	有整体爆炸危险的物质和物品;有迸射危险,但无整体爆炸危险的物质和物品;有燃烧危险并有局部爆炸危险或局部迸射危险或这两种危险都有,但无整体爆炸危险的物质和物品	不呈现重大危险的物质和物品;有整体爆炸危险的非常不敏感物质;无整体爆炸危险的极端不敏感物品
2	气体	罐车(含空罐车)和钢质气瓶装载的易燃气体、毒性气体	①非易燃无毒气体; ②钢质气瓶以外其他包装装载的气体类危险货物
3	易燃液体	乙醚,二硫化碳,石油醚,苯,丙酮,甲醇,乙醇,甲苯	①除禁止溜放栏内规定以外的装入玻璃或陶瓷容器的易燃液体; ②汽油
4	易燃固体、易于自燃的物质、遇水放出易燃气体的物质	硝化纤维素,黄磷,硝化纤维胶片	三硝基苯酚[含水≥30%],六硝基二苯胺[含水>75%],三乙基铝,浸没在煤油或密封于石蜡中的金属钠、钾、铯、锂、铷、硼氢化物
5	氧化性物质和有机过氧化物	过氧化氢,过氧化钠,过氧化钾,氯酸钠,氯酸钾,氯酸铵,高氯酸钠,高氯酸钾,高氯酸铵,硝酸胍,漂粉精和有机过氧化物	除禁止溜放栏内规定以外的装入玻璃容器的氧化性物质和有机过氧化物
6	毒性物质和感染性物质	玻璃瓶装的氯化苦、硫酸二甲酯、四乙基铅(包括溶液)、一级(剧毒)有机磷液态农药、一级(剧毒)有机锡类、磷酸三甲苯酯、硫代膦酰氯	①禁止溜放栏内的货物装入铁桶包装时; ②除禁止溜放栏内规定以外的装入玻璃或陶瓷容器的毒害性物质
7	放射性物质(物品)	二、三级运输包装或气体的放射性货物	
8	腐蚀性物质	罐车装载以及玻璃或陶瓷容器盛装的发烟硝酸、硝酸、发烟硫酸、硫酸、三氧化硫、氯磺酸、三氯化亚砜、三氯化磷、五氯化磷、氧氯化磷、氢氟酸、氯化硫酰、高氯酸、氢溴酸、溴	除禁止溜放栏内规定以外的装入玻璃或陶瓷容器的腐蚀性物质

顺号	种 类	禁 止 溜 放 (调动这些车辆时禁止溜放和由驼峰上解体)	限速 连挂 (溜放或由驼峰上解体调车, 车辆连挂速度不得超过2km/h)
9	特种车辆	非工作机车,轨道起重机,机械冷藏车,大型的凹形和落下孔车,空客车及特种用途车(发电车、无线电车、轨道检查车、钢轨探伤车、电务试验车、通信车),检衡车	
10	特种货物	按规定"禁止溜放"的军用危险货物和军用特种货物	
11	其他车辆	搭乘旅客的车辆,国铁集团临时指定的货物车辆	搭乘有押运人员的货车
12	贵重、精密货物	由发站和托运人共同确定的贵重的以及高级的精密机械、仪器仪表	电子管、收音机、电视机以及装有电子管的机械
13	易碎货物	易碎的历史文物,易碎的展览品,外贸出口的易碎工艺美术品,易碎的涉外物质(指各国驻华使、领馆公用或个人用物品,外交用品,国际礼品,展品,外侨及归国华侨的搬家货物)	鲜蛋类,生铁制品,陶瓷制品,缸砂制品,玻璃制品以及用玻璃、陶瓷、缸砂容器盛装的液体货物

注:除顺号 1、2、9、10、11"禁止溜放"外,其他"禁止溜放"的货物车辆可向空线溜放。

八、编组隔离要求

由于挂有危险货物车辆的列车在运行中接触的外界条件复杂,编入同一列车的危险货物车辆也有不同的性质。为保证人身安全、货物安全及发生事故时不致使灾害扩大,装运危险货物的车辆在编入列车时,以及向专用线、专用铁路取送车调车作业时,要用装有普通货物的车辆或空车进行隔离。

"铁路车辆编组隔离表",见表 2-19。

九、危险货物签认制度

实行危险货物运输作业的签认制度,是确保危险货物安全运输的一项重要举措。危险货物运输作业过程应按规定程序和作业标准由责任人进行签认,要对作业过程内容的完整性、真实性负责,严禁漏签、代签和补签。签认单保存期半年。

途中签认的车站指《铁路货运检查管理规则》中确定的路网性货检站和区域性货检站。

(一)实行签认制度的危险货物

实行签认制度的危险货物包括:

(1)爆炸品、硝酸铵、剧毒品(非罐装、"品名表""特殊规定"栏有第67条特殊规定的)。

(2)气体类危险货物。

(3)其他另有规定的危险货物。

(二)运输签认要求

运输签认制度的有关要求按《铁路危险货物运输作业签认单》《铁路剧毒品运输作业签认单》《危险货物罐车作业签认单》办理。

每类签认单又分发送作业(见表2-20)、途中作业、到达作业签认单。

各局集团公司应根据国铁集团下发的文电要求对签认制度内容进行动态完善。

统一安全签认制度,使危险货物基础管理、作业过程更加规范有序,使受理、承运、保管、装车、卸车、交付等作业标准规范化;明确了执行作业流程的责任人,对评价工作质量、分清事故责任、保证运输安全起着重要作用。

表 2-19

车 辆 编 组 隔 离 表

货物种类（品名编号）	隔离标记	距牵引的蒸汽机车	距牵引的内燃、电力机车，推进运行或后部补机使用火炉的车辆及守车	距乘坐旅客的车辆	距装载雷管及导爆索车辆（11001,11002,11007,11008）	距雷管及导爆索以外的爆炸品	距敞车、平车装载的货物	距装载超出车帮易窜动的货物	备 注
压缩气体和液化气体： 易燃气体（21001～21061，T21001～T21003）； 不燃气体（22001～22053，T22001，T22002）； 有毒气体（23001～23052，T23001）	△	4	1	4	4	1	1		
低闪点液体（一级易燃液体）（31001～31053，T31001，T31002）； 中闪点液体（一级易燃液体）（32001～32200，T32001，T32002，T32002）； 一级易燃固体（41001～41060，T41001，T41002）； 一级自燃物品（42001～42037，T42001～T42003）； 一级氧化剂（51001～51080，T51003）； 有机过氧化物（52001～52102，T52001，T52002）； 一级毒害品（剧毒品）（61001～61034，61051～61139）； 一级酸性腐蚀品（81001～81067，81101～81135）； 一级碱性腐蚀品（82001～82033）；一级其他腐蚀品（83001～83021）	△	1	1	1	2	2	1		运输原油时，与机车及使用火炉的车辆可不隔离

货物种类（品名编号） / 隔离标记	隔离对象：距牵引的蒸汽机车	距牵引的内燃、电力机车，推进运行车，或后部补机使用火炉的车辆及寸车	距乘坐旅客的车辆	距装载雷管及导爆索（11001，11002，11007，11008）车辆	除雷管及导爆索以外的爆炸品	距散车、平车装载的货物	距装载甩出车帮易动的货物	备注
放射性物品（矿石、矿砂除外）　⊕	4	1	4	×	×	1	1	"×"标记表示不能编入同一列车
七〇七　一级　⊘	4	1	4	4	4	1	1	一级与二级编入同一列车时，相互隔离2辆以上，停放车站时相互隔离10m以上，严禁明火靠近
七〇七　二级　⊘	4	1	4	4	4	1	1	
散、平车装载的易燃货物及敞车装载的散装硫黄　⊘	4	1	1	2	2	1	1	装载未涂防火剂的腐朽木材的车辆，运行在规定的区段和季节须与牵引机车隔离10辆，如隔离有困难时，各铁路局与邻局协商规定隔离办法
爆炸品　雷管及导爆索（11001，11002，11007，11008）　⊘	4	1	4	4	4	2	1	爆炸品保险箱可不隔离
爆炸品　除雷管及导爆索以外的爆炸品　⊘	4	1	4	4	4	2	1	
活动物　禽、畜、鱼苗　⊕	4	1	1					

注：1. 装载危险货物、易燃货物的沿途零担车可不隔离。
2. 小运转列车及调车隔离规定，由铁路局集团公司自行制定。
3. 有标记（装载蜜蜂的车辆）按有关文件规定办理。
4. 空罐车可不隔离。

托运人名称							
品名		铁危编号		重量		件数	
规定包装方法			实际包装方法				
到站		车(箱)号					

作业项目		作业要求	作业签认
受理		(1)审查托运人单位名称、押运员姓名、身份证号(不需押运的除外)等。 (2)审查发到站、品名及编号是否符合办理限制,确认填写正确,不得写概括名称。 (3)审查填写的包装方法。 (4)其他规定要求。	受理货运员签认: 年 月 日
装车前准备		(1)对照货物运单,核对品名、包装、包装标志和储运标志,包装方法和状态,件数等。 (2)验货发现匿报品名应立即通知车站处理。 (3)验货后,与货区货运员现场交接签认。 (4)其他规定要求。	外勤货运员签认: 年 月 日
站内装车	保管	(1)按规定单库存放或按配放表等规定存放。 (2)库门外或货位前挂货物到发信息和安全运输卡,库门完好并加锁。 (3)库内存放堆码整齐稳固,留有通道,不得倒置;货物有撒漏应妥善处理,发现丢失短少立即汇报。 (4)其他规定要求。	外勤货运员签认: 年 月 日
	装车	(1)确认车辆使用符合规定,技术状态良好。 (2)对货物品名、包装与货物运单记载不一致,包装有破漏、损坏、变形;包装标志不清、不全等严禁装车。 (3)向装卸作业班组传达安全作业注意事项。 (4)妥善处理和保管残漏货件,编制有关记录和进行货票交接签收工作。 (5)其他规定要求。	装车货运员签认: 年 月 日 押运员签认(不需押运的除外): 年 月 日
专用线(专用铁路)装车		(1)确认车辆使用符合规定,技术状态良好。 (2)对货物品名、包装与货物运单记载不一致;包装有破漏、损坏、变形,包装标志不清、不全等严禁装车。 (3)妥善处理和保管残漏货件,编制有关记录和进行货票交接签收工作。 (4)其他规定要求。	企业运输员签认: 年 月 日 专用线货运员签认: 年 月 日 押运员签认(不需押运的除外): 年 月 日
货调		(1)车数和有关车号: (2)挂运日期: (3)挂运车次:	货运调度员(货运值班员)签认: 年 月 日
备注			

十、装运危险货物车辆的挂运要求

（一）挂运基本要求

（1）装运危险货物应快装、快卸、快取、快送、优先编组、优先挂运。站内停放危险货物车辆时，要采取安全防护措施，对重点危险货物，由车站派员看守并报告铁路公安部门。

（2）派有押运员的成组危险货物车辆，要求成组连挂，不得拆解，发站必须在该组车辆每一张运单、货票封套上注明"成组连挂、不得拆解"。

（3）装运需停止制动作用的货车时，车站应书面通知车辆部门关闭制动机；到站卸车后，应书面通知车辆部门恢复制动作用。车站及车辆部门应认真登记并做好记录。

（4）装运危险货物车辆，在始发站和编组站应根据编组计划的规定以最近的车次挂出，要求做到：货物值班员（车站货运调度员）必须及时向车站调度报告危险货物的车种、车号、装完时间、停留时间；车站调度对危险货物车辆重点掌握，安排最近车次挂出对装有爆炸品等特殊物品的车辆。车站调度应向列车调度报告，以便在运行中重点指挥、加强预报，报告机车乘务员（司机）。应认真检查隔离车辆数及危货车的门、窗、车牌、施封、敞车的棚布苫盖及票据，在运行中起、停车及变速时操纵平稳、防止紧急制动；站车交接中，交接双方应详细办理票据交接。

（二）剧毒品车辆的挂运

（1）剧毒品运输安全要作为重点纳入车站日班计划、阶段计划。车站编制日班计划、阶段计划时要重点掌握，优先安排改编和挂运。车站要根据作业情况建立剧毒品车辆登记、检查、报告和交接制度；值班站长要按技术作业过程对剧毒品车辆进行信息跟踪监控。

（2）车号员要认真编制列车编组顺序表，并在"剧毒品车辆记事"栏内标记"D"符号。发车前认真核对现车，确保出发列车编组、货运票据和列车编组顺序表（运统1）内容一致。发车后，要及时发出列车确报。

（3）车站调度员（车站值班员）于列车出发后，将剧毒品车辆的挂运车次、编挂位置及时报告局集团公司调度，并将信息登录到剧毒品运输信息跟踪系统。

任务实施

根据任务四中"任务（知识）储备"所学知识，分析"任务引入"中任务2-4，请简要说明需要什么资质，如何办理承运手续，如何装车？

实施要点：

（1）会审核托运人相关资质、经办人员相关资格及一些特殊危险货物品名必需的有关运输证明文件；能根据危险货物品名进行受理审核，办理承运手续。

（2）会查定危险货物品名的特性，能根据危险货物品名确定装车注意要点，会办理监装和组织装车工作。

（3）会办理铁路危险货物运输发送的货运交接检查、签认工作。

任务自测

请扫描二维码，进行任务学习后的测试

任务五　组织铁路危险货物途中作业、到达作业

【任务 2-5】　某托运人拟托运一批鞭炮,途中如何检查,需不需要押运人,卸车后能与硫酸放在一起吗?

(1)针对危险货物途中运输正确办理交接检查和签认。

(2)针对押运员的工作职责和备品进行检查和监督。

(3)确保危险货物《配放表》储存和保管。

任务（知识）储备

危险货物在运输途中除办理正常的货运交接检查作业外,还有押运、信息跟踪等管理规定。

一、危险货物运输押运管理

(一)危险货物运输押运适用范围

在铁路运输,由于有些货物的性质特殊,在运输过程中需要加以特殊防护和照料,以保证货物运输安全。因而,需托运人指派对货物性质及防护熟悉的押运人负责押运。

《危规》规定,爆炸品(烟花爆竹除外)、硝酸铵、剧毒品(“品名表”“特殊规定”栏有第67条特殊规定的)、罐车装运气体类(含空车)危险货物实行全程押运。装运剧毒品的罐车和罐式箱不需押运。其他危险货物需要押运时按有关规定办理。

(二)危险货物运输押运管理规定

1. 押运员的素养及要求

押运员应当掌握所押运危险货物的性质、危害特性、包装容器、载运工具的使用特性和发生意外的应急措施。押运员押运时应携带培训合格证明,并符合下列规定:

(1)押运员在押运过程中必须遵守铁路运输的各项安全规定,并对所押运货物的安全负责。

(2)押运员应了解所押运货物的特性,押运时应携带所需安全防护、消防、通信、检测、维护等工具以及生活必需品,应按规定穿着印有红色“押运”字样的黄色马甲,不符合规定的不得押运。押运员执行押运任务期间,严禁吸烟、饮酒及做其他与押运工作无关的事情。

(3)押运员在途中要严格执行全程押运制度,认真进行签认,严禁擅自离岗、脱岗。严禁押运员在区间或站内向押运间外投掷杂物。对押运期间产生的垃圾要收集装袋,到沿途有关站后,可放置车站垃圾存放点集中处理。

(4)押运员应熟悉应急预案及施救措施,在运输途中发现异常现象时,应及时采取应急措施并向铁路部门报告。

(5)押运员必须取得《铁路危险货物业务培训合格证》。运输气体类的危险货物时,押运员还须取得《液化气体铁路罐车押运证》。押运人员应保持相对固定。

2. 押运管理规定

（1）发站要对押运工具、备品、防护用品以及押运间清洁状态等进行严格检查，不符合要求的禁止运输。

（2）车辆在检修时，要严格按有关规程加强对押运间检查、修理。

（3）押运管理工作实行区段签认负责制。货检人员须与押运员在所押运的车辆前签认，签认内容见《全程押运签认登记表》。托运人再次办理运输时须出具此登记表并由车站保留三个月。对未做到全程押运的，再次办理货物托运时车站不予受理。

（4）同一托运人、同一到站押运方式、车辆及人数规定。

①气体类6辆重（空）罐车（含带押运间车辆）以内编为1组，每组押运员不得少于2人。每列编挂不得超过3组。每组间的隔离车不得少于10辆（原则上需要用普通货物车辆隔离）。

②剧毒品（"品名表""特殊规定"栏有第67条特殊规定的）4辆（含带押运间车辆）以内编为1组，每组2人押运；2组以上押运人数由局集团公司确定。

③硝酸铵4辆以内编为1组，每组2人押运；2组以上押运人数由局集团公司确定。

④爆炸品（烟花爆竹除外）每车2人押运。

上述车辆编组隔离除符合本条规定外，还应符合《铁路技术管理规程（普速铁路部分）》关于铁路车辆编组隔离的规定。

（5）运输时发现押运备品不符合要求，押运员身份与携带证件不符或押运员缺乘、漏乘时应及时甩车，做好登记，并通知发站或到站联系托运人、收货人补齐押运员或押运备品，编制普通记录后方可继运。

（6）新造出厂的和洗罐站洗刷后送检修站的及检修后首次返空的气体类危险货物罐车不需押运，但须在运单注明"新造车出厂""洗刷后送检修"或"检修后返空"字样。

（三）气体类危险货物押运员有关规定

气体类危险货物押运员应对押运间进行日常维护保养，破损严重的要及时向所在车站报告，由车站通知所在地货车车辆段按规定予以扣修。对门窗玻璃损坏等能自行修复的，应及时修复。押运员应按《气体类罐车押运员携带工具备品及证件资料目录》（《危规》附件8）携带相关工具备品及证件。

押运间仅限押运员乘坐，不允许闲杂人员随乘。运行时，押运间的门不得开启。押运间内应保持清洁，严禁存放易燃易爆物品及其他与押运无关的物品。对未乘坐押运员的押运间应锁闭，车辆在沿途作业站停留时，押运员应对不用的押运间进行巡检，发现问题，及时处理。

二、剧毒品运输实行计算机跟踪管理

剧毒品（"品名表""特殊规定"栏有第67条特殊规定的）运输实行三级计算机跟踪管理。

（1）铁路剧毒品运输实行计算机跟踪管理应以办理站为基础，国铁集团、局集团公司和车站，根据不同层次管理要求建立信息管理系统。

（2）计算机跟踪管理工作由国铁集团负责方案规划和监督指导，局集团公司负责方案实施和日常管理，铁路信息技术部门负责软件维护、更新、完善等技术支持，保证系统正常运转。

（3）办理剧毒品运输的车站应与剧毒品计算机跟踪管理系统联网运行。需具备原始信息及时发送和接收能力，要求配备相应的传输、通信、打印等信息跟踪管理设备。

（4）装车站要将剧毒品运单所载信息，及时生成《剧毒品运输管理信息登记表》，实时报告剧毒品运输跟踪管理系统。其内容包括剧毒品车的车号（集装箱类型、箱号及所装车号）、发到站、品名及编号、件数、重量和承运、装车日期等。

（5）挂有剧毒品车辆的列车，应在"运统一"记事栏中注明"D"字样，并将剧毒品车辆的车种车号、发到站、货物品名、挂运日期、挂运车次等信息及时报告给局集团公司行车确报系统和剧毒品运输跟踪管理系统。

（6）中途站发现装有剧毒品的车辆或集装箱无封、封印无效以及有异状时，应立即甩车，报告所属局集团公司和铁路公安部门，并共同清点。同时按规定及时以电报形式，向发到站及所属局集团公司和国铁集团报告有关情况。继续运送时，按本条第（四）款办理。

（7）剧毒品到站后和卸车交付完毕后，立即将车种车号（集装箱箱型、箱号及所装车号）、发到站、托运人、收货人、品名及编号、件数、重量、到达日期、到达车次、交付日期等信息上网报告剧毒品运输跟踪管理系统，并在2小时内通知发站。

三、危险货物的到达作业

（一）卸车组织

危险货物卸车作业时主要做好以下工作：

（1）安全防护。应对车辆和仓库进行必要的通风和检查，向装卸工组说明货物品名、性质、作业安全事项并准备好消防器材和安全防护用品。对车辆采取防溜、防护措施。

（2）检查车辆。车辆状态及施封检查，核对票据与现车，确定卸车及堆码方法。

（3）卸车作业。传达安全作业注意事项及卸车方案，检查消防器材和安全防护用品。作业时要轻拿轻放，堆码整齐稳固，防止倒塌，严禁倒放、卧装（钢瓶等特殊容器除外）。

（4）卸车后工作。在收货人清理车辆残存废弃物后，对受到污染的车辆，及时回送洗刷所洗刷除污。清理车辆残存废弃物交由收货人负责处理。因污染、腐蚀造成车辆损坏的，要按规定索赔。

（5）作业前应依据危险货物品名的性质及特点，准备好符合要求的消防器材并移动至作业现场；同时装卸人员应配备类型合适、数量足够的安全防护用品。

（二）危险货物的配放

危险货物品名繁多，有些危险货物的性质和消防方法相互抵触，给危险货物的仓储带来了特殊的问题。

危险货物仓储时，要求按类、项区别专库专用。不同类项的危险货物确需同库或同货位混合存放时，须符合"铁路危险货物配放表"（以下简称"配放表"见表2-21）的规定。

危货箱的堆码存放也应符合"配放表"中的有关规定：

1. 不同配放号的危险货物，配放在同一库内须考虑的主要因素

确定不同配放号的危险货物能否配放在同一库内的因素很多，主要考虑了货物特性、消防方法和仓库条件。

表 2-21

铁路危险货物配放表

危险货物的种类和品名		品名编号	配放号	1	2	3	4	5	6	7	8	9	10	11	12	13
气体	非易燃无毒气体	氧、空气、一氧化二氮（氧及氧气空钢瓶不得与油脂在同库配放）	21001～21061, 21063～21064	1													
		其他非易燃无毒气体	22001, 22003, 22017	2	△												
	易燃气体		22005～22016, 22019～22055	3	×	×											
	有毒气体（液氯及液氨不得在同库配放）		23001～23061	4	×	×	△										
危险货物	易燃液体		31001～31055, 31058, 31101～31302, 31319, 32001～32150, 32152	5	×	×	△	×									
	易燃固体、遇水放出易燃气体的物质	易燃固体（发孔剂湘K不得与酸性腐蚀性物质及有毒或易燃或易燃醋类危险品混存）	41001～41062, 41501～41554	6	×	×	×	×	×								
		自燃的物质 一级易于自燃的物质	42001～42040	7	×	×	△	×	×	×							
		二级易于自燃的物质	42501～42526	8	△	△	△	△	△	×	×						
		遇水放出易燃气体的物质（不得与含水液体在同库配放）	43001～43051, 43501～43510	9	△	△	△	△	△	×	×	△					
	氧化性物质和有机过氧化物	过氧化氢	51001, 51501	10									×				
		亚硝酸盐、亚氯酸盐、次（亚）氯酸盐（注②）	51043～51046, 51071～51074, 51087, 51509, 51525	11	△							△	△	△			
		其他氧化性物质（配放号13所列品名除外）	51002～51042, 51047～51067, 51069, 51080～51083, 51502～51508, 51510～51524, 51526, 51527	12	△							△	×	△	△		
		硝酸胍、高氯酸醑溶液、过氧化氢尿素、二氯异氰尿酸、氯异氰尿酸、四硝基甲烷等有机过氧化物	51068, 51075～51079, 52001～52103	13	×								×	△	×	×	

说明：

（1）配放符号：

①无配放符号表示可以配放；

②"△"表示可以配放，堆放时至少隔离2m；

③"×"表示不可以配放；

④有"注①""注②"等注释时按注释规定办理。

（2）注释

①除硝酸盐（如硝酸钠、硝酸钾或硝酸铵等）与爆炸物（发烟硝酸可以混存外，其他情况皆不得混存；

②氧化性物品不得与松散的粉状的物品（如煤粉、炭黑、糖、淀粉、锯末等）混存；

③饮食品、粮食、饲料、药品、药材类、毒性物质、感染性物质及活动物不得与贴有毒标志的物品，及有恶臭能使货物污染异味的物品，以及畜禽产品中的生皮张、生毛皮（包括碎皮）、畜禽毛、骨、蹄、角、鬃等物品混存；

④饮食品、粮食、饲料、药材类、食用油脂与普通货物运输隔离1m以上；

⑤漂白粉应隔离2m以上；与饮食品、粮食、饲料、香精、药材类、食用油脂、活动物不得混存；

⑥贴有易燃液体包装标志的液态不得与氧化性物质和有机过氧化物混存。

危险货物的种类和品名		品名编号	配放号	1	2	3	4	5	6	7	8	9	10	11	12	13	14	15	16	17	18	19
毒性物质	氧化物（注⑥）	61001～61005	14	△				△				△	×				14					
	其他毒性物质	61006～61205，61501～61520，61551～61941	15	×						×			△			×	×	15				
腐蚀性物质	酸性腐蚀性物质——溴	81021	16	△		△	△	△				△			×	×	×	△	16			
	发烟硝酸、硝酸、硝化酸混合物、废硝酸、发烟硫酸、硫酸、含铬硫酸、废硫酸、淤渣硫酸、氯磺酸	81001～81004，81006～81009，81023	17	×		△	△	△	△	×	×	×	△	△	×注1	△	×	△	△	17		
	其他酸性腐蚀性物质	81005，81010～81020，81022，81024～81135，81501～81647	18	△		△	△	△	△	△		△	△	△	△	△	△	△	△	△	18	
	碱性腐蚀性物质（水合肼、氨水不得与氧化性物质和有机过氧化物配放）其他腐蚀性物质	82001～82041，82501～82526，83001～83030，83501～83514	19	△								△								×		19
危险货物 普通货物	易燃普通货物		20	×			×						△				△	△			×	△
	饮食品、粮食、饲料、药品、药材类、食用油脂，见注③、注④		21	△				△	△	×	×		△	△	△		×	×	×	×	×	×
	非食用油脂		22	×									△							×	×	×
	活动物，见注③		23	×			×	×	×	×	×	△	×	×	△	△	×	×	×	×	×	×
	其他，见注③、注④		24																			
			配放号	1	2	3	4	5	6	7	8	9	10	11	12	13	14	15	16	17	18	19

（1）不能同库或同货位配放（在"配放表"中以"×"表示）。属于此种情况的 2 个危险货物品名可能属于性质相互抵触；或性质相近，但危险性大，不能配放；或性质虽不抵触，但消防方法相互抵触。

（2）隔离 2m 以上配放（在"配放表"中以"△"表示）。属于此种情况的 2 个危险货物品名性质虽有不同，但在包装完好的条件下，相互间影响不大，可以配放，但同库存放时两品名间要隔离 2m 以上（符合注释④条件的隔离 1m 以上）。

（3）可以同库或同货位配放（在"配放表"中以空白表示）。属于此种情况的 2 个危险货物品名性质相近，消防方法也不抵触，可以同库或同货位配放。

2. 危险货物配放方案的确定

确定危险货物在仓库的配放方案，视办理站运量、品种及仓库采用固定或活动货位以及单间全分隔、全库无分隔、全库半分隔等方式统筹安排。一般配放方案确定的步骤如下：

（1）根据危险货物品类或编号查危险货物"配放表"，确定配放号。

（2）根据需配放货物的运量、危险性、包装、急运程度等确定优先安排货位的限定要求。

（3）根据配放号从危险货物"配放表"中确定不同配放号的相互配放条件。

（4）根据消防方法的抵触性对上述配放条件进行调整。

【例 2-1】 查定货物配放方案（1）双氧水与白酒；（2）硫酸与电石。

解：（1）双氧水（过氧化氢）铁危编号 51001；白酒（乙醇饮料）铁危编号 32051。

查《危规》附件 2"配放表"。双氧水（铁危编号 51001）配放号为 10；白酒（铁危编号 32051）配放号为 5。

查配放号 10 所在横行，与配放号 5 交叉处的配放符号为"×"，表示不可以配放。因此，双氧水与白酒不可以同库或同货位存放。

（2）硫酸铁危编号 81007；电石（碳化钙）铁危编号 43025。

查《危规》附件 2"配放表"。硫酸（铁危编号 81007）配放号为 17；电石（铁危编号 43025）配放号为 9。

查配放号 17 所在横行，与配放号 9 交叉处的配放符号为"△"，表示可以配放，堆放时至少隔离 2m。因此，硫酸与电石在包装完好的条件下，相互间影响不大，可以配放；但同库存放时两品名间要隔离 2m 以上。

（三）危险货物的暂存、催领、交付和搬出

对到达的危险货物要及时通知收货人，做到及时交付货物，及时取送车辆。货位清空后，需及时清扫、洗刷干净。对撒漏的危险货物及废弃物，应收集后在交付危险货物时与货物一并会同安监、卫生防疫、环保、消防等部门共同处理。

四、危险货物卸后空车的洗刷除污

（一）须洗刷除污的货车

装过危险货物的车辆，遵循"谁污染、谁负责"的原则，必须在卸后进行彻底清扫。必须洗刷除污的货车：

（1）装过剧毒品的毒品车。

（2）发生过危险货物撒漏的货车。

（3）受到危险货物污染的货车。

（4）有刺激异味的货车。

（5）回送检修运输危险货物的货车。

（二）货车送洗

货车洗刷除污工艺，必须符合《铁路货车洗刷除污方法》的有关规定。卸车站对需回送洗刷、除污的货车，应在"特殊货车及运送用具回送清单"上注明货物品名及编号，并在货车两侧车门外部及车内明显处粘贴"货车洗刷回送标签"各一张，如图2-1所示。

此车　月　日　　　　　　　站装过货物品名：	
我站卸车后未洗刷,经铁路局集团公司　　　　　号命令	
回送　　　　　　　　　站洗刷。严禁排空和调配放货。	
	卸车站
	年　月　日

（规格：180mm×120mm）

图2-1　铁路货车洗刷回送标签

注：①此标签在货车两车门内外明显处,各粘贴一张；

②中间粗斜线印红色。

货车经洗刷除污达到要求后,应撤除货车洗刷回送标签,并在货车两车门内明显处粘贴"铁路货车洗刷除污工艺合格证"各一张(见图2-2),并填写《洗刷除污登记表》。

	洗刷工艺合格证	
车种车号：	已按规定清洗	
		×××站
		洗刷组（签章）
		货运员（签字）
		年　月　日

（规格：180mm×120mm）

图2-2　铁路货车洗刷除污工艺合格证

注：此标签在货车两车门内外明显处,各粘贴一张。

未经洗刷除污的货车,严禁使用或排空。

装过放射性物质（物品）的货车、苫盖的篷布及有关用具,卸后应由省级人民政府环境保护部门认定的有资质的辐射监测机构（以下简称辐射监测机构）对α、β、γ放射体的污染水平进行监测。其监测结果应低于规定的限值,达到要求后方可排空使用。

对装过性质特殊、缺乏有效洗刷除污手段的货车,洗刷所应通知卸车站,要求收货人提供有效的洗刷除污方法和药物,再次洗刷处理。

（三）洗刷除污剂

常用的货车洗刷除污剂有5种,见表2-22。洗刷除污时,应根据污染情况,使用其中一种或几种药剂。

洗 刷 除 污 编 号　　　　　　　表 2-22

编号	1	2	3	4	5
洗刷除污剂	水	稀盐酸（浓盐酸用水稀释20倍）	碱水（烧破或纯碱用50倍水溶解）	硫代硫酸钠（用20倍水溶解）	肥皂水

（四）洗刷除污所

局集团公司应在局管内设置货车洗刷除污所,其洗车台位数、洗车线的数量和长度应达到洗刷除污的能力需求。洗刷除污所的设置地点要有可靠的水电来源,并与其他铁路设备及居民区分开,以防污染。

洗刷除污的废水、废物处理技术条件,应符合《铁路货车洗刷废水处理技术条件》(TB 1797)和《铁路货车洗刷固体废物处理技术规定》(TB/T 2321)以及《铁路污水处理工程设计规范》(TB 10079)等的要求。

洗刷除污后的废水、废物,必须达到环保部门的有关标准,方可排放。

任务实施

根据任务五中"任务(知识)储备"所学知识,分析"任务引入"中任务2-5,请简要说明途中应如何检查,需不需要押运人,卸车后能与硫酸放在一起吗?

实施要点:

(1)针对危险货物途中运输规定,正确办理交接检查和签认。

(2)针对押运员的工作职责和备品进行检查和监督。

(3)确保危险货物按照"配放表"储存和保管。

任务自测

一、填空题

1.确定不同配放号的危险货物能否配放在同一库内的因素很多,主要考虑货物特性、_____和_____。

2.运输爆炸品、剧毒品、气体、硝酸铵等危险货物必须实行_____。

3.未经洗刷除污的货车_____。

二、判断题

1.装运剧毒品的罐车和罐式箱不需押运。　　　　　　　　　　　　　　　　　　(　　)

2.剧毒品(铁路危险货物品名表"特殊规定"栏有第67条特殊规定的)运输实行三级计算机跟踪管理。　　　　　　　　　　　　　　　　　　　　　　　　　　　　(　　)

3.氧化剂不得与松软的粉状可燃物(如媒粉,焦粉,炭黑,糖,淀粉,锯末等)配装。(　　)

三、选择题

1.必须洗刷除污的货车有哪些(　　　)。

　　A.装过剧毒品的毒品车　　　　　　　B.发生过危险货物污染的货车。

　　C.受到危险货物污染的货车　　　　　D.有刺激异味的货车。

2.下列哪些危险货物不能同库或同货位配放(　　　)。

　　A.双氧水与白酒　　　　　　　　　　B.硫酸与电石

C. 液氯与液氯　　　　　　　　　　　　D. 亚硝酸盐与过氧化氢尿素

四、综合题

以下为若干组危险货物品名,请查定"配放表",确定每组危险货物是否可以配放?

1. 乙炔(铁危编号 21024B)与苯(铁危编号 31150)。

2. 发烟硫酸(铁危编号 81006)与保险粉(一)(连二亚硫酸钠、铁危编号 42012)。

3. 发烟硫酸与电石(碳化钙、铁危编号 43025)。

4. 冰醋酸(铁危编号 81601A)与硝酸钠(铁危编号 51055)。

5. 氰化钠(铁危编号 61001)与砒霜(三氧化二砷、铁危编号 61007)。

任务六　组织铁路危险货物罐车、集装箱运输

任务引入

【任务 2-6】 某托运人拟托运一批汽油,如何办理承运,如何选择罐车种类,充装有什么要求?

(1)了解危险货物罐车运输承运、装卸作业及气、液体充装量的确定,了解自备罐车标志。

(2)了解危险货物集装箱运输品类及运输组织。

任务(知识)储备

我国对危险货物罐车运输有着严格的要求与规定,如不能超装,计量准确,罐体应具有良好的密封性和足够的强度,安全附件应保持良好的状态,在装卸和运输过程中严防泄漏等。除了在"品名表"的第 12 栏特殊规定中标注可以使用罐装运输[注明 2(a)、2(b)、2(c)、2(d)]的外,其余危险货物品名不得使用铁路罐车罐装运输。如确需使用铁路罐车罐装运输时,需向铁路部门提出申请,并经国铁集团认可的专业技术机构进行危险货物使用铁路罐车罐装运输可行性论证,报上级主管部门制定运输条件经批准后方可执行。

一、铁路危险货物罐车的分类

铁路危险货物罐车从容器角度,要保证罐体与介质相容,断绝或减少介质与外部环境的接触;从车辆角度,它又要具备足够的强度和刚度,能够承受各种载荷,还要保证能满足载重量和提速要求,并具有良好的制动能力和经受正常碰撞的效能。

铁路危险货物罐车的分类方法有以下几种:

(一)按罐车所有权分类

(1)铁路产权罐车,指车辆所有权属于国铁集团的罐车。铁路产权罐车只能装运限装品名以内的危险货物。

(2)铁路危险货物企业自备罐车,指企业为满足自身生产需要而购置的罐车,用于运进原料和运出产品,所有权属于企业。对于运输危险货物来说,通常要求罐车只能用于装运一个危险货物品名。由于危险货物涉及品名众多,各企业安全管理水平各异,目前是铁路危险货物运输安全管理的重点。

（二）按载重分类

铁路罐车按载重量进行分类，可分为 60t 级、70t 级、80t 级及以上吨级等几类。

（三）按运行速度分类

铁路罐车按最高运行速度进行分类，有 100km/h、120km/h、160km/h 等几类。

（四）按罐车结构类型分类

铁路罐车按结构类型进行分类，可分为中梁结构罐车和无中梁结构罐车；上装上卸罐车和上装下卸罐车；加热保温层罐车和无加热保温层罐车，普通车底罐车和锥形斜底罐车等。

（五）按制造材质分类

铁路罐车按制造材质的不同，可以分为碳钢罐车、橡胶或特制塑料衬里的钢罐车（普通钢制罐车内衬橡胶或喷涂特制的高分子塑料、树脂以运送对金属有腐蚀性的货物）、不锈钢罐车、铝或铝合金材质罐车、非金属材质罐车等。

（六）按装运介质分类

铁路罐车按装运介质的不同，可以分为装运固体类罐车、装运非气体类液体罐车、装运气体类罐车。

（七）按罐车内部承受压力分类

铁路罐车按罐车内部是否承受压力，可以分为常压罐车（如轻油类、黏油类、酸碱类铁路罐车）和耐压罐车（如液化气体类铁路罐车等）。

（八）按装卸方式分类

（1）上装上卸式罐车，货物的装、卸车作业均在罐体顶部进行，如 G_{60}、G_{70} 等。

（2）上装下卸式罐车，货物从罐体顶部装车，从罐体底部卸车。采用这种罐车主要是为了装运一些黏度较大的货物，如原油、煤焦油、沥青等，以方便卸车并加快卸车速度。但这种罐车在运输过程中底部卸车口经常发生滴、漏现象，污染罐车、线路和周围环境，易造成事故隐患，目前此类罐车主要有 G_{17}、G_{17B} 等。

此外，还有一类特殊罐车。此类罐车是为保证某些危险货物安全运输的需要而特别设计制造的，它们具有以上各种罐车所不具有的特殊功能，主要由军方使用，如用来装载火箭发射燃料的 T_{85} 液氢铁路罐车、装载偏二甲肼的 T_{64}、T_{38} 铁路罐车等。

二、铁路罐车的装运介质及主要车型

在各类罐车中，以轻、精油类通用罐车数量最为庞大，其次为酸碱类罐车。液化气体类罐车全路共生产约 6000 辆，目前在用的不足 5000 辆。

就铁路危险货物运输而言，按装运介质对铁路罐车进行分类更加贴近实际运用的需要。

按照铁路罐车装运介质的不同，铁路罐车有轻油类罐车、黏油类罐车、酸碱类罐车、液化气体类罐车、精细化工类罐车、军用类罐车、固化类罐车等。

（一）轻油类罐车

轻油类罐车属于装运非气体类液体货物的一类罐车。该类车型适于装运汽油、煤油、柴油、溶剂油、石脑油等轻质油品，还可以用于装运苯类、醇类等轻质化工产品。

轻油类罐车的主要车型有 G_{60}、G_{19}、G_{70A}、G_{70D}、G_{70}、G_{70K}、G_{75}、G_{75K}、G_{Q70}、G_{17S}（石脑油类罐车）等。

（二）黏油类罐车

黏油类罐车同样属于装运非气体类液体货物的罐车。该类车型适于装运原油、煤焦油、燃料油（重油）等重质油品，还可以装运非危险货物的润滑油等。

黏油类罐车的主要车型有 G_{17}、G_{17K}、G_{17BK}、G_{17sK}、G_{17c}（润滑油）、G_{17BK}、GN_{70}、G_{70R} 等。

（三）酸碱类罐车

酸碱类罐车属于装运非气体类液体货物的罐车，主要用于装运酸、碱及其他液体腐蚀性物质。该类车型除具备普通液体类罐车的特征外，还要根据适合装运货物的特性，满足防腐、保温、加热等特殊要求。

酸碱类罐车的主要车型有 G_{11}、G_{11B}（精碱）、G_{11K}、G_{11s}（浓硫酸）、G_{11SK}、G_{11J}、G_{11JK}、GF（玻璃钢罐车）、GF A、GF ak、GH、GS_{70}、G_{J70} 等。

（四）液化气体类罐车

液化气体类罐车属于装运气体类货物的罐车。该类型罐车为满足装运液化气体的需要，罐体均属于压力容器，为带压罐车。其材质、罐壁厚度、罐体强度等要求比较高。

液化气体类罐车的主要车型有 GY_{60}、GY_{60s}、GY_{955K}、GY_{95AK}、GY_{80}、GY_{80s}、GY_{80K}、GY_{80sK} 等。另外，新型液化气体类罐车中还有 23t 轴重液化石油气罐车和 23t 轴重液氨。

（五）精细化工类罐车

精细化工类罐车是专门用于装运苯类、醇类等精细化工产品的罐车，属于专门类的罐车。

其主要车型有 GH_{70}（醇类罐车）、GHA_{70}（醇类罐车）、G_{60LB}（铝制通用罐车）、G_{60LBK}（铝制通用罐车）、G_{60XK}（不锈钢通用罐车）、G_{60XB} GH（黄磷罐车）、GH K 等。另外，还有 23t 轴重不锈钢精细化工品罐车。

（六）军用类罐车

军用类罐车主要是为满足军方特殊需要的一类罐车。该类罐车大多是特殊设计的，不属于铁路通用罐车车型。该类罐车分别用于装运液体类货物、液化气体类货物、特殊的需要深冷运输的货物。

军用类罐车的主要车型有 T_{85}（液氢加注深冷运输车）、T_{38}（硝酸）、T_{64}（偏二甲肼铁路罐车）、T_{64A}、T_{64K}、140（液氢）等。

（七）固化类罐车

固化类罐车主要是指装运沥青等在常温下接近固体状态危险货物的罐车。该类货物卸车时需要加热，故罐车均设置有加温设备。

固化类罐车的主要车型，有 GL B、GL BK、GL60K、23t 轴重沥青罐车等。

三、铁路危险货物自备罐车的外部标记

（一）罐车罐体基本颜色

银灰底色，红色带（宽 300mm 色带）　易燃性

银灰底色，绿色带　氧化性

银灰底色，黄色带　毒性

银灰底色，黑色带　腐蚀性

（二）特殊情况

银灰底色,色带上蓝下红(环带上层200mm、下层100mm) 易燃气体

银灰底色,色带上蓝下黄 毒性气体

银灰底色,色带全蓝 非易燃无毒气体

全黄色,黑色带(300mm) 酸、碱类

全黑色,红色带(300mm) 煤焦油、焦油

银灰色,无色带,罐体两端右侧中部9、13号标志 黄磷

（三）罐体其他标记内容

1.货物名称及其性质

罐体两侧色带中部(有扶梯时在梯右侧)以分子、分母形式喷涂货物名称及主要危险性,

如苯：$\dfrac{\text{苯}}{\text{易燃、有毒}}$。对遇水会剧烈反应,事故处理严禁用水的货物,还应在分母内喷涂有"禁

水"二字,如硫酸：$\dfrac{\text{硫酸}}{\text{腐蚀、禁水}}$。

2.危险货物包装标志

在罐体两端头色带下方喷涂相应的危险货物包装标志(规格400mm×400mm)。

3.运输货物类别

自备罐车罐体涂打"苯类"字样:运输苯、粗苯、甲苯、乙苯、二甲苯。

自备罐车罐体涂打"轻油类"字样:运输汽油、煤油、航空煤油、柴油、石脑油、溶剂油、轻
质燃料油。

（四）铁路车辆标记

产权标记(产权单位、到站,涂打于中部色带上方)。

车辆车型、自重、容积、换长等(罐体侧面右端)。

车辆检修标记(厂、段、辅修,罐体侧梁左端)。

四、铁路危险货物自备罐车允许充装量的规定

（一）气体类危险货物

1.装车过程

空车检衡→确定允许充装量→装车→重车检衡(得到罐车总重)→确定空车重量(取空
车检衡重量与车辆标记自重的两者间较小者)→得到实装重量。

实装重量应小于或等于允许充装量,若实装重量 – 允许充装量 >0,即为超装。所得计
算值就是超装重量。

2.气体类危险货物允许充装量的计算

气体类危险货物在充装前应对空车进行检衡。充装后,需用轨道衡再对重车进行计量,
严禁超装。充装量应按计算公式计算,但不得大于标记载重量;计算的充装量大于标记载重
量时,充装量以标记载重量为准。

(1)允许充装量的确定方法为:

$$W_{\text{计算}} = \Phi \cdot V_{\text{标}}$$

当 $W_{计算} \geqslant P_{标}$ 时，

$$W_{许装} = P_{标}$$

当 $W_{计算} < P_{标}$ 时，

$$W_{许装} = W_{计算}$$

式中：$W_{计算}$——根据重量充装系数确定的计算充装量，t；

  $W_{许装}$——允许充装量，t；

  Φ——重量充装系数，t/m^3；

  $V_{标}$——罐车标记容积，m^3；

  $P_{标}$——罐车标记载重，t。

常见介质的重量充装系数，见表2-23。

常见介质的重量充装系数表　　　　　　　　　　表2-23

充装介质种类	重量充装系数 $\Phi(t/m^3)$	充装介质种类	重量充装系数 $\Phi(t/m^3)$
液氨	0.52	混合液化石油气	0.42
液氯	1.20	正丁烷	0.51
液态二氧化硫	1.20	异丁烷	0.49
丙烯	0.43	丁烯、异丁烯	0.50
丙烷	0.42	丁二烯	0.55

注：液化气体重量充装系数，按介质在50℃时罐体内留有6%～8%气相空间及该温度下的比重求得。

（2）检衡复核充装量公式为：

$W_{空检} \geqslant W_{自重}$ 时，

$$W_{实装} = W_{总重} - W_{自重}$$

$W_{空检} < W_{自重}$ 时，

$$W_{实装} = W_{总重} - W_{空检}$$

要求 $W_{实装}$ 不得大于 $W_{许装}$，即：

$$W_{实装} \leqslant W_{许装}$$

式中：$W_{实装}$——实际充装量，t；

  $W_{自重}$——罐车标记自重，t；

  $W_{总重}$——重罐车检衡重量，t；

  $W_{空检}$——罐车空车检衡重量，t。

即气体类危险货物的允许充装量为罐车标记载重量（单位t，保证重量不超），与计算充装量（单位t，保证容积不超）二者之间数值较小者。

【例2-2】　某企业使用铁路危险货物自备罐车装运液化石油气，罐车车型为 GY_{80}。请计算该罐车的计算充装量。

解：查 GY_{80} 型罐车容积为 $80.4m^3$，表2-23（《危规》第十二章表12-1）所示液化石油气的重量充装系数为0.42。

计算充装量：$80.4 \times 0.42 - 33.768 \approx 33.8t$

（二）非气体类液体危险货物

充装非气体类液体危险货物时，应根据液体货物的密度、罐车标记载重量、标记容积确定充装量。充装量不得大于罐车标记载重量；同时要留有膨胀余量，充装量上限不得大于罐体标记容积的 95%，下限不得小于罐体标记容积的 83%。

即允许充装量，应同时符合以下重量和体积要求：

（1）允许充装体积：

$$0.83V_{标} \leq V_{许装} \leq 0.95V_{标}$$

（2）允许充装重量：

$$W = \rho \cdot V_{许装} \leq P_{标}$$

式中：W——允许充装量，t；

ρ——充装介质密度，t/m³；

$V_{标}$——罐车标记容积，m³；

$P_{标}$——罐车标记载重，t；

$V_{许装}$——罐车允许充装体积，m³。

装车单位要严格执行铁路罐车允许充装量的规定，防止超装超载。各局集团公司要加大计量安全检测设备投入，防止罐车装运的液体危险货物超装超载，确保运输安全。

五、危险货物罐车装卸车作业过程中的有关要求

（1）装运危险货物的罐车重车重心限制高度，不得超过 2200mm。

（2）装车前，托运人应确认罐车是否良好，罐体外表应保持清洁，标记、文字应能清晰易辨。罐体有漏裂、阀、盖、垫及仪表等附件、配件不齐全或作用不良的罐车禁止使用。

（3）气体类危险货物充装前应有专人检查罐车，按规定对罐体外表面、罐体密封性能、罐体余压等进行检查，不具备充装条件的罐车严禁充装。罐车充装完毕后，充装单位应会同押运员复检充装量，检查各密封件和封车压力状况，认真详细填记《充装记录》，符合规定时，方可申请办理托运手续。

（4）危险货物罐车装、卸车作业后，应及时关严罐车阀件，盖好人孔盖，拧紧螺栓，严禁混入杂质。

（5）气体类危险货物罐车卸后罐体内应留有不低于 0.05MPa 的余压。

六、危险货物集装箱运输组织

1. 托运受理

危货箱同一车限装同一品名、同一铁危编号的危险货物；包装应与《危规》要求一致。托运人托运危货箱时，应在货物运单"托运人记事"栏内填写箱内所装危险货物品名和铁危编号。

运输时只允许办理一站直达并符合办理限制要求。

车站办理危货箱时，应对品名、包装、标志、标记等进行核查，防止匿报、谎报危险货物或在危货箱中夹带违禁物品。

托运人应根据危险货物类别在箱体上拴挂相应包装标志。拴挂位置：箱门把手处（罐式箱在装卸料设施适当位置）各 1 枚，箱角吊装孔各 1 枚，共计 6 枚；需拴挂牢固，不得脱落。标志采用塑料双面彩色印刷，规格为：100mm×100mm。

2. 仓储

危货箱的堆码存放，应符合《配放表》的有关规定。

3. 装卸作业

严禁在站内办理危货箱的装箱、掏箱作业。

装箱应采取安全防护措施,防止货物在运输中倒塌、窜动和撒漏。

危货箱装卸车作业前,货运员应向装卸工组说明货物性质及作业安全事项;作业时应做到轻起轻放,不得冲撞、拖拉、刮碰。

4.到达作业

收货人应负责危货箱的洗刷除污,并负责撤除拴挂的危险货物标志。无洗刷能力时,可委托铁路部门洗刷,费用由收货人负担。洗刷除污相关要求比照《危规》有关条款办理。

5.罐式集装箱运输

办理罐式箱运输时,托运人、收货人、发到站、专用线、货物品名等应与办理限制相符。限使用集装箱专用平车(含两用平车)运输。

罐式箱的标记、承运、介质充装、安全防护等安全管理要求,比照《危规》第十二章有关条款办理。

任务实施

根据任务六中"任务(知识)储备"所学知识,分析"任务引入"中任务2-6,请简要说明该批货物如何办理承运,如何选择罐车种类,充装有什么要求?

实施要点:

(1)了解危险货物罐车运输承运、装卸作业及气、液体充装量的确定,了解自备罐车标志。

(2)了解危险货物集装箱运输品类及运输组织。

任务自测

请扫描二维码,进行任务学习后的测试

知识拓展

阅读铁路危险货物运输事故案例,结合所学任务,尝试运用规章进行违章分析,并思考解决措施。

【案例2-1】 M站硅铁火灾事故

1.事故概况

×××年××月××日,青藏铁路公司A站承运"铬铁"一车,车号为$C_{62A}1416179$。托运人甲,收货人乙,到站上海局B站。该车于×××年××月××日(5d后)13时37分挂26028次货物列车到达M站,全列编组52辆。14时30分,列检和调车人员发现该列机后52位冒浓烟并伴火焰,经启动应急预案,采取大量黄沙覆盖,隔断"铬铁"与空气接触,到16时40分火势被全面控制。

2.事故原因

经调查核实,这起事故直接原因是托运人将硅铁(铁危编号:43505)谎报为普通货物"铬铁"托运。经对"铬铁"进行化学分析,"铬铁"实为硅铁,成分是:硅44%~48%,铝7%~12%,钙6%~8%,钡16%~20%。该货物遇水会产生有毒易燃气体并发热,当积热到一定温度后,易燃气体即刻燃烧。

托运人受利益驱动,谎报硅铁为铬铁,逃避铁路危险货物运输资质审查和安全监管,违法办理敞车运输,是该起事故的直接责任人。相关职能部门已按《危险化学品安全管理条例》和《铁路运输安全保护条例》及铁路危险货物运输规定对责任人进行处罚并进一步追究有关经济法律责任。

本次事故反映出发站工作存在的问题:

(1)查堵匿报、谎报危险货物的工作不够深入,缺乏完善的措施和手段。

(2)对托运人货源状况底数不清,建立的危险货物运输管理台账和安全控制档案流于形式。

(3)未按安全卡控措施检查待装货物。

(4)安全意识不强,对可疑货物没有及时提出性质辨识工作要求。

【案例2-2】 M站苯乙烯集装箱爆炸事故

1. 事故概况

×××年5月4日,A站发B站10t集装箱1个,票号054004,箱号1021549,施封号300060。货物品名为水玻璃,保价5000元。托运人甲,收货人乙。5月4日5时57分该箱装C4433862、E站一站集装箱,于5月6日19时19分随2805次货物列车到达M站。5月7日4时20分M站送E站,拟将该箱转装E发B、D两站集装箱转场。同车还装有4个10t集装箱,其中1个是空箱;另外3个分别装G发B地板一批、H发D耐火泥一批、K发D带钢一批。5个10t集装箱的排摆顺序为:①空箱;②耐火泥;③水玻璃;④带钢;⑤木地板。

13时10分M站公安所值班民警和保安人员巡视编组场时,发现停留在9道的X6A5204365集装箱专用平车10t箱1021549发生烟雾,并有液体渗出。车站当即决定将车送货场处理,14时12分当该车行至上行出发车场3道发车进站信号机内方等信号时,该集装箱突然发生爆炸。

本次事故造成的损失:

(1)人员损伤:重伤2人,轻伤8人;其中铁路职工5人,路外人员5人。

(2)货物损失:爆炸的事故箱内货物全部炸毁,其他3个集装箱内的货物大部分被炸毁。4批货物中除耐火泥按保险办理外,其余均按铁路保价运输办理,保价金额共3.5万元。

(3)其他损失:报废货车1辆,破损机车1台;报废10t集装箱5个;烧毁库房3间;线路、信号、供电等设备受到不同程度损坏。损失金额共计340余万元。

2. 事故原因

(1)据M所在石化公司化工研究院、国家合成橡胶质量监督检验中心对发生爆炸的集装箱内铁桶包装液态货物提取的残留物分析检测,其主要成分为:苯30.6%、甲苯3.224%、苯乙烯66.059。

(2)包装铁桶中有回收旧桶,有锈蚀斑,壁厚仅1mm,装载容器不符合规定,致使液体发生漏溢,产生大量易燃易爆气体,受热后聚合放热,导致爆炸。

(3)托运人将危险货物苯乙烯混合物谎报为普通货物水玻璃,运单填记品名与实际货物不符,A站未检查发现,错误承运。

【案例2-3】 M站黄磷火灾事故

1. 基本情况

×××年××月××日0时31分,一辆装有黄磷的棚车(P62K3127118)在M站发生火灾事故,车站立即启动应急预案,积极组织施救,于4时30分将火灾扑灭。经查,该车黄磷重量60t、共240件,钢桶包装;发站:A站,托运人:甲,装车地点在该托运人专用线;到站:B站,收货人:辽阳化学厂;承运日期:6月26日,随车派有押运人员2名。

2.原因分析

(1)资质情况。发到站符合《办理规定》要求,托运人具有铁路危险货物运输资质,办理的专用线符合危险货物运输技术条件,钢桶有包装检测部门的合格证明,受理承运符合铁路《危规》"四统一"等有关要求。

(2)装车情况。该批货物于6月26日10时30分装车,装车前,A站对黄磷桶内水位进行了抽查,水位均在12～13cm之间,符合规定;车辆状况、湿草席衬垫及货物装载加固符合要求。

(3)换装情况。6月27日该车挂20008次列车到达C站,19时40分至21时40分进行落地及包装、水位检查;米轨车内使用草席衬垫良好,卸后米轨车地板未见湿水痕迹;包装均为新桶,无渗漏、变形、破损及明显锈蚀;水位抽检32桶在12～13cm之间,符合规定;23时10分完成装车并进行了签认。次日19时26分编挂46581次列车挂出。

经分析,黄磷冒烟、起火的原因为钢桶质量不良、不能抗御运输过程中正常冲击、振动和挤压,以致黄磷桶内防护用水流失,黄磷接触空气自燃。

【案例2-4】 N区间榴弹燃爆事故

1.事故概况

××××年××月××日,装有56式100mm爆破榴弹的5辆铁路棚车在N区间某地发生燃烧爆炸事故。装有弹药的5辆棚车其中第9号车位装弹1080发,其余2743发分装在第10～13号车位内,紧邻弹药车的两头是煤车。押运人员在第10号车位内。15时08分,当列车行至区间时,押运人员听到第一次爆炸声后又接连2响,便探身车外,发现第9号车冒浓烟,随即大声呼叫停车,列车减速后,3名押运员跳下,机车脱钩分离。15时30分爆炸声密集,持续约半小时后,响声才逐渐变缓,直至22时,响声基本停止,于24时听到最后一响爆炸声,由此计算爆炸共历时8小时52分。爆炸停止后,火势仍很猛烈,两头的煤车引燃着火。当地消防队和部队及时采取了灭火降温措施,经40分钟扑救,大火才被扑灭。这次事故使5辆装弹药的棚车全部被毁,残骸上布满弹洞,100m以上长钢轨扭曲炸断。附近农村民房遭受一定程度破坏。列车所载3823发全备弹除1发外全部毁坏。由于事故发生在山区,造成的直接破坏不大,除3名押运员跳车摔伤外,无其他人员伤亡。

2.事故原因

(1)据有关资料介绍,该批爆炸品装车未按规定对车辆进行"停止制动作用"处理(关闭截断塞门),9号车为普通木底板车辆,未设置防火板。列车行径长大下坡道,闸瓦摩擦车轮,火星烧烤车底板起火引燃弹箱,使内装爆破榴弹爆炸、车辆燃烧。相继在爆炸和火焰作用下,爆燃事态加剧,三千多发榴弹及五辆棚车全部炸毁、烧尽。

(2)本次事故不断扩大,施救过程长达8小时之多,其原因有三:

①榴弹相互作用;

②区间施救困难;

③连挂煤车助燃。

【案例2-5】 M站空自备罐车着火

1. 基本情况

××××年××月××日14时20分,33041次货物列车运行至M站,助理值班员、货检员在车站13道接33041次货物列车时,发现机后25位G600557656车辆运行右侧上盖处有疑似蓝烟。货检员在14时22分列车停稳后跑到车辆前确认发现该车上盖阀右侧约有10cm火苗,立即通知车站值班员组织甩车。着火车辆于14时55分开始调离13道送往车站货场33道无网线路等候施救,在调车作业前火苗已自然熄灭,车辆到达施救地点后消防人员对罐体进行冷却观察,并确认该车辆为空罐车,无起火可能,15时25分消防人员撤离。

2. 原因分析

(1)G600557656轻油罐车装载90号汽油在A站卸空后,人孔盖关闭但紧固丝杆压帽未安装紧固(一侧两颗),形成人孔盖与人孔井的一侧缝隙。由于事发当日气温高,轻油罐车内产生油气压力挥发,但罐内的压力远未达到轻油罐呼吸式安全阀的开启压力(150±20kPa),油气从人孔盖与井结合处的缝隙释放。因人孔盖未紧固,人孔盖内侧的橡胶密封圈与人孔井上边缘在列车运行中反复摩擦产生静电,引燃罐内溢出的可燃气体,燃后自然熄灭。

(2)C货检站提供的图片能够看出空罐车人孔关闭良好,4个紧固丝杆压帽有3个上位拧固,另有1个由于图片比较模糊,无法判定是否上位拧固。但仅反映了空罐车人孔关闭及紧固丝杆压帽上位情况,不能判定紧固丝杆压帽是否紧固到位,保证人孔盖与人孔井间无缝隙。

(3)G600557656重罐车在A站接轨的中国石油化工股份有限公司专用线卸空后,与车站办理回送空罐车的路企交接检查时,专用线无法提供人孔关闭紧固丝杆压帽安装紧固图片。

3. 专用线、车站存在不足

(1)中国石油化工股份有限公司专用线对非本单位产权自备罐车管理不到位,对罐车阀、盖、垫等附件、配件是否齐全,作用是否有效掌握不细,盲目将盖、垫存在缺陷的罐车回送。

(2)A站对专用线和非本单位产权自备罐车检查指导不力,未要求专用线按需配备螺栓、螺母、垫片、密封胶圈、下卸排油口盖(防尘盖)等必要的易损配件,并定期检查登记。做到禁止配件不足或存在缺陷未修理的罐车使用和排空。

【案例2-6】 M站汽油罐车泄漏事故

1. 事故概况

××××年××月××日,从A站发往B站的两车汽油(一级易燃液体,铁危编号31001),托运人为甲,收货人乙。19日12时15分编挂62404次到达M站南信号10道,12时40分货检人员作业时发现机后26位和44位汽油罐车顶部发生外溢,并向车站进行报告。M站立即启动危险货物运输应急预案,并组织有关人员进行抢险救援,采取警戒和疏散人群等措施,通知消防部门,对电网断电,停止邻线8道接发列车,用砂土掩埋撒漏汽油的线路,并会同专业技术人员携带工具进行处理。通过专业技术人员对呼吸阀采取压力泄放处理,使受压汽油液面回落,排除了汽油泄漏事故。当日16时15分,M站所属局采取监护措施将事故车挂62403次运行到站。

2. 事故原因

（1）泄漏位置：经对泄漏事故分析，两车汽油泄漏点均为罐体上部卸油口。

（2）主要问题：一是罐体上部呼吸阀失去泄放压力功能；二是罐车卸油口盲板密封垫失去密封性。

（3）泄漏分析：由于汽油在大气温度超过40℃时开始沸腾，产生的汽油蒸气无法通过呼吸阀排放，汽油液面在汽油蒸气的压力下，顺着卸油管升至罐体上部卸油口，由于卸油口处盲板密封垫不良，导致汽油溢出。

项目三　制定阔大货物装载方案

★ 项目描述

　　铁路运输中,阔大货物主要有超长货物、超限超重货物。随着国民经济的发展,尤其在我国建设现代产业体系的进程中,为推进新型工业化,加快制造强国、交通强国的建设步伐,经由铁路运输的大型机械、重型设备等阔大货物越来越多,优质的货物装载质量是保障阔大货物安全运输的重要内容。

　　阔大货物外形复杂,体积庞大,价格昂贵,对运送条件要求高。经由铁路运输时,装运阔大货物的车辆除了满足普通货物装载的一般要求外,还应满足货物重量大、体积大、长度长的要求,必须使用具有足够强度、且便于对货物进行装载加固的普通平车、重载长大货物车等货车。同时要严格按照铁路货物装载的基本技术条件确定装载方案,以保证列车运行安全和货物安全。因此,正确理解掌握并运用阔大货物装载加固方法,对于安全、迅速、经济、合理地运输阔大货物具有十分重要的意义。

★ 教学目标

　　1. 知识目标

　　(1) 掌握货物装载加固的基本技术条件。

　　(2) 熟悉运输阔大货物的技术装备。

　　2. 能力目标

　　(1) 能够根据货物特点合理选择运输装备。

　　(2) 能够通过计算具体制定货物的装载方案。

　　3. 情感目标

　　(1) 认识到装车技术工作对铁路行车和货运安全中的重要性,培养工作中细致、认真、负责的工作态度。

　　(2) 认识到运输装备的运用在铁路行车和货运安全中的重要性,自觉地在工作中科学合理利用相关设备进行安全作业。

思政链接

劳模故事

易冉:重载铁路货车
上的电焊"花木兰"

任务一　掌握阔大货物运输装载技术条件

任务引入

【任务3-1】　某站使用一辆 N_{17T} 型平车装运大货一件,货物装载后重心横向偏移 89mm,两个转向架负重分别为 29t、21t,请分析是否偏重,货车能否挂运?

任务(知识)储备

一、货物装载加固的基本要求

货物装载加固最基本的要求是保证重车运行安全、货物完整和避免损伤车辆。《铁路货物装载加固规则》(简称《加规》)中规定,货物装载的要求是:使货物均衡、稳定、合理地分布在车地板上,不超载、不偏载、不集重、不偏重;加固的要求是:能够经受正常调车作业以及列车运行中所产生各种力的作用,在运输全过程中,不发生移动、滚动、倾覆、倒塌或坠落等情况。

二、货物装载的基本技术条件

(一)对车辆和货物重量的要求

装载货物应正确选择车辆,车辆的选择应遵守货车使用限制表(见表3-1)及有关规定,定检不过期。

货车使用限制表　　　　　　　　　　　　　　　　　表3-1

顺号	限制条件 车种 货物名称	棚车	敞车	底开门车	有端侧板平车	无端侧板平车	有端板无侧板平车	铁地板平车	共用车	备　　注
1	散装的煤、灰、焦炭、砂、石、土、矿石、砖	×				×	×	×	×	无端侧板平车或有端板(渡板)无侧板平车(共用车除外),在使用围挡并安有支柱时,可装运煤、灰、砂、石、土、砖
2	金属块			×		×	×	×	×	无端侧板平车或有端板(渡板)无侧板平车(共用车除外),在使用围挡并安有支柱时,可装运散装的金属块
3	空铁桶				×	×	×	×	×	应加固并外罩绳网
4	木材				×	×	×	×	×	
5	超长货物	×	×	×				×		
6	超限货物	×						×		
7	钢轨	×				×		×		
8	组成的机动车辆	×	×	×				×		组成的摩托车、手扶拖拉机及小型车辆可使用棚车;在到站有起重能力时,可使用敞车

注:"×"为不准使用的车种。

货物装载时应充分利用货车的载重力和容积,但货车装载的货物重量(包括货物包装、防护物、装载加固材料及装置)不得超过货车容许载重量,即不超载。允许增载货车车型、适于增载货物品类及允许增载重量按《铁路货车增载规定》办理;涂打禁增标记的货车不准增载;国铁集团未批准增载的各型货车不得增载。

(二)对货物装载高度、宽度和计算宽度的要求

货物的装载高度、宽度和计算宽度,除超限货物外,不得超过货物装载限界和特定区段装载限制。

(三)对货物重心水平位置的要求

一般情况下,货物重心在水平面上的投影应落在车地板纵、横中心线的交点上(简称"车辆中央")。特殊情况下必须位移时,重心横向偏移不得超过100mm,货物重心横向偏移超过要求为偏载。重心必须发生纵向偏移时,每个车辆转向架所承受的货物重量不得超过货车容许载重量的1/2,且两个转向架承受的货物重量之差不大于10t。货物重心纵向偏移超过要求为偏重。

货运检查中,货车超偏载分严重、一般两级。其具体分级标准,见表3-2。

超偏载分级标准表 表3-2

项目	分 级	
	严 重	一 般
超载	大于货车容许载重量10t	大于货车容许载重量5t,小于10t
偏载	货物总重心投影距车辆纵中心线距离大于150mm	货物总重心投影距车辆纵中心线距离大于100mm
偏重	货车两转向架承受重量之差大于15t	货车两转向架承受重量之差大于10t

(四)对货物重量分布的规定

在铁路运输中,有些货物重量大,支重面小,如果直接装车,货物重量大于所装车辆负重面长度的最大容许载重量,这类货物称为集重货物。

货物重量应均匀分布在整个车地板上,对于单件重量大、支重面小的货物不能均匀分布;需要局部承载时,应遵守《加规》的相关规定,使货物不集重。

(五)对重车重心高的要求

货车和所装货物的总重心,称为重车重心。重车重心自轨面起算的高度称为重车重心高。重车重心高一般不得超过2000mm(这是考虑在最不利运行条件下,即重车行经曲线、道岔时,受到横向惯性力、垂直惯性力和风力的作用,以及车体弹簧振动引起重车重心偏移等因素,保证重车不致发生倾覆,并留有一定的安全系数);超过时,可采取配重措施,以降低重车重心高,否则应限速运行。

装运危险货物的罐车重车重心限制高度不得超过2200mm;双层集装箱车专用车装后重车重心高不得超过2400mm。

(六)对货物突出车辆端梁的长度要求

当货物长度超过车地板的长度,或由于其他原因,货物必须突出平车车端装载时,货物突出端的半宽不大于车辆半宽时,允许突出端梁300mm;大于车辆半宽时,允许突出端梁200mm。超过此限时,应使用游车。

三、货物加固的一般要求

装载货物时,应使用必要的装载加固材料和装置。常用加固方法有拉牵加固、挡木或钢挡加固、围挡加固、掩挡加固、腰箍下压式加固、整体捆绑等。

(1)拉牵可采用八字形、倒八字形、交叉、又字形或反又字形等方式。

(2)使用多股镀锌铁线、盘条加固时,需用绞棍绞紧,绞紧程度不能损伤铁线、盘条。

(3)使用钢丝绳加固时,应采用配套的钢丝绳夹。使用紧线器作连接装置时,紧线器与钢丝绳的强度应匹配。

(4)使用挡木或钢挡加固时,其高度不宜过大,与车地板之间要有足够的联结强度。

(5)掩挡的有效高度应符合要求,掩挡与车地板的联结强度必须足以保证掩挡自身不发生移动或倾覆。

(6)使用腰箍下压式加固时,每道腰箍的预紧力必须达到设计要求。

(7)必要时,加固线与货物、车辆棱角接触处应采取防磨措施。

任务实施

根据任务一中"任务(知识)储备"所学知识,分析"任务引入"中任务3-1,完成任务。

实施要点:

(1)装车后货物总重心的投影应位于货车纵、横中心线的交叉点上。

(2)重心必须偏离时,横向偏移量不得超过100mm,纵向偏移时,每个车辆转向架所承受的货物重量不得超过货车容许载重量的1/2,且两转向架承受的重量之差不得大于10t。

任务自测

一、填空题

1.阔大货物装载应满足的要求是货物重量均衡、稳定、合理地分布在车地板上,不_____、不_____、不_____、不_____。

2.货物装载应正确选择车辆,车辆的选择应遵守_____及有关规定,定检修不过期。

3.货物装载时,装载的货物重量不得超过_____。

二、选择题

1.重车重心高度超过2000毫米时,应按规定(   )。

    A.采取加固   B.减吨   C.进行防护   D.限速运行

2.装车后,货物重心的投影应位于车地板的纵、横中心线的交叉点上。必须位移时,横向位移不得超过(   )毫米。

    A.50   B.100   C.150   D.200

3.货物装车后,货车两转向架承受重量之差大于10t,为(   )。

    A.一般偏载   B.一般超载   C.一般偏重   D.严重偏重

4.货物总重心投影距车辆纵中心线距离大于100mm时,为(   )。

    A.偏载   B.超载   C.偏重   D.超重

三、判断题

1.货物重心纵向偏移超过要求为偏重。   (   )

2.货物重心横向偏移超过要求为偏重。   (   )

四、简答题

1. 对装运阔大货物的车辆有哪些要求?

2. 货物装载加固最基本的要求是什么?

五、综合题

2018 年 5 月 18 日 9 时 30 分,菏泽南站接 41060 次货物列车,货运检查员进行货运检查发现武昌东站发聊城站一件均重装备,突出车端装载,一端使用游车,货物外形尺寸:14800mm × 2300mm × 1500mm,件重 30t,装载方法如图 3-1 所示,请判断该装载方案是否符合装载要求(已知主车、游车均为 N_{17k} 型货车)。请说明理由。

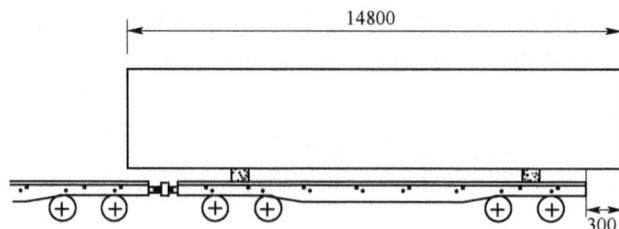

图 3-1　货物装载方法示意图(尺寸单位:mm)

任务二　选用阔大货物运输的车辆

任务引入

【任务 3-2】　货运检查站对严重偏载、偏重车辆的处理流程是什么?

任务(知识)储备

随着国民经济的发展,经由铁路运输的大型机械、重型设备越来越多,货物装载问题越显得突出。了解铁路阔大货物运输装备的特点、使用要求和技术参数;正确地使用车辆,按照《加规》的技术要求合理地确定货物装载方案是保证列车运行安全和货物安全的前提,尤其是货物重心合理位置的确定对于保证货物装载质量有着十分重要的意义。

一、装运阔大货物的车辆及技术参数

(一)阔大货物对装运车辆的要求

装运阔大货物的车辆除必须满足普通货物装载的一般要求外,还应满足货物重量大、体积大、长度长的要求。车辆应具有足够的强度,尤其是承受集中载荷的能力强;要便于对货物进行装载加固,对于超限货物还应有利于降低超限等级,以保证运输安全和车辆的正常使用寿命。目前,我国铁路装运阔大货物主要使用平车和长大货物车,部分货物也可使用敞车装载。

(二)平车及技术参数

我国铁路平车主要车型包括 N_{17*}、NX_{17**} 等。平车属于底架承载结构,底架的主要部件有:中梁、侧梁、枕梁、横梁及纵向辅助梁。部分平车根据装运货物的需要设有可以全部翻下

的活动墙板。为了提高平车承受集中载荷的能力,部分平车车底架采用了鱼腹形梁。

平车的主要参数有车辆自重、车辆标记载重量(简称标重)、钩舌内侧距离、车地板长度、转向架中心距(也称销距)、固定轴距、车地板高度、空车重心高度等,为便于货物加固,侧梁外侧装设绳栓和柱插,如图3-2所示。平车主要技术参数,见表3-3。

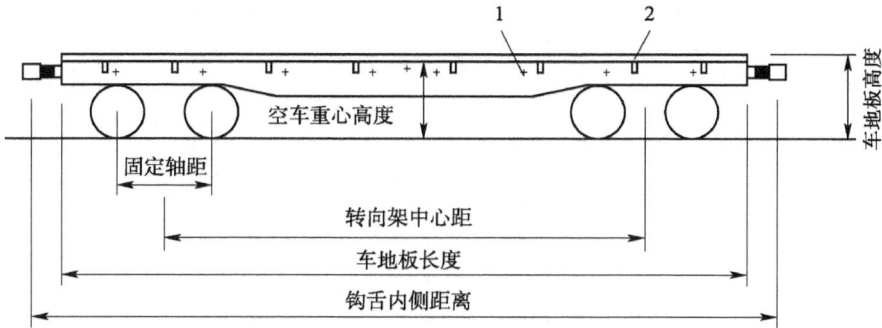

图 3-2 平车主要参数及加固部件名称

1-绳拴;2-支柱槽

(三)长大货物车及技术参数

长大货物车是铁路运输中的一类特种货车,主要供装运平车无法装运的阔大货物。目前,我国有长大货物车约400辆。按照车体结构不同,我国现有的长大货物车可分为凹底平车、长大平车、落下孔车、双联平车、钳夹车5种。

1.凹底平车

凹底平车的结构特点是转向架或转向架群分布于车辆的两端,中部为装载货物的凹底架,如图3-3a)所示。它具有结构简单、使用方便、运行安全可靠等优点,是长大货物车中适运货物范围最广的车型。由于凹底平车采用凹底部分的地板面承载,在设计时要降低地板面高度,否则货物装车后高度可能超出限界。由于此种车辆承载面占据一定的高度及不可能太长,不适合运输太高和特别长的货物。

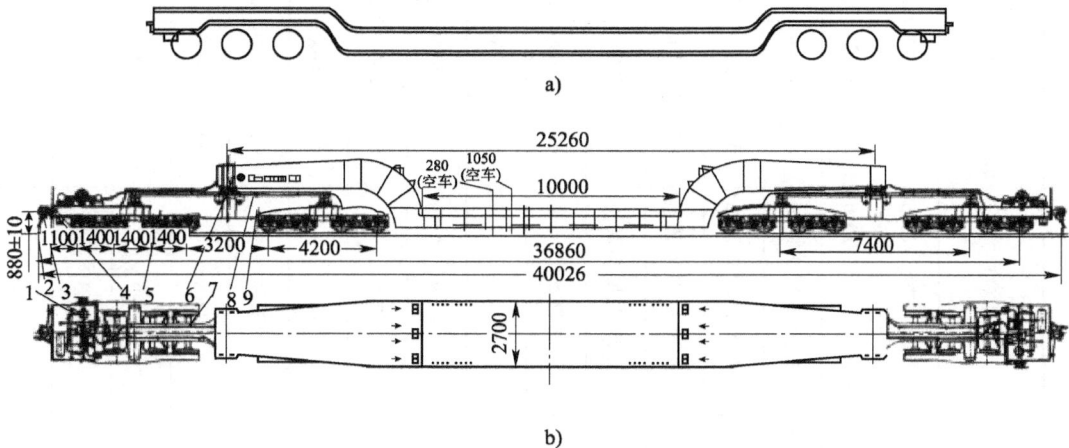

a)

b)

图 3-3 DA$_{25}$ 型载重250t 凹底平车结构(尺寸单位:mm)

1-制动装置;2-风控管路;3-车钩缓冲装置;4-标记;5-H4E 轴转向架;6-大框架;7-制动附属件;8-风控管路附属件;9-小底架

表3-3

平车主要技术参数表

序号	车型	自重（t）	载重（t）	车地板（mm） 长度	车地板（mm） 宽度	车地板（mm） 高度	钩舌内侧距离（mm）	轴数	材质	构造速度（km/h）	转向架中心距（mm）	空车重心高度（mm）	固定轴距（mm）	特　点
1	N$_{17AK}$	19.7/20.8/20.2/20.6	60	13000	2980	1211	13938	4	木	120	9000	723	1750	活动端的侧板
2	N$_{17AT}$	19.7/20.8/20.2/20.6	60	13000	2980	1211	13938	4	木	120	9000	723	1750	活动端的侧板
3	N$_{17GK}$	19.7/20.8/20.2/20.6	60	13000	2980	1211	13938	4	木铁	120	9000	723	1750	活动端的侧板
4	N$_{17GT}$	19.7/20.8/20.2/20.6	60	13000	2980	1211	13938	4	木铁	120	9000	723	1750	活动端的侧板
5	N$_{17K}$	19.7/20.8/20.2/20.6	60	13000	2980	1211	13938	4	木	120	9000	723	1750	活动端的侧板
6	N$_{17T}$	19.5/20.7/20.2/20.6	60	13000	2980	1209	13938	4	木	120	9000	723	1750	活动端的侧板
7	NX$_{17AK}$	22.5	60	13000	2980	1211	13938	4	木	120	9000	768	1750	活动的端板，活动锁头
8	NX$_{17AT}$	22.5	60	13000	2980	1211	13938	4	木	120	9000	768	1750	活动的端板，活动锁头
9	NX$_{17BK}$	22.9	61	15400	2960	1214	16338	4	木	120	10920	740	1750	活动的端板，活动锁头
10	NX$_{17BT}$	22.9	61	15400	2960	1216	16338	4	木	120	10920	740	1750	活动的端板，活动锁头
11	NX$_{17BH}$	22.8	61	15400	2960	1207	16338	4	木	120	10920	740	1750	活动的端板，活动锁头
12	NX$_{17K}$	22.4	60	13000	2980	1212	13938	4	木	120	9000	730	1750	活动的端板，活动锁头
13	NX$_{17T}$	22.5	60	13000	2980	1216	13938	4	木	120	9000	777	1750	活动的端板，活动锁头
14	NX70	23.8	70	15400	2960	1216	16366	4	木	120	10920	738	1830	活动的端板，活动锁头
15	NX$_{70A}$	23.8	70	13000	2980	1216	13966	4	木	120	9000	727	1830	活动的端板，活动锁头
16	NX$_{70H}$	23.8	70	15400	2960	1216	16366	4	木	120	10920	738	1800	活动的端板，活动锁头

目前铁路上正在运用的 DA_{25} 型[见图 3-3b)]平车即属于凹底平车中的一种。DA_{25} 型凹底平车是原哈尔滨车辆厂 1997 年设计,2000 年生产的,用于运输大型机电设备(大型变压器、重型机械、其他发电设备等)。该车主要由一个大底架,两个小底架,四个 4E 轴焊接构架式转向架、空气制动装置、手制动装置及车钩缓冲装置等组成。与 D_{25A} 型相比,DA_{25} 型凹底平车承载面高度比 D_{25A} 型平车降低了 30mm,承载面长度比 D_{25A} 型平车提高了 200mm,提高了该车的适用范围。与 D_{25A} 型平车比,降低了自重,提高了过桥性能和构造速度,满载时超重等级由原来的 D_{25A} 型车的二级超重降低到一级超重。

2. 长大平车

长大平车(见图 3-2)从底架结构形式上看与通用平车基本上相同,其差别主要是前者的底架长度和地板面距轨面高度都比较大。

目前有一种新型 DL_1 型的桥梁运输专用平车,是适应我国标准轨距铁路运输大吨位预制梁的专用车,单车载重 74t,适用于组合(车组由三辆车组成,前端车和后端车为 DL_1 型大吨位预制梁运输专用车,中间游车为 NX_{17K} 型平车)装运重量 148t 及以下混凝土预制梁。车体承载件采用了高强度耐候钢,整体钢结构的抗腐蚀性能较好,可以有效提高车辆的使用寿命;车辆转向架、车钩装置、制动装置等部件采用了通用件,方便了检修与维护。货物转向架直接固定在车体上,降低了承载面高度和重车重心高,提高了桥梁运输的安全性和桥梁的装卸效率。按改进方案制造的 DL_1 型大吨位预制梁运输专用车,不装运预制梁时,拆除桥梁支撑装置安装相应的国际集装箱锁具,可以装运 1 只 40ft 国际标准集装箱或 2 只 20ft 国际标准集装箱。

3. 落下孔车

落下孔车是底架中部开有一定长度和宽度的落孔,装货时货物落入孔内。货物的重量由两根截面高度较大的侧梁承担,如图 3-4a)所示。它自重系数较小、能充分利用铁路限界的高度,适合运输截面尺寸很高的货物,适于装运宽度较窄而高度很大的货物。

其中的 DK_{36A} 型[图 3-4b)]落下孔车,是在 D_{32} 型落下孔车的基础上改进而成,自重 182t,载重 360t,在标准轨距铁路线路上使用,空车最高速度 100km/h,重车最高速度 60km/h。其车辆长度 56980mm。主要用于装运电力、冶金等行业的超限、超重阔大货物,如变压器和轧机机架等。

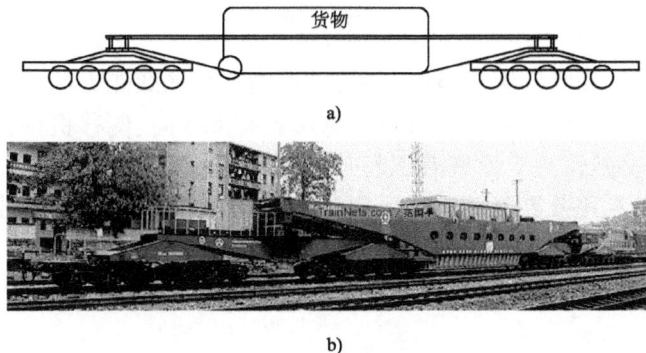

a)

b)

图 3-4 DK_{36A} 型落下孔车示意图

DK_{36A} 型落下孔车主要由侧承梁、导向梁、大底架、小底架、转向架、调宽装置、侧移及导向装置、旁承装置、车钩缓冲装置、制动装置及液压装置等部分组成。其中侧承梁、导向梁、大底架、小底架等部件的主要钢结构采用屈服强度为 685MPa 的高强度钢。全车采用 8 组三轴焊接构架式转向架。它主要由构架、减振装置、轴箱弹簧装置、基础制动装置、轮对装置等组成。其中端部的 2 组转向架装有车钩缓冲装置。该车设内导向、中导向、外导向 3 种导向装置,提高了车辆曲线通过能力,扩大了货物运输范围。采用液力升降装置,方便了卸货。装载量不大于 340t 时可按规定通过所有标准桥梁。装载量 340~360t 时为一级超重。

4. 双联平车

双联平车无承载底架,由两个安装于两转向架群中央心盘上的可回转鞍座支承货物。货物一般比较长,跨装在两个转向装置上,如图 3-5 所示。为了使货物免受过大纵向冲击力的作用,在两节车之间有缓冲装置。这种车的主要特点是自重系数小、货物支承点可根据货物长度进行调节,适合运输细长、较重、有自承载能力的货物。

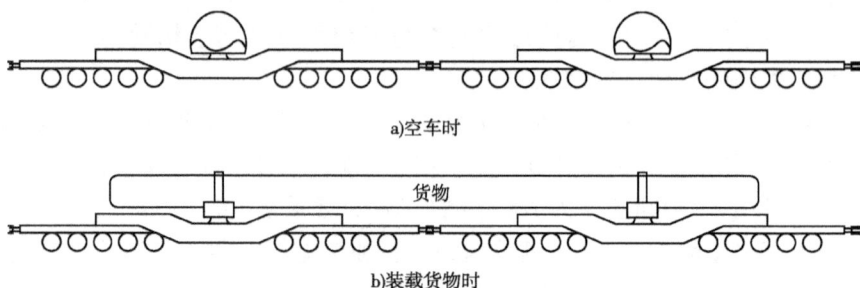

a)空车时

b)装载货物时

图 3-5 双联平车示意图

5. 钳夹车

钳夹车具有独特的超限运输能力。它由两个对称的半节车构成,如图 3-6 所示。运输货物时,货物被悬挂在两个钳形梁之间,使货物与钳形梁成为一个整体,货物成为整个车辆部分;空车运行时,两个对称的半节车由辅助装置将它们连在一起,称为短连挂。

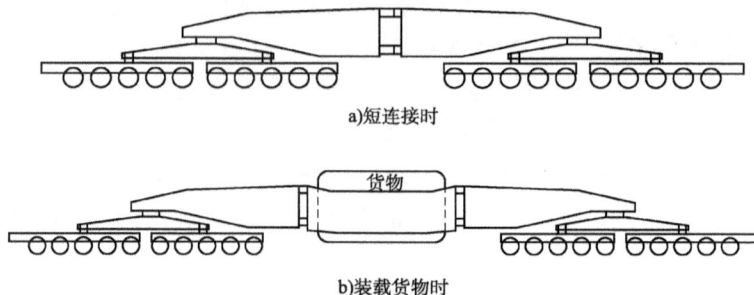

a)短连接时

b)装载货物时

图 3-6 钳夹车示意图

钳夹车能有效地利用铁路限界空间,不仅能运输有自承载能力的货物,而且通过附加的装备也可运输那些没有自承载能力的货物。它可装有多导向、侧移机构,以解决车辆在宽度方向的极度超限;大多数钳夹车设有液压起升、下降机构,且钳夹车结构无承货的地板面,使装载货物最大限度地利用限界高度。除了不适合运输特别长的货物外,钳夹车是运输能力最强的铁路运输工具。

长大货物车的型号、主要技术参数和特点,见表 3-4。

(四)敞车及技术参数

敞车是有端壁、侧壁、地板而无车顶的货车,主要供运送煤炭、矿石、矿建物资、木材、钢材等大宗货物用,也可用来运送重量不大的机械设备,但其集中载荷承载能力远不如平车。铁路运输的部分阔大货物也可使用敞车装载。目前我国敞车约 30 万辆,约占货车总数的 50% 以上,载重量大多为 60t、70t。主型通用敞车有 C_{62}、C_{62A}、C_{62B}、C_{64K}、C_{70}、C_{70B}、C_{70H}、C_{76H}(大秦线编组列车)等,其外形如图 3-7 所示。其部分敞车的有关技术参数,见表 3-5。

长大货物车主要技术参数表

表3-4

序号	车型	自重(t)	载重(t)	车体长×宽(mm)	最大宽×高(mm)	轴数	材质	构造速度(km/h)	通过最小曲线半径(m)	转向架中心距(mm)	底架心盘中心距(mm)	地板面至纵面面高(mm)	空车重心高度(mm)	转向架型号	转向架轴距(mm)
1	D_2	166.8	160	23300×2780	2780×2187	16	全钢	80	180	5800	22200	承载面950	1032	Z10型四轴	1400-1500-1400
2	D_{2A}	136	210	24150×2760	2760×2533	16	同上	80	180	6300	23050	承载面930	1072	ZZ1型导框式	1450-1500-1450
3	D_{2C}	148.5	210	23800×2780	2780×2359	16	同上	80	180	6200	22700	承载面950	1047	Z10型四轴	1400-1500-1400
4	D_{9A}	35.8	90	16100×3100	3100×1659	6	同上	120	145	15500	15500	承载面730	641	3D轴	1200-1200
5	D_{10}	36	90	19400×3000	3140×2196	6	同上	80	145	14800	14800	承载面777	652	三轴H形构架	1200-1200
6	D_{10A}	36	90	20020×3000	3000×1450	6	同上	120	145	15420	15420	690	610	3D焊接构架式	1320
7	D_{12K}	47.8	120	17020×3000	3000×1852	8	同上	100	145	3100	16200	承载面850	700.5	转K2	1750
8	D_{15}	48.9	150	17480×2700	2773×2031	8	同上	90	150	3250	16700	承载面900	748	2E轴	1650
9	D_{15A}	49.6	150	18050×2846	2846×1935	8	同上	120	145	3350	17350	850	680	K6	1830
10	D_{15B}	50	150	17450×2900	2900×2150	8	同上	120	145	3300	16750	2150 中部800	680	2E轴焊接构架式	1650
11	D_{17A}	44.5	155	19500×2950	2950×2000	8	同上	80	145	3350	18800	2000	920	2E轴中交叉低动力作用转向架	1830
12	D_{18A}	135.4	180	23540×2800	2800×2259	16	同上	80	180	5700	22440	承载面930	970	Z20型导框式	1350-1500-1350

序号	车型	自重(t)	载重(t)	车体长×宽(mm)	最大宽×高(mm)	轴数	材质	构造速度(km/h)	通过最小曲线半径(m)	转向架中心距(mm)	底架心盘中心距(mm)	地板面至轨面高(mm)	空车重心高度(mm)	转向架型号	转向架轴距(mm)
13	D22A	44	120	25000×3000	3180×1080	8	同上	120	180	17800	17800	1080	552	4D轴焊接构架	1300-2100-1300
14	D22B	48	120	25000×3000	3180×1350	8	木地板	100	180	17800	17800	1350	745	4D轴构架式	1300-2100-1300
15	D23G	70.7	265	19170×3128	3128×2050	16	全钢	80	180	5700	18000	1500	794	四轴一体式	1350-1500-1350
16	D25	86	250	18900×2940	2940×3860	16		90	145	3000	18000	1650	950	2D轴转钢架	1750
17	D25A	142	250	26670×2630	2630×2563	16	全钢	80	180	7810	25570	承载面1080	1115	Z21型导框式	1400-1500-1400
18	D26	140	260	26000×2680	2680×2850	16	同上	空80 重70	145	3000	25200	1150	720	2E轴焊接构架	1650
19	D26A	73.6	260	17500×3170	3170×2000	16	同上	空90 重60	145	3000	小底架6900 大底架16500	1600	720	转8G	1750
20	D26AK	75.6	260	17500×3280	3280×2000	16	同上	空100 重50	145	3000	小底架6900 大底架16500	1620	720	K2	1750
21	D26B	107	290	26800×4100(重) 28000×2900(空)	4100×3400(重) 2900×3400(空)	16	同上	空90 重50	145	3000	23900	3400	1377	2E轴焊接构架式	1650
22	D28	120	280	26300×2680	2714×2730	16	同上	空100 重50	145	3000	25500	2730 中部1160	1000	2E轴焊接构架式	1650
23	D30G	101	370	11800×3380	3380×4735	20	同上	空80 重50	180	11000	22380	1735	700	五轴包板式	1400-1400-1400-1400

序号	车型	自重(t)	载重(t)	车体长×宽(mm)	最大宽×高(mm)	轴数	材质	构造速度(km/h)	通过最小曲线半径(m)	转向架中心距(mm)	底架心盘中心距(mm)	地板面至轨面高(mm)	空车重心高度(mm)	转向架 型号	转向架 轴距(mm)
24	D$_{32}$	226	320	34700×2900	2920×4366	24	全钢	空100 重50	180	3250	大底架12050 中底架6600 凹底架33800	中部1150	1570	焊接构架式	1750
25	D$_{32}$	175	350	35100×2900	3000×4191	24	同上	空80 重50	180	3250	大底架12050 中底架6600 侧承梁34500	3790	1650	焊接构架式	1750
26	D$_{32A}$	240	320	37700×2760	3000×4280	24	同上	空100 重50	外导向150 中导向180 内导向260	5800	36900	承载面1225	1430	3E轴焊接构架	1400–1400
27	D$_{38}$	227	380	26950×3000	3000×5075	32	同上	空90 重50	空车:中导向150 重车:外导向150 中导向180 内导向250	5800	大底架12900 钳形梁(空)26150		1750	四轴包板式	1400–1400–1400
28	D$_{45}$	202	450	41600×2110	3000×4390	28	同上	空100 重50	180	3250	大底架14250 中部中底架6600 端部中底架4825 侧承梁40900	承载面4130	1810	2E轴焊接构架	1750
29	D$_{70}$	26.6	70	19462×2950	3142×1975	4	同上	90	180	15500	15500	1169	798	2E轴	1650
30	DA$_{21}$	122.8	210	25030×2700	2700×2965	16	同上	120	180	6500	24130	承载面940	1035	4E轴焊接构架	1400–1400–1400

续上表

序号	车型	自重(t)	载重(t)	车体长×宽(mm)	最大宽×高(mm)	轴数	材质	构造速度(km/h)	通过最小曲线半径(m)	转向架中心距(mm)	底架心盘中心距(mm)	地板面至轨面高(mm)	空车重心高度(mm)	转向架型号	转向架轴距(mm)
31	DA$_{25}$	127.4	250	26160×2700	2700×3050	16	全钢	120	180	7400	25260	承载面1050	1087	4E轴焊接构架	1400－1400－1400
32	DA$_{37}$	200	370	38100×3000	3000×4340	24	同上	空100 重60	外导向145 中导向180 内导向300	4750	大底架13200 凹底架37300	承载面(圆弧底部)1380(空)1100(重)	1380	3E轴焊接构架	1400－1400
33	DK$_{17A}$	45	155	19500×2950	2950×2000	8	同上	120	145	3350	18800	2000	920	转K6	1830
34	DK$_{23}$	70(心盘采用一字形梁)73(心盘采用十字形梁)	230(一字梁)227(十字形梁)	25340×2880(一字梁空车位)27440×2880(十字梁短臂空车位)26320×4000(十字梁长臂重车位)	2880×3060(一字梁短臂空车位)4000×3060(十字梁长臂车位)	12	同上	空120 重80	145	5800	23440	承载面3060	1220	3E轴焊接构架	1400—1400
35	DK$_{29}$	110	290	30700×2700(空)29300×4100(重)	2700×3400(空)4100×3400(重)	16	同上	空100 重60	145	3000	26600	承载面3400	1381	2E轴焊接构架	1650

序号	车型	自重(t)	载重(t)	车体长×宽(mm)	最大宽×高(mm)	轴数	材质	构造速度(km/h)	通过最小曲线半径(m)	转向架中心距(mm)	底架心盘中心距(mm)	地板面至轨面高(mm)	空车重心高度(mm)	转向架型号	转向架轴距(mm)
36	DK$_{36}$	200	360	38040×3000(空) 38040×4000(重)	3000×4340(空) 4000×4340(重)	24	全钢	空 100 重 60	150(外导向) 180(中导向) 260(内导向)	5800	36000	承载面 3720	1974	3E 轴焊接构架	1400-1400
37	DK$_{36}$A	182	360	56980×3000(空) 56980×4030(重)	3000×4225(空) 4030×4225(重)	24	同上	空 100 重 60	外导向 145 中导向 180 内导向 250	4500	大底架 12450 侧承梁 34000	承载面 3760	1750	3E 轴焊接构架	1400-1400
38	DL$_1$	26	74	13000×2980	3146×1645	4	同上	空 120	145	9000	9000	桥梁承载面 1500	772	K6	1830
39	DQ$_{35}$	185	350	23590×3000	3000×4662	24	同上	空 100 重 60	空车:145 重车: 外导向 145 内导向 180	4500	大底架 12050 钳形梁(空) 22890		1780	3E 轴焊接构架	1400-1400
40	DQ$_{45}$	208	450	27360×3000	3000×4703	28	同上	空 100 重 60	空车:145 重车: 外导向 145 中导向 180 内导向 250	5500	大底架 14500 钳形梁(空) 26640		1700	3E、4E 轴焊接构架	1400-1400 (三轴)1400-1400 (四轴)
41	DNX$_{17K}$	20.8/22	60	13000×2980	3176×1486	4	木地板	120	145	9000	9000	1212	740	K2	1750

敞车主要技术参数表

表 3-5

序号	车型	自重（t）	载重（t）	车内长×宽×高（mm）	最大宽×高（mm）	轴数	车体材质	构造速度（km/h）	通过最小曲线半径（m）	转向架中心距（mm）	地板面至钢面高（mm）	空车重心高度（mm）	车门宽×高（mm）	车底架长×宽（mm）	轴距（mm）	备注
1	C_{16AK}	20	64	10990×2890×1400	3180×2503	4	耐候钢	120	145	7700	1093		825×600	11000×2900	1750	矿石专用车
2	C_{16K}	21.9	60	12500×2888×1400	3180×2483	4	同上	120	145	8700	1079			12500×2900	1750	同上
3	C_{62A}*	21.7	60	12500×2890×2000	3196×3095	4	普碳钢	85	145	8700	1083	1000	中门 1620×1900 下门 1250×954	12500×2900	1750	通用敞车
4	C_{62A}*K C_{62AK}	22.1	60	12500×2890×2000	3196×3102	4	同上	120	145	8700	1090	1000	中门 1620×1900 下门 1250×954	12500×2900	1750	同上
5	C_{62A}*T C_{62AT}	22	60	12500×2890×2000	3196×3099	4	同上	100	145	8700	1087	1000	中门 1620×1900 下门 1250×954	12500×2900	1750	同上
6	C_{62BK}	22.7	60	12500×2890×2000	3242×3102	4	耐候钢	120	145	8700	1090	1000	中门 1620×1900 下门 1250×954	12500×2900	1750	同上
7	C_{62BT}	22.6	60	12500×2890×2000	3242×3099	4	同上	100	145	8700	1087	1000	中门 1620×1900 下门 1250×954	12500×2900	1750	同上
8	C_{64AT}	23.5	60	13000×2890×2450	3242×3541	4	全钢	120	145	9210	1081	1126	中门 1620×1900 下门 1250×954	13010×2900	1750	焦炭专用车
9	C_{64K}	22.9	61	12490×2890×2050	3242×3142	4	同上	120	145	8700	1082	1000	中门 1900×1620 下门 954×1250	12500×2900	1750	通用敞车
10	C_{64H}	22.5	61	12490×2890×2051	3242×3143	4	同上	120	145	8700	1082	1000	中门 1900×1620 下门 954×1250	12500×2900	1750	同上
11	C_{64T}	22.8	61	12490×2890×2050	3242×3142	4	同上	100	145	8700	1082	1000	中门 1900×1620 下门 954×1250	12500×2900	1750	同上
12	C_{70} C_{70H}	23.8	70	13000×2890×2050	3180×3143	4	高强钢	120	145	9210	1083	1085	中门 1620×1900 下门 1250×951	13010×2900	1830 1800	同上
13	C_{70E} C_{70EH}	24	70	13000×2890×2150	3180×3243	4	高强钢	120	145	9210	1083	1102	中门 1620×1900 下门 1250×951	13010×2900	1830 1800	同上

序号	车型	自重 (t)	载重 (t)	车内长×宽×高 (mm)	最大宽×高 (mm)	轴数	车体材质	构造速度 (km/h)	通过最小曲线半径 (m)	转向架中心距 (mm)	地板面至轨面高 (mm)	空车重心高度 (mm)	车门宽×高 (mm)	车底架长×宽 (mm)	轴距 (mm)	备注
14	C70B C70BH	23.8	70	13000×2890×2050	3180×3143	4	不锈钢	120	145	9210	1083	1085	中门1620×1900 下门1250×951	13010×2900	1830 1800	通用敞车
15	C80E C80EH C80EF	26.5	80	13000×2900×2430	3190×3530	4	高强钢	100	145	9210	1090	1087	中门1600×1900 下门1098×821	13010×3001	1860	同上
16	C70C	24	70	14590×2962×2600	3240×3667	4	同上	120	145	10600	1057	1082	1250×951	14600×2970	1830	焦炭专用车
17	C76	24.2	75	10520×2974	3184×3592	4	同上	100	145	8200	1062	984	710×905	11200×3168	1830	煤炭专用车
18	C76A	24	76	10246×3000	3542×3194	4	同上	100	145	8250	1082		748×950	11200×3184	1800	同上
19	C76B	22.9	76	10400×2974	3184×3520	4	同上	100	145	8200	1053		740×905	11200×3164	1830	同上
20	C76C	22.7	76	10400×2974	3184×3520	4	同上	100	145	8200	1053		740×905	11200×3164	1830	同上
21	C76H	25	75	10520×2974	3184×3592	4	同上	100	145	8200	1055		748×950	11200×3168	1800	同上
22	C80 C80H	20	80	10728×2946	3184×3793	4	铝合金	100	145	8200	1063	915	750×936	11200×3184	1830/ 1800	同上
23	C80A C80AH	20	80	10550×2876×2700	3244×3765	4	高强钢	100	145	8200	1059	1011	780×950	10518×2972	1830/ 1800	同上
24	C80B C80BH	20	80	10550×2976×2700	3184×3767	4	不锈钢	100	145	8200	1059	1011	756×950	11200×2984	1830/ 1800	同上
25	C80C	20.2	80	10000×2972×2428	3380×3548	4	高强钢	100	145	8200	342	955	670×830	10070×3184	1800	同上
26	C80CA	20.2	80	10000×2972×2428	3380×3548	4	不锈钢	100	145	8200	342	955	670×830	10070×3184	1800	煤炭专用车
27	CFK	22	62	12500×2890×2000	3242×3100	4	耐候钢	120	145	8700	1086		825×600	12500×2900	1750	矿石专用车

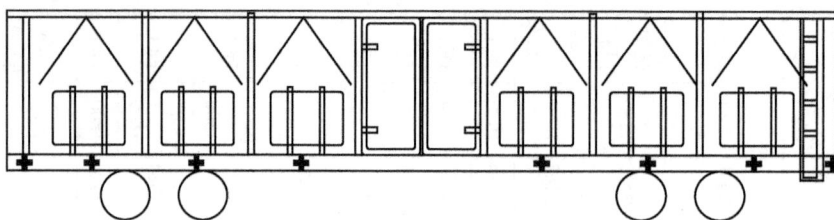

图 3-7　敞车示意图

二、铁路货车超偏载检测装置

铁路货车超偏载检测装置(图 3-8)是铁路货运计量安全检测系统的重要组成部分,是检测货车超载、偏载、偏重的主要装置之一。

积极做好货车超偏载检测装置的运用管理工作,是确保铁路运输安全的有效途径。为此,原铁道部制定了《铁路货车超偏载检测装置运用管理办法》。该办法适用于纳入铁路货运计量安全检测监控系统的超偏载装置的运用管理工作。

其中,包括职责分工、超偏载处理、运用管理、责任划分等,可作为行车事故分析的依据。

(一)超偏载的处理

根据超偏载检测装置检测结果,对严重的超偏载货车,应通知货检和列检人员联合检查。检查中,对车辆技术状态正常不危及行车安全的,要作出记录,重点监控运行;危及行车安全的,须立即扣车,换装整理后,方能挂运。对一般的超偏载货车,可不换装整理,应记录

图 3-8　铁路货车超偏载检测装置

车种、车号、发到站、货物品名、发收货人等,并将上述信息及时通知发到站,电报通知下一编组站。同时在 24h 内,将信息上报局集团公司货运主管部门,并反馈到局集团公司计量主管部门。责任局集团公司在接到处理站的电报或超偏载统计资料时,应追究装车站责任,对管理混乱、恶意超载等性质严重的,除停装整顿外,要追究相关人员责任。换装整理和卸下的货物以及换装整理发生的相关费用,按《铁路货物运输规程》《铁路货物运输管理规则》《铁路货物损失处理规则》等有关规章和事实,进行处理和划分责任范围。

(二)严重超偏载货车换装整理作业流程

(1)车站货检人员应根据检测结果,核对现车无误后,对危及行车安全的,及时打印超偏载甩车通知卡(一式三份,调度、货检、列检各一份),并向车站行车调度部门报告。

(2)车站行车调度部门接到货检人员报告后,值班人员应在超偏载甩车通知卡上签字,安排甩车,并送入指定地点。

(3)车站对甩下的货车重新过衡或进行偏载复核,确认超载、偏载后,按规定换装整理和拍发电报。

(4)车站对卸载货车重新过衡复磅,确认货物重量不超过货车容许载重量后,方可编入列车继续运行。

(5)车站将严重超偏载货车的超偏载检测单和轨道衡复磅单,一并随运输票据寄送到

站,到站应按规定处理,并按月将有关超偏载统计资料寄送主管局集团公司和责任局集团公司。

任务实施

请回顾【任务引入】中的任务 3-2,进行分析并完成任务。

实施要点:

(1)请根据《铁路货运检查管理规则》进行分析。

(2)分析涉及的相关岗位人员及其工作内容。

(3)分析对车辆的处理、车辆信息采集及处理的方法。

任务自测

一、填空题

1.铁路货车超偏载检测装置是铁路货运_____的重要组成部分,是检测货车_____、_____、_____的主要装置之一。

2.N_{17AK}型平车的自重_____t、重心高度_____mm。

3.我国现有的长大货物车可分为_____、_____、_____、_____和钳夹车 5 种。

二、综合题

1.画出车辆示意图,并在图上标出车地板高度、钩舌内侧距离、转向架中心距、固定轴距、空车重心高度。

2.一辆 $N_{17K}5076486$ 平车,装运锅炉一件,途经某货运检查站,经超偏载检测装载检测该车总重为 88.7t,请判断:(1)该车是否超载? (2)根据确定的结果,对该车按规定进行处理。

3.严重超偏载货车换装整理作业流程是什么?

任务三　确定货物重心合理位置

任务引入

【任务 3-3】 一件均重(重心在货物的几何中心)货物重40t,长16m,宽2m,高1.8m,拟用 N_{17AK} 型普通平车装运,横垫木高度为 200mm,试确定经济合理的装载方案。

【任务 3-4】 用 N_{17T} 型平车一辆装载四件货物,计划装载方法为:$Q_1 = 8t, a_1 = 4000mm$,$Q_2 = 16t, a_2 = 200mm, Q_3 = 12t, a_3 = -2000mm, Q_4 = 10t, a_4 = -3500mm$,试确定此装载方法是否符合货物重心纵向位置的技术条件。

【任务 3-5】 用标重 60t 的平车装载货物一件,$Q_主 = 40, b_主 = 200mm$,在车辆纵中心线的另一侧装载配重货物一件,$Q_配 = 10t$。试问当配重货物重心偏离纵中心线多远时,才能使总重心:(1)位于车辆纵纵中心线上;(2)距车辆纵中心为100mm;(3)大于0 且小于100mm?

【任务 3-6】 机床一件重 40t,货物本身重心高为 1600mm,计划使用自重 20.8t 的 N_{17AK} 型平车一辆直接装载。要求:

(1)计算重车重心高。

(2)确定运行条件。

货物的重心水平位置对装运阔大货物来说极为重要，它是确定货车装载是否合理，计算货车运行时作用在货物上的各种力，验算加固材料强度以及确定重车运行时有无限速要求的根据之一。因此，必须正确确定货物的重心位置。

一、货物重心在车辆纵向的合理位置

货物装车时，一般情况下应使货物重心或总重心（一车装载多件货物）在车地板上的投影落在车地板横中心线上。这样装载车辆两转向架负担的货物重量相等，同一轮对的两个车轮压相同，重车的运行稳定性最好。但是在实际工作中，遇到一些特殊情况，往往要求货物重心或总重心偏离车辆横中心线。例如，超长均重货物，为了节省一辆游车，采用一端突出车端的装载方案时，要求货物重心偏离横中心线；非均重货物，如果将重心落到车辆中央，一端突出端梁，需要加挂一辆游车，而另一端车地板长度尚有空余，为了节省游车，采用不突出车端的装载方案时；一车装载两件或多件货物时，各件货物的重量和外形尺寸互不相同时，很难使货物的总重心恰好落在车辆中央。

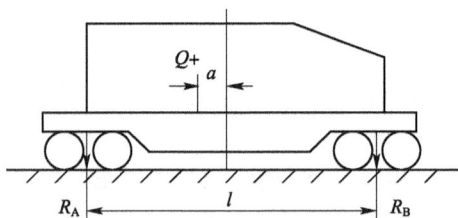

图 3-9　货物重心纵向水平位移示意图

当货物重心或总重心偏离车辆横中心线时，偏离横中心线的距离应保证车辆每个转向架承受的货物重量不超过货车容许载重量的 $1/2$，且两转向架负重之差不大于 10t。

设货车容许载重量为 $P_容$ (t)，车辆两个转向架承受货物重量分别为 R_A、R_B，且 $R_A > R_B$，如图 3-9 所示。上述条件可用数学公式表述为：

$$R_A \leqslant \frac{P_容}{2} \qquad (t) \tag{3-1}$$

$$R_A - R_B \leqslant 10 \qquad (t) \tag{3-2}$$

下面分一车装载一件货物和一车装载多件货物两种情况，来确定货物重心或总重心在车辆上纵向的合理位置。

（一）一车装载一件货物的情况

根据货物的计划装载方案，可以测量有关数据。如图 3-9 所示。设货物重量为 Q(t)，车辆的转向架中心距（销距）为 l，重心纵向偏移量为 a。以 R_B 为支点，由力矩平衡原理 $\sum M_B = 0$ 得：

$$R_A l - Q(a + 0.5l) = 0$$

$$R_A = Q\left(\frac{a}{l} + 0.5\right) \tag{3-3}$$

同理

$$R_B = Q\left(0.5 - \frac{a}{l}\right) \tag{3-4}$$

将式（3-3）代入式（3-1）得 $Q\left(0.5 + \dfrac{a}{l}\right) \leqslant \dfrac{P_容}{2}$，则

$$a \leqslant \left(\frac{P_容}{2Q} - 0.5\right)l \tag{3-5}$$

将式(3-3)、式(3-4)代入式(3-2),得 $Q(0.5 + a/l) - Q(0.5 - a/l) \leq 10$,则

$$a \leqslant \frac{5}{Q} l \tag{3-6}$$

为了同时符合货物重心纵向偏移的两个条件,应采取式(3-5)、式(3-6)中的较小的 a 值。经比较两式可知:

当 $P_容 - Q < 10t$ 时,由式(3-5)中计算出的 a 值较小;

当 $P_容 - Q > 10t$ 时,由式(3-6)中计算出的 a 值较小;

当 $P_容 - Q = 10t$ 时,两式计算出的 a 值相等。

综上所述归纳如下:设货物重心纵向最大容许偏移量为 $a_容$,则

当 $P_容 - Q < 10t$ 时:

$$a_容 = \left(\frac{P_容}{2Q} - 0.5 \right) l \qquad （\text{mm}） \tag{3-7}$$

当 $P_容 - Q \geqslant 10t$ 时:

$$a_容 = \frac{5}{Q} l \qquad （\text{mm}） \tag{3-8}$$

在实际工作中,使用货车的标重代替其容许载重量来计算 $a_容$,根据计划装载方案,确定需要的纵向偏移量 a 和 $a_容$ 比较,如果 $a \leqslant a_容$,则货物重心在车辆上的纵向位置符合货物装载的基本技术条件。

（二）一车装载多件货物的情况

一车装载多件货物(见图3-10),可根据拟定的装载方法先求出多件货物的总重心离横中线的距离;然后按一车装载一件货物的方法判断装载是否符合技术条件。不符合时,调整货物装载方案,重复上述过程,直到符合为止。因此,一车装载多件货物需要解决两个问题:一是确定多件货物的总重心距车辆横中心线距离;二是确定货物总重心纵向最大容许偏移量。

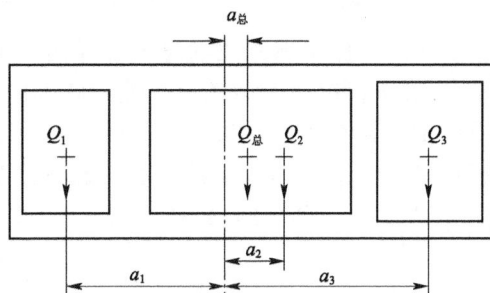

图3-10 多件货物重心纵向水平位移示意图

以货车横中心线为轴,根据力矩平衡原理可得:

$$a_总 (Q_1 + Q_2 + \cdots + Q_n) = \pm a_1 Q_1 \pm a_2 Q_2 \pm \cdots \pm a_n Q_n$$

$$a_总 = \frac{\pm a_1 Q_1 \pm a_2 Q_2 \pm \cdots \pm a_n Q_n}{Q_1 + Q_2 + \cdots + Q_n} \qquad （\text{mm}） \tag{3-9}$$

式中:Q_1、Q_2、$\cdots$、Q_n——每件货物的重量,t;

a_1、a_2、$\cdots$、a_n——每件货物重心距车辆横中心线的距离,以货车横中心线为准,一侧取正号,则另一侧取负号,mm;

$a_总$——多件货物总重心距车辆横中心线的距离,mm。

多件货物总重量纵向最大容许偏移量,仍按一车装载一件货物的方法使用式(3-7)和式(3-8)计算,此时,$Q = Q_1 + Q_2 + \cdots + Q_n$。

二、货物重心在车辆横向的合理位置

货物的重心或总重心的投影应位于车辆的纵中心线上,这时,同一转向架两侧轮压相同,两侧弹簧负荷均匀,有利于车辆的平稳运行。但有一些不规则的货物,其重心所在的纵向垂直平面两侧的宽度不等,当将其重心落在车辆纵中心线上时,可能超限,甚至受限界的限制无法运输。为了避免超限或降低超限程度,可以采用货物重心偏离纵中心线的装载方案。

货物重心偏离纵中心线,将使车辆一侧弹簧负荷较大,如果偏移量过大,有可能造成车辆或线路的损毁;同时,亦可能使车辆一侧的旁承游间压死,影响车辆顺利通过曲线。实践证明,货物重心偏离车辆纵中心线距离不超过 100mm 时,不会影响重车运行安全。当一辆货车只装载一件货物时,货物重心的横向位置直接确定即可。下面我们讨论一车装载多件货物的情况。

(一)一车装载多件货物总重心横向位置

设 Q_1、Q_2、$\cdots$、Q_n 是每件货物的重量,以货车纵中心线为轴,b_1、b_2、$\cdots$、b_n 为每件货物重心偏离车辆纵中心线的距离,$b_总$ 为货物总重心偏离车辆纵中心线的距离。根据力矩平衡原理有

$$b_总 = \frac{\pm b_1 Q_1 \pm b_2 Q_2 \pm \cdots \pm b_n Q_n}{Q_1 + Q_2 + \cdots + Q_n} \quad (\text{mm}) \tag{3-10}$$

式中的正、负号以车辆纵中心线为准,一侧取正号,另一侧则取负号。

(二)配重物重量($Q_配$)和配重物重心偏移量($b_配$)的确定

实际工作中遇到货物总重心偏离车辆纵中心线的距离超过 100mm 时,必须采取配重措施,即在车辆纵中心线的另一侧配装其他货物,使配装后货物的总重心落在车辆纵中心线上或使偏移量不超过 100mm。如图 3-11 所示,设原装货物重量为 $Q_主$,重心横向偏移量为 $b_主$,配重货物重量为 $Q_配$,配重物重心偏移量 $b_配$,配重后货物总重为 $Q_总$,货物总重心偏离车辆纵中心线为 $b_总$,则式(3-10)转换为:

$$b_总 = \frac{Q_主 b_主 - Q_配 b_配}{Q_主 + Q_配}$$

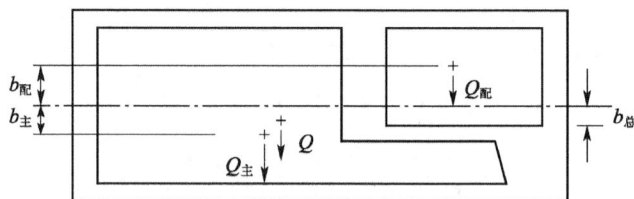

图 3-11　货物重心横向水平位移示意图

根据技术条件,$Q_配$、$b_配$ 必须满足 $|b_总| \leqslant 100\text{mm}$;同时满足 $Q_配 \leqslant P_标 - Q_主$,$b_配 \leqslant B_车/2$ ($B_车$ 为车地板宽度)。

$$b_配 = \frac{Q_主 b_主 - b_总(Q_主 + Q_配)}{Q_配} \tag{3-11}$$

$$Q_配 = \frac{Q_主(b_主 - b_总)}{b_总 + b_配} \quad (t) \tag{3-12}$$

三、重车重心高度的确定

重车重心高是铁路货物运输的一项基本技术指标,它是影响重车运行稳定性和运行安全的主要因素之一。重车重心高越高,运行稳定性越差。为了保证重车运行安全,我国铁路规定,重车重心高一般不得超过 2000mm;超过此限,有条件时,应配装重心较低的货物降低重车重心高。否则,应按规定限速运行。

(一)重车重心高的计算

1. 一车装载一件货物时

一辆货车装载一件货物,如图 3-12 所示。设重车重心高为 H,重车总重为 $Q_总$($Q_总 = Q_车 + Q_货$),根据势能相等的原理有:

$$H = \frac{Q_车 h_车 + Q_货 h_货}{Q_车 + Q_货} \quad (mm) \quad (3\text{-}13)$$

式中:H——重车重心高,mm;

    $Q_车$——车辆自重,t;

    $h_车$——车辆重心自轨面起算的高度,mm;

    $Q_货$——货物重量,t;

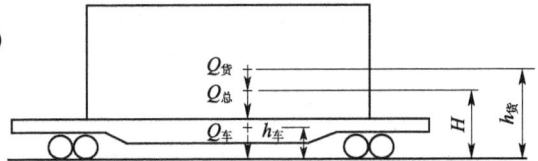

图 3-12 单件货物重车重心高计算示意图

    $h_货$——装车后货物重心自轨面起算的高度,mm;$h_货$ = 车地板高 + 垫木高 + 货物重心高。

2. 一车装载多件货物时

若一车装载多件货物,如图 3-13 所示,重车重心高 H 可按下式计算:

$$H = \frac{Q_车 h_车 + Q_1 h_1 + Q_2 h_2 + \cdots + Q_n h_n}{Q_车 + Q_1 + Q_2 + \cdots + Q_n} \quad (mm) \quad (3\text{-}14)$$

式中:$Q_1 、 Q_2 、 \cdots 、 Q_n$——每件货物的重量,t;

    $h_1 、 h_2 、 \cdots 、 h_n$——装车后每件货物重心自轨面起算的高度,mm。

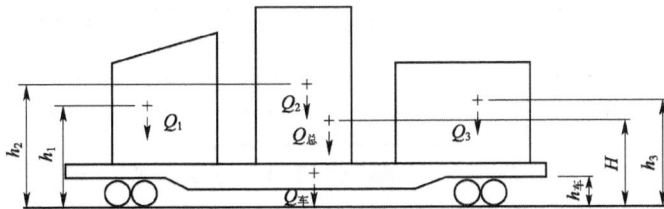

图 3-13 多件货物重车重心高计算示意图

3. 跨装运输货物重车重心高度计算

根据势能相等的原理,货物跨装运输时重车重心高按下式计算:

$$H = \frac{Q_{车1} h_{车1} + Q_{车2} h_{车2} + Q_货 h_货}{Q_{车1} + Q_{车2} + Q_货} \quad (mm) \quad (3\text{-}15)$$

式中:$Q_{车1} 、 Q_{车2}$——两负重车车辆自重,t;

    $h_{车1} 、 h_{车2}$——两负重车车辆重心自轨面起算的高度,mm。

(二)重车重心高超过 2000mm 时应采取的措施

1. 降低重车重心高

(1)选用能降低重车重心高的货车

由重车重心高的计算公式可以看出,选用车辆重心高度和车地板高度较低而自重较大的车辆装载货物,有利于降低重车重心高。

(2)采用配重措施降低重车重心高

重车重心高超过了 2000mm 时,可以通过配装重心较低的货物降低重车重心高。

配重的条件是:一是车辆的载重能力尚有富余;二是车地板上有可供配重的装载位置,且符合装载技术条件的要求。

配重后的重车重心高 H',用公式表示为:

$$H' = \frac{Q_车 h_车 + Q_货 h_货 + Q_配 h_配}{Q_车 + Q_货 + Q_配} \tag{3-16}$$

根据式(3-13),推出

$$H' = \frac{H(Q_车 + Q_货) + Q_配 h_配}{Q_车 + Q_货 + Q_配} = \frac{HQ_总 + Q_配 h_配}{Q_总 + Q_配}$$

当式中 $H' \leqslant 2000$mm 时,整理得

$$Q_配 \geqslant \frac{Q_总(H - 2000)}{2000 - h_配} \quad (t) \tag{3-17}$$

$$h_配 \leqslant 2000 - \frac{Q_总(H - 2000)}{Q_配} \quad (mm) \tag{3-18}$$

式中:$Q_配$——配重物重量,t,$Q_配 \leqslant P_标 - Q_货$;

$h_配$——配重物装车后重心自轨面起的高度,mm;

H——未配重前重车重心高,t;

$Q_总$——未配重前重车总重(即 $Q_总 = Q_货 + Q_车$),t。

当 $Q_配$、$h_配$ 满足上式时,配重后的重车重心高就会小于或等于 2000mm。

2.限速运行

当重车重心高超过 2000mm,而无法将其降至 2000mm 以下时,应按表 3-6 规定限速运行。

重车重心高超过 2000mm 时运行限速表 表 3-6

重车重心高(mm)	区间限速(km/h)	通过侧向道岔限速(km/h)
2001 < H ≤ 2400	50	15
2401 < H ≤ 2800	40	15
2801 < H ≤ 3000	30	15

货物装载加固的基本技术条件是货物装载加固的基础。熟悉车辆的主要技术参数,正确地选择车辆,确定合理的装载方案,对于保证重车运行安全、货物完整、避免车辆损伤至关重要,应熟练掌握。

任务实施

根据任务三中"任务(知识)储备"所学知识,分析"任务引入"中任务 3-3 ~ 任务 3-6,完成任务。

实施要点:

(1)根据车辆参数和货物外形尺寸进行方案制定。

(2)方案是否经济需要与其他方案相比较,以使用车数最少为最经济。

(3)方案是否合理需要分别判断货物重心横、纵向偏移量是否符合规定。

(4)重车重心高度不得超过 2000mm,超过时可以选择换车或配重的方法使其降低到 2000mm 或以下,否则应采取限速运行的措施。

【任务3-3】 一件均重(重心在货物的几何中心)货物重40t,长16m,宽2m,高1.8m,拟定 N_{17AK} 型普通平车装运,横垫木高度为200mm,试确定经济合理的装载方案。

实施任务:

查货车参数表可知, N_{17AK} 型平车的标重 $P_标 = 60t$,转向架中心距 $l = 9000mm$ 。

方案1:设使货物重心落到车辆中央,货物两端各突出车端1500mm,两端都需要使用游车,共需使用三辆货车。

方案2:设使货物重心在车地板上的位置按最大容许偏离距离装载。

由于 $$P_容 - Q = 60 - 40 = 20 > 10t$$

则 $$a_容 = \frac{5}{Q}l = \frac{5}{40} \times 9000 = 1125mm$$

当货物重心偏离车辆中心线1125mm时,货物突出车辆两端的长度分别为375mm和2625mm,均大于300mm,仍需使用两辆游车,共需使用三辆货车,如图3-14所示。

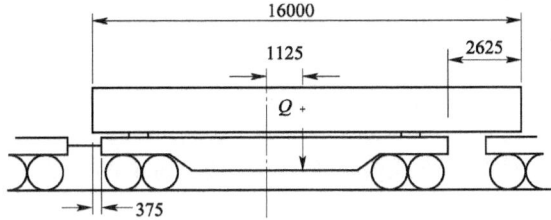

图3-14 货物装载方案(尺寸单位:mm)

比较两方案,因两方案使用车数相同,且方案1货物重心纵向不位移,稳定性较好,所以采用方案1。

【任务3-4】 用 N_{17T} 型平车一辆装载四件货物,计划装载方法为: $Q_1 = 8t$, $a_1 = 4000mm$, $Q_2 = 16t$, $a_2 = 200mm$, $Q_3 = 12t$, $a_3 = 2000mm$, $Q_4 = 10t$, $a_4 = -3500mm$,试确定此装载方法是否符合货物重心纵向位置的技术条件。

实施任务:

查货车参数表可知, N_{17T} 型平车的标重 $P_标 = 60t$,车地板长 $L_车 = 13000mm$,转向架中心距 $l = 9000mm$ 。

$$Q = Q_1 + Q_2 + \cdots + Q_n = 8 + 16 + 12 + 10 = 46t$$

因为 $$P_容 - Q = 60 - 46 = 14 > 10t$$

所以 $$a_容 = \frac{5}{Q}l = \frac{5 \times 9000}{46} = 978mm$$

根据公式 $a_总 = \dfrac{\pm a_1 Q_1 \pm a_2 Q_2 \pm \cdots \pm a_n Q_n}{Q_1 + Q_2 + \cdots + Q_n} = \dfrac{8 \times 4000 + 16 \times 200 - 12 \times 2000 - 10 \times 3500}{46}$

$$= -517mm$$

由上可知 $|a_总| = 517mm$, $a_容 = 978mm$, $|a_总| < a_容$,所以该装载方法符合货物重心纵向位移的技术条件。

【任务3-5】 用标重60t的平车装载货物一件, $Q_主 = 40$, $b_主 = 200mm$,在车辆纵中心线的另一侧装载配重货物一件, $Q_配 = 10t$ 。试问当配重货物重心偏离纵中心线多远时,才能使总重心:(1)位于车辆纵中心线上;(2)距车辆纵中心为100mm;(3)大于0且小于100mm?

实施任务:

(1)总重心位于车辆纵中心线上,即 $b_总 = 0mm$ 。

$$b_{总} = \frac{Q_{主} b_{主} - Q_{配} b_{配}}{Q_{主} + Q_{配}}$$

即

$$0 = \frac{40 \times 200 - 10 \times b_{配}}{40 + 10}$$

则

$$b_{配} = \frac{40 \times 200}{10} = 800\text{mm}$$

(2)总重心距车辆纵中心线100mm,即 $b_{总} = 100$mm

$$b_{配} = \frac{Q_{主} b_{主} - b_{总}(Q_{主} + Q_{配})}{Q_{配}} = \frac{40 \times 200 - 100 \times (40 + 10)}{10} = 300\text{mm}$$

(3)总重心距车辆纵中心线大于0且小于100mm,即 $0 < b_{总} < 100$mm,则得300mm < $b_{配}$ < 800mm。

【任务3-6】 机床一件重40t,货物本身重心高为1600mm,计划使用自重20.8t的 N_{17AK} 型平车一辆直接装载。要求:

(1)计算重车重心高。

(2)确定运行条件。

实施任务:

查参数表可知, N_{17AK} 型平车车地板高 $h_{车地板} = 1211$mm,货车自重 $Q_{车} = 20.8$t。

(1)重车重心高

$$H = \frac{Q_{车} h_{车} + Q_1 h_1 + Q_2 h_2 + \cdots + Q_n h_n}{Q_{车} + Q_1 + Q_2 + \cdots + Q_n} = \frac{20.8 \times 723 + 40 \times (1600 + 1211)}{20.8 + 40} = 2097\text{mm}$$

(2)确定运行条件

因为 $H > 2000$mm 所以应限速运行。因为 $2000\text{mm} < H = 2097 < 2400\text{mm}$,所以区间限速50km/h;通过测向道岔限速15km/h。

任务自测

一、填空题

1.货物装车后,其装载量大于货车容许载重量_____为一般超载。

2.货物装载加固计算中,一般以 l 表示_____。

3.重车重心高度为2720毫米时,区间限速_____km/h。

二、判断题

1.重车重心高越高,重车运行稳定性越差。 ( )

2.货物重心偏离车辆纵中心线距离不超过150mm时,不会影响重车运行安全。 ( )

3.货物装车后,货物重心的投影应位于车地板的纵、横中心线的交叉点上。 ( )

三、选择题

1.当重车重心高为2456mm时,区间限速应为( )km/h

A.25　　　　　B.30　　　　　C.40　　　　　D.50

2.超长货物装载共用游车时,两货物突出端间距不小于( )。

A.250　　　　　B.300　　　　　C.350　　　　　D.500

四、综合题

1.一件货物重量为48t,当使用 N_{17T} 或 N_{17AK} 型两种60t平车装载时,货物重心纵向最大容许偏移量各是多少?

2. 一件货物重量为 45t,长 12m,宽 2.5m,高 1.5m,重心距一端为 7m,使用 N₁₇T 型 60t 平车一辆装载。试确定经济合理的装载方案。

3. 三件货物使用一辆 60tN₁₇T 型平车装运,其装载有关数据如下:

$Q_1 = 20t$,　　$a_1 = 850mm$,　　$b_1 = -120mm$,　　$h_1 = 1400mm$;

$Q_2 = 15t$,　　$a_2 = -4000mm$,　　$b_2 = 100mm$,　　$h_2 = 1800mm$;

$Q_3 = 10t$,　　$a_3 = 4000mm$,　　$b_3 = 160mm$,　　$h_3 = 1100mm$。

要求:

(1)确定货物总重心投影在车辆上的位置。

(2)检查货物总重心投影位置是否符合装载技术条件?

(3)计算重车重心高。

4. 一件货物重 30t,使用 N₁₇AK 平车一辆装载,装车后重车重心高 2.03m。为使重车重心高降至 2m 以内,选用一件重心高 0.7m 的配重货物。试求配重货物的重量范围。

5. 某站承运机械设备一件,重 50t、长 14m、宽 3.2m、高 2.85m,货物重心位于货物的几何中心,使用 N₁₇T 型平车一辆负重,下垫两根 150mm 的横垫木。计算重车重心高,并确定条件。

6. 均重圆柱形货物一件,重 40t,长 15000mm,直径 3200mm,自带鞍座高 220mm,拟用 N₁₇T 型普通平车装运,试确定经济合理的装载方案。

任务四　组织超长货物运输

📚 任务引入

【任务3-7】　用 N₁₇T 型 60t 平车装均重大货一件,货重 40t,长 15000mm,使用 N₁₇AK 型 60t 平车做游车。货物一端与车端平齐装载。试计算垫木最低高度。

【任务3-8】　货物长 24.6m,宽 2.8m,高 2.4m,件重 81t。使用 NX₁₇AK 型平车装载。转向架位于货车横中心线上,求转向架最小高度。

🔧 任务(知识)储备

超长货物属于特殊条件运输的货物。超长货物长度长,需要使用一辆以上货车装运,其装载加固方案应符合超长货物装载的技术条件。

一、超长货物的定义

1.超长货物

超长货物系指一车负重,突出车端,需要使用游车或跨装运输的货物。

2.判定超长货物的方法

当货物半宽小于或等于车地板半宽时货物突出车辆端部超过 300mm,或当货物半宽大于车地板半宽时货物突出车辆端部超过 200mm,该货物即为超长货物。

超长货物常见有以下几种情况:

(1)一车负重需要使用游车的货物。

(2)需跨装运输的货物。

(3)货物全长小于或等于车地板长,但因重心纵向位移需要使用游车的货物。

二、超长货物的装载方法

根据超长货物定义可以看出,超长货物可以按下列方法装载。

1. 一车负重超长货物的装载方法

(1)一车负重,一端突出使用游车,如图 3-15a)所示。

(2)一车负重,两端突出使用游车,如图 3-15b)所示。

(3)一车负重,一端突出共用游车,图 3-15c)所示。

2. 跨装超长货物的装载方法

(1)二车跨装,如图 3-15d)所示。

(2)二车负重,中间使用游车,如图 3-15e)所示。

(3)二车负重,中间、两端均使用游车。

a)

b)

c)

d)

e)

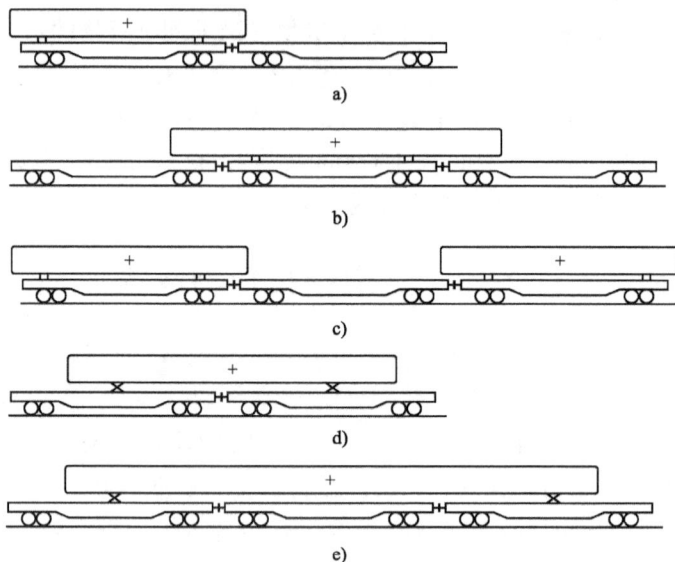

图 3-15　超长货物的装载方法

由于车辆长度不同,相同长度货物,是否超长应视其装载方法而定。如货长为 13.7m 时,N_{17AK} 型平车车地板长 13m,NX_{17BK} 型平车车地板长 15.4m,用 N_{17AK} 型平车均衡突出装载就是超长货物,用 NX_{17BK} 型平车装载就不是超长货物。由此可见,超长货物不是绝对的,而是相对于车辆而言的。

超长货物由于其长度超出车辆端梁,所以应根据装载的技术条件来确定一车负重或跨装的装载方案。

三、一车负重超长货物装载的技术条件

(1)均重货物使用 60t、61t 平车两端均衡突出时,其装载量不得超过表 3-7。

60t、61t 平车两端均衡突出装载量　　　　　　　　　　　　　　表 3-7

突出车端长度	$L < 1500$	$1500 \leq L < 2000$	$2000 \leq L < 2500$	$2500 \leq L < 3000$	$3000 \leq L < 3500$	$3500 \leq L < 4000$	$4000 \leq L < 4500$	$4500 \leq L < 5000$
容许载重量(t)	58	57	56	56	55	54	53	52

(2)均重或非均重货物一端突出端梁装载时,重心最大容许纵向偏移量应根据计算确定。

128

当 $P_容 - Q < 10t$ 时：

$$a_容 = \left(\frac{P_容}{2Q} - 0.5\right)l \qquad （mm）$$

当 $P_容 - Q \geqslant 10t$ 时：

$$a_容 = \frac{5}{Q}l \qquad （mm）$$

（3）所用横垫木或支架高度应计算确定。为使装有超长货物的连挂车组通过线路纵向变坡点时,货物突出部分的底部与游车底板相接触,以保证行车和货物安全,垫木高度应通过计算得出最低高度(见图 3-16)。

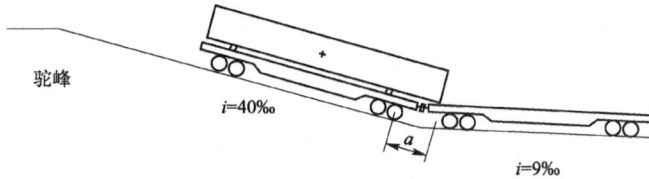

图 3-16 横垫木或支架高度计算

$$H_垫 = 0.031a + h_{车差} + f + 80 \qquad （mm） \tag{3-19}$$

式中：a——货物突出端至负重车最近轮轴轴心所在垂直面的距离,mm;

$h_{车差}$——游车地板高度与负重车地板高度差,游车地板比负重车地板高时,$h_{车差}$ 为正值, 反之为负值,mm;

f——货物突出端的挠度(货物为刚性货物时,可忽略不计),mm;

0.031——按通过驼峰的要求,货物底部与游车地板的接触点所形成的夹角的正切值;

80——负重车地板空重高度差(30mm)与安全距离之和(50mm)。

若货物突出车端部分底部低于其支重面时,垫木高度还应加该突出部分低于货物支重的尺寸;如果货物突出车端部分底部,高于货物支重面时,垫木高度应减去突出车端部分高于货物支重面的尺寸。

对于某种车型来说,其车端至最近轮轴轴心所在垂直平面间的距离(l_3)是固定的,即可以用公式表示为 $l_3 = (L_车 - l_销 - L_轴)/2$ (式中,$L_车$ 为货车车地板长,$l_销$ 为货车转向架中心销距,$L_轴$ 为货车固定轴距),货物突出负重车端梁较长一端的长度用 $y_端$ 表示,则 $a = l_3 + y_端$,其中 $y_端$ 根据具体货物测量即可。

（4）共用游车时,两货物突出端间距不小于500mm,如图 3-17 所示。

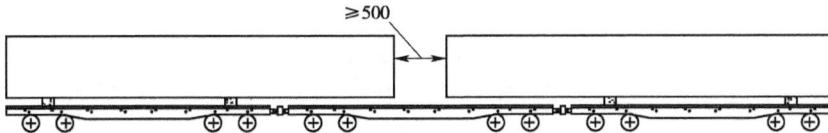

图 3-17 共有游车货物间距(尺寸单位:mm)

（5）游车上装载的货物,与货物突出端间距不小于350mm,货物突出部分的两侧不得装载货物,如图 3-18 所示。

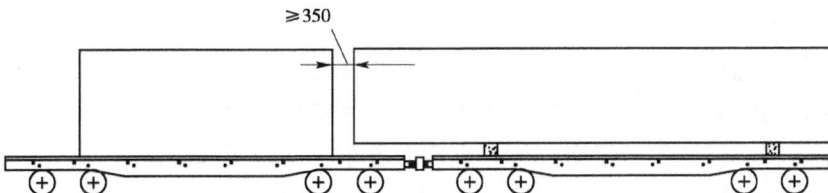

图 3-18 游车加装货物间距(尺寸单位:mm)

四、跨装超长货物装载的技术条件

跨装系指货物的长度超过一车负重的容许装载长度,其重量由两辆平车承载。跨装货物装载应遵守下列规定:

(1)只准两车负重。负重车车地板高度应相等,如高度不等时,需要垫平。对未达到容许载重量的货车,可以加装货物,但不得加装在货物的两侧,与跨装货物端部间距不小于400mm。

(2)在两辆负重车的中间只准加挂一辆游车。

(3)货物转向架支重面长度应遵守不集重的规定。货物转向架下架体的重心投影应位于货车纵、横中心线的交叉点上,必须纵向偏离时,应符合货物重心偏离货车横中心线的最大容许距离 $a_{容}$ 的规定。

(4)货物转向架的上架体与跨装货物,下架体与车辆分别加固在一起。对货物及货物转向架的加固不得影响车辆通过曲线,并将提钩杆用镀锌铁线捆紧。

(5)中间加挂游车的跨装车组通过9号及以下道岔时不得推送调车。遇设备条件不容许或尽头线时,可以不超过5km/h的速度匀速推进。

(6)跨装车组禁止溜放。

(7)跨装车组应使用车钩缓冲停止器,安装应在车钩自然状态下进行。

五、货物转向架高度 $H_{转}$ 的确定

$$H_{转} = a \cdot \tan\gamma + h_{车差} + f + 80 \qquad (\text{mm}) \qquad (3\text{-}20)$$

1. 两车负重,两端或一端加挂游车时

$$a = y_{端} + l_3$$

$$\tan\gamma = 0.031$$

式中:$y_{端}$——货物突出负重车端梁较长一端的长度,mm;

l_3——负重车车端至其最近轮轴轴心所在垂直平面间的距离,mm。

2. 两车负重,中间无游车时(如图3-19所示)

当 $y_{销} \leqslant 1.29 l_2$ 时,

$$a = l_2$$

$$\tan\gamma = \frac{0.04(l_1 + l_3)}{L_支}$$

当 $y_{销} > 1.29 l_2$ 时,

$$a = y_{销}$$

$$\tan\gamma = \frac{0.031(l_1 + l_3)}{L_支}$$

式中:$y_{销}$——货物超出货物转向架中心销外方的长度,mm;

l_1——货物转向架中心销至另一辆负重车相邻车端的距离,mm;

l_2——货物转向架中心销至其所在车辆内方车端的距离,mm;

$L_支$——跨装支距,mm。

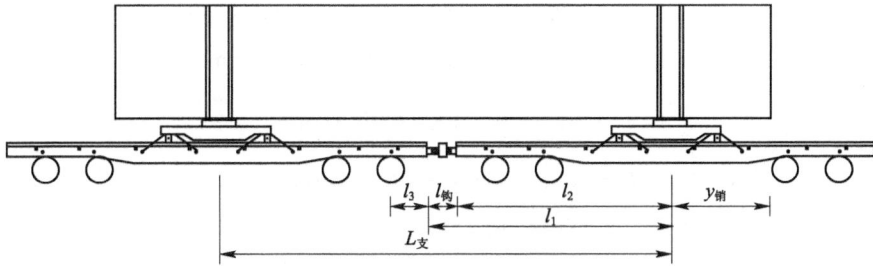

图 3-19　跨装货物转向架高度计算

3. 两车负重，中间有游车时

两车负重，中间有游车时，取两者较大计算：

$$a \cdot \tan\gamma = \left[0.04 - \frac{0.04(l_1 + l_3) - 0.015(L_支 - l_台 - l_1 - l_3)}{L_支}\right]l_1 + 0.04l_3 \quad (3\text{-}21)$$

$$a \cdot \tan\gamma = \frac{0.031(L_支 - l_2 + l_3)y_销}{L_支} \quad (3\text{-}22)$$

式中：$l_台$——驼峰平台长度（两竖曲线切点之间的距离），可按 10000mm 计算。

任务实施

根据任务四中"任务（知识）储备"所学知识，分析"任务引入"中任务 3-7、任务 3-8，完成任务。

实施要点：

（1）根据给定的装载方案计算货物突出车端长度。

（2）根据公式计算车端距最近轮轴轴心的距离。

（3）带入公式计算垫木高度。

【任务 3-7】　用 N_{17T} 型 60t 平车装均重大货一件，货重 40t，长 15000mm，使用 N_{17AK} 型 60t 平车做游车。货物一端与车端平齐装载。试计算垫木最低高度。

实施要点：

查货车参数表可知，N_{17T} 型平车车地板高 $h_{车地板} = 1209$mm。车地板长 $L_车 = 13000$mm，转向架中心距 $l = 9000$mm，固定轴距 $L_轴 = 1750$mm。N_{17AK} 型平车车地板高 $h_{车地板} = 1211$mm，且已知货物长度 $L_货 = 15000$mm。

（1）计算 a

$$a = l_3 + y_端 = \frac{L_车 - l_销 - L_轴}{2} + y_端 = \frac{13000 - 9000 - 1750}{2} + (15000 - 13000) = 3125\text{mm}$$

（2）计算 $H_垫$

$$H_垫 = 0.031a + h_{车差} + f + 80 = 0.031 \times 3125 + (1209 - 1211) + 0 + 80 = 177\text{mm}$$

所以，垫木最低高度为 177mm。

【任务 3-8】　货物长 24.6m，宽 2.8m，高 2.4m，件重 81t。使用 NX_{17} 装载。转向架位于货车横中心线上，（如图 3-19 所示）求转向架最小高度。

实施要点：

NX_{17B} 参数：$L_支 = 16338$mm，$L_车 = 15400$mm，$l_销 = 10920$mm，$L_轴 = 1750$mm，两车负重，中间无游车时（见图 3-19）：

已知：$L_支 = 16338$mm，货物纵向位移 $a_转 = 0$mm，$H_{车差} = 0$，$f = 0$

$$y_{销} = (24600 - 16338)/2 = 4131 \text{mm}$$

$$l_{钩} = L_{支} - L_{车} = 16338 - 15400 = 938 \text{mm}$$

$$l_2 = \frac{L_{车}}{2} = 15400/2 = 7700 \text{mm}$$

$$l_1 = l_{钩} + l_2 = 938 + 7700 = 8638 \text{mm}$$

$$l_3 = \frac{L_{车} - l_{销} - L_{销}}{2} = \frac{15400 - 10920 - 1750}{2} = 1365 \text{mm}$$

当 $y_{销} \leqslant 1.29 l_2$ 时，

$$a \cdot \tan\gamma = l_2 \frac{0.04 \times (l_1 + l_3)}{L_{支}}$$

$$H_{转} = a \cdot \tan\gamma + H_{车差} + f + 80$$

$$= l_2 \frac{0.04 \times (l_1 + l_3)}{L_{支}} + 0 + 0 + 80$$

$$= 7700 \times \frac{0.04 \times (8638 + 1365)}{16338} + 80$$

$$= 269 \text{mm}$$

该货物两车负重中间无游车时，转向架最小高度为 269mm。

任务自测

一、填空题

1. 超长货物的装运方法有_____、_____。

2. 中间加挂游车的跨装车组通过_____道岔时，不得推送调车，以防脱轨。遇设备条件不允许或尽头线时，可以_____的速度，匀速推进。

3. 一件均重货物宽 2m，高 2.5m，使用 N_{17T} 型平车均衡装载，当货物的长度超过_____m 时，为超长货物。

二、判断题

1. 需跨装运输的货物属于超长货物。　　　　　　　　　　　　　　　　　（　　）

3. 长度相同的货物，由于选择装载的车辆长度不同，是否超长应视其装载方法而定。（　　）

三、简答题

1. 什么是合理装载？结合铁路货物装载的技术条件，说一说如何做到合理装载？

2. 请你画图确定出计算超长货物横垫木高度 $H_{垫}$ 时 a 值的计算公式。

3. 是否可以用"货物宽度小于或等于车地板宽度时，货物突出车辆端部 300mm"来判定超长货物？为什么？

四、综合题

1. 均重货物一件，重 52t，长 15000mm，宽 2900mm。使用 N_{17T} 型平车一端突出装载，问该货物装载是否符合技术要求？若不符合则如何装载？试确定装载方案。并根据确定的方案计算垫木最小高度。

2. 均重货物一件，重 58t，长 15000mm，宽 2900mm。使用 N_{17AK} 型平车两端均衡突出装载。问该货物装载是否符合技术要求？试计算垫木最小高度。

3. 某站装运如图 3-20 所示超长货物，票据内仅注明："超长货物""不得分摘"字样。途经某编组站，发现此车装载有诸多违反装载技术要求和未按要求办理的地方须进行换装处理。请依照此装载图中各种尺寸及货车技术参数,依章检查确定该车装载违反了哪些技术条件和办理要求(已知该货物规则均质,高2.5m,宽3m,使用N$_{17AK}$型平车装载)

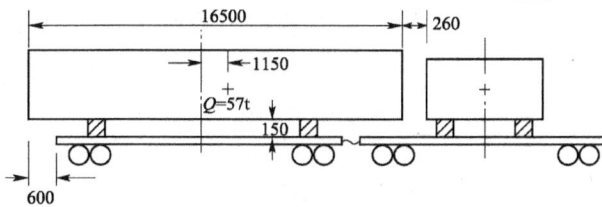

图3-20 装载示意图(尺寸单位:mm)

任务五　免于货物集重装载

任务引入

【任务3-9】　使用N$_{17T}$型平车装载货物一件,货物重量32t,支重面长2000mm。判断该货物是否集重货物?

【任务3-10】　一件货物重50t,货物支重面长度为3400mm,使用N$_{17T}$型平车应如何装载?

【任务3-11】　一件货物重50t,货物支重面长度为2400mm,使用N$_{17T}$型平车应如何装载?

【任务3-12】　一件货物支重面长度为3000mm,支重面宽2000mm和2600mm时,使用C$_{62AT}$型敞车容许装载量为多少?

任务(知识)储备

一、集重货物的概念

货物重量(Q)大于所装货车负重面长度(K)的最大容许载重量时,称为集重货物。

货车负重面长度(K)是指承担货物重量的货车地板长度,如图3-21所示。

货物支重面长度($L_支$)是指支持货物重量的货物底面的长度,如图3-21所示。

集重货物的特点是重量较大,支重面长度较小,因而货物装车后,重量将较为集中地落在车地板上;如果货物的重量超过所装车辆车地板一定长度内最大载荷的能力,也就是作用于车底架的工作弯曲力矩M超过其最大容许弯曲力矩[M]时,会使车底架受到损伤,甚至断裂。

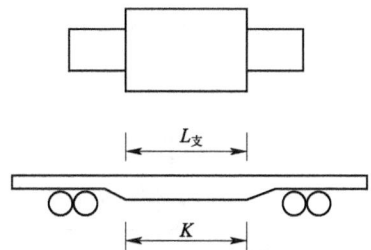

图3-21 支重面长与负重面长

货车底架的最大容许弯曲力矩是根据各类货车底架中、侧梁的材质及结构强度确定;对于不同类型的货车,其最大容许弯曲力矩也各不相同。而货物重量作用于货车上的工作弯曲力矩的大小,则与货物支重面长度有密切关系,即同一重量的货物用同一车辆装载,货物的支重面长度越大,所产生的弯曲力矩越小;反之,货物的支重面长度越小则所产生的工作弯曲力矩越大。因此,在装载集重货物时,应选择合适的车辆,确定合理的装载方案,使货物装车后所产生的工作弯曲力矩不大于其最大容许弯曲力矩,即要满足$M \leqslant [M]$,以保证货物与车辆的安全。

二、平车避免集重装载的技术条件

(一)货物支重面最小长度(K)的确定

平车装载集重货物,其重量受平车底架最大容许弯矩的限制。因此,应根据平车构造的特点,在货物重量合理地分布给平车底架(货物重心位于平车地板纵、横中心交叉点)的条件下,确定一定重量的货物需要的货物支重面最小长度(K),以保证运输安全。

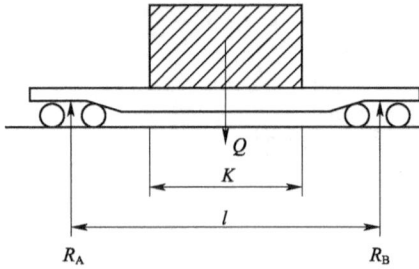

图 3-22 均布载荷

平车横中心线所在截面的弯曲力矩是平车的最大弯曲力矩。为了防止因货物集重装载而压弯或压断车底架,对于一定重量的集重货物,其支重面长度就必须有一定的要求;或对于具有一定支重面长度的集重货物,其重量就必须有一定的限制。关于集重货物支重面的最小长度和集重货物的重量限制,可根据下列弯曲力矩方程式来确定,如图 3-22 所示(这种装载方式称之为均布载荷)。

$$M_c = \frac{9.8Q}{2}\left(\frac{l}{2} - \frac{K}{4}\right)$$

则

$$K = 2l - \frac{4M_c}{4.9Q} \tag{3-23}$$

$$Q = \frac{8M_c}{9.8(2l - K)} \tag{3-24}$$

式中:K——货物支重面的最小长度,cm;

M_c——车底架中央断面最大容许弯矩,N·cm;

Q——货物重量(包括垫木重量),kg;

l——货车转向架中心距,cm;

9.8——1kg 换算为牛顿的系数。

对于一定重量的集重货物来说,货物的支重面最小长度实际上就是其所需要的货车负重面最小长度。根据式(3-23),则可得出表 3-8 ~ 表 3-10 第 1 列数。

平车局部地板面承受均布载荷或对称集中载荷时容许载重量表　　　　表 3-8

容许载重量(t) 车型 / 地板负重面长度(mm) 两横垫木中心线间最小距离(mm)		N_{17AK}、N_{17AT}、N_{17GK}、N_{17GT}、N_{17K}、N_{17T}	NX_{17AK}、NX_{17AT}、NX_{17K}、NX_{17T}	NX_{17BK}、NX_{17BT}、NX_{17BH}	NX_{70}、NX_{70H}	NX_{70A}
1000	500	25	25	25	30	40
2000	1000	30	30	30	35	50
3000	1500	40	40	40	45	62
4000	2000	45	45	45	50	66
5000	2500	50	50	50	55	70
6000	3000	53	53	53	57	
7000	3500	55	55	55	60	
8000	4000	57	57	57	63	
9000	4500	60	60	61	65	
10000	5000				70	

注:当负重面长度介于表内两数之间时,可采用线性插入法确定容许载重。

134

表 3-9

凹底平车局部地板面承受均布载荷或对称集中载荷时容许载重量

地板负重面长度(mm)	两横垫木中心线间最小距离(mm)	D2	D10	D2G	D2A	D9A	D15	D25A	D12K	D18A	D10A	D15A	D32	D28	QD3	D15B	D32A	DA21	DA25
1000	500	160																	
1500	750		71	172	172		129		95	165	72	130			22	130			
2000	1000														23				
3000	1500		72	178	178	76	131	215	100	166	76	132		250	24	132		180	220
3500	1750																		
4000	2000														25				
4500	2250		74	183	183	80	134	216	105	168		135		260				185	225
5000	2500														27				
5500	2750																		
6000	3000		77	189	189	84	137	224	109	171	83	138		270	28	140		190	230
7000	3500							229					300		30		300		
7500	3750		81	197	197	87	142		113	175	88	142		275		145		200	240
8000	4000							236						280			310		
9000	4500		87	210	210	90	150	243	120	180	90	150	315			150	315	210	250
9300	4650																		
9800	4900							250											
10000	5000		90								90		320				320		

注：当负重面长度介于表内两数之间时，可采用线性插入法确定容许载重量。

容许载重量(t) 车型 地板负重面长度(mm) 两横垫木中心线间最小距离(mm)		D$_{22A}$	D$_{26A}$／D$_{26AK}$	D$_{70}$	D$_{22B}$
2000	1000	62		32	55
3000	1500				
4000	2000	64		36	58
4500	2250				
5000	2500				
6000	3000	68		40	62
7500	3750				
8000	4000	74	260	44	66
9000	4500				
10000	5000	77		46	71
12000	6000	81		48	76
14000	7000	86		50	82
15000	7500			60	
16000	8000	98		70	88
16500	8250		260		
17800	8900				100
18000	9000	120			
20000	10000				108
20400	10200				
22000	11000				116
24000	12000				120
25000	12000				120

注:当负重面长度介于表内两数之间时,可采用线性插入法确定容许载重量。

(二)横垫木中心线间最小长度(K$_1$)的确定

若货物重量不能均匀分布于平车底板上,或货物支重面长度小于 K 时,则货物必须放置于两根横垫木上,使货物重量能均匀地分布于平车的所有纵梁上,如图 3-23 所示(这种装载方式称之为对称集中载荷)。横垫木中心线间最小长度 K$_1$,可用弯曲力矩方程式求算:

$$M_c = \frac{9.8Q}{2}\left(\frac{l}{2} - \frac{K_1}{2}\right)$$

则

$$K_1 = l - \frac{4 M_c}{9.8Q} \qquad (\text{cm}) \qquad (3\text{-}25)$$

$$Q = \frac{4 M_c}{9.8(l - K_1)} \qquad (\text{kg}) \qquad (3\text{-}26)$$

将式(3-23)和式(3-25)进行比较可知:同样重量的货物,加横垫木时,横垫木之间的距离 $K_1 = K/2$,即较不加横垫木的支重面最小长度短 1/2 。

当集重货物支重面长度小于两横垫木之间的最小距离时,应在横垫木上铺纵垫木,在纵垫木上放置货物;并按货物重量取横垫木间的最小距离等于或大于平车地板负重面长度的 1/2 ,如图 3-24 所示。要求纵垫木有足够的强度。

根据式(3-24)和式(3-26)就可计算出各类平车装载集重货物的最大容许载重量。我国各类型平车装载集重货物最大容许载重量见表 3-8、表 3-9 和表 3-10。根据式(3-25)可计算出表 3-8、表 3-9 和表 3-10 第 2 列数。

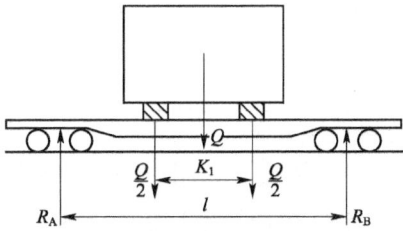

图 3-23 对称集重载荷

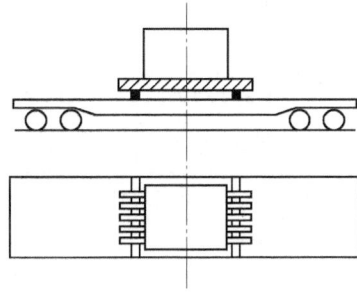

图 3-24 加纵横垫木的装载图

(三)平车避免货物集重的装载方法

当货物被确定为集重货物时,发站必须采取具体措施,根据货车最大容许载重量表,选用适合的货车。只有当货物的重量小于或等于货车负重面长度的最大容许载重量时,才能运送;也就是说在铁路运输过程中,实际并不存在集重货物。

对于货物如装载不当就有可能酿成事故,造成车毁货损。因此,根据货物的外形、重量和特点,结合使用车辆的类型,正确地选择集重货物的装载方案,是保证行车安全和货物完整的重要条件。

(1)车型一定、货物重量一定时,货物支重面长度大于等于平车地板负重面长度时,货物可直接装在车底板上,如图 3-22 所示。

(2)加横垫木。当货物支重面长度小于车辆负重面长度的最小长度大于规定的两横垫木之间的最小距离时($K > L_支 > K_1$),需要使用横垫木,如图 3-23 所示,使横垫木中心线间最小距离符合表 3-8 的规定。

(3)加纵横垫木。当车型一定、货物重量一定,货物支重面长度小于规定的两横垫木中心线之间的最小距离时($K \leqslant K_1$),需要使用纵、横垫木(见图 3-24),应使横垫木中心线间最小距离符合表 3-8 的规定。

三、敞车装载免于集重的技术条件

(一)60t 敞车装载

对于 C_{62A*}、C_{62A*K}、C_{62AK}、C_{62A*T}、C_{62AT}、C_{62BK}、C_{62BT}、C_{64K}、C_{64H} 及 C_{64T} 型敞车局部地板面承受货物重量时,应遵守下列规定:

(1)仅在车辆两枕梁之间、横中心线两侧等距离范围内承受均布载荷(见图 3-25)时,容许载重量见表 3-11。

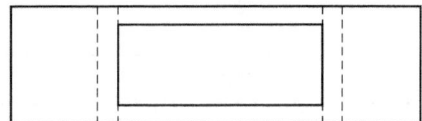

图 3-25 均布载荷

60t、61t 敞车两枕梁间承受均布载荷时容许载重量

车辆负重面长度 （mm）	车辆负重面宽度 B （mm）	容许载重量 （t）	车辆负重面长度 （mm）	车辆负重面宽度 B （mm）	容许载重量 （t）
2000	$1300 \leqslant B < 2500$	15	6000	$1300 \leqslant B < 2500$	20
	$B \geqslant 2500$	20		$B \geqslant 2500$	32
3000	$1300 \leqslant B < 2500$	16	7000	$1300 \leqslant B < 2500$	23.5
	$B \geqslant 2500$	23		$B \geqslant 2500$	35.5
4000	$1300 \leqslant B < 2500$	17	8000	$1300 \leqslant B < 2500$	27
	$B \geqslant 2500$	26		$B \geqslant 2500$	39
5000	$1300 \leqslant B < 2500$	18.5	9000	$1300 \leqslant B < 2500$	30
	$B \geqslant 2500$	29		$B \geqslant 2500$	43

注：当负重面长度介于上表两数之间时，可采用线性插入法确定容许载重量。

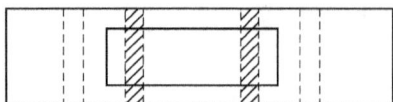

图 3-26　对称集中载荷

（2）仅在车辆两枕梁之间、横中心线两侧等距离范围内承受对称集中载荷（见图 3-26）时，容许载重量见表 3-12。

60t、61t 敞车两枕梁间承受对称集中载荷时容许装载重量

表 3-12

横垫木中心间距（mm）	横垫木长度 L（mm）	容许载重量（t）
1000	$1300 \leqslant L < 2500$	13
	$L \geqslant 2500$	17
2000	$1300 \leqslant L < 2500$	14
	$L \geqslant 2500$	20
3000	$1300 \leqslant L < 2500$	17
	$L \geqslant 2500$	21
4000	$1300 \leqslant L < 2500$	24
	$L \geqslant 2500$	30
5000	$1300 \leqslant L < 2500$	32
	$L \geqslant 2500$	42
6000	$1300 \leqslant L < 2500$	43
	$L \geqslant 2500$	49
7000	$1300 \leqslant L < 2500$	46
	$L \geqslant 2500$	55
8000	$1300 \leqslant L < 2500$	50
	$L \geqslant 2500$	60（61）
8700		60（61）

注：1. 当负重面长度介于上表两数之间时，可采用线性插入法确定容许载重量。

2. 表中括号内数据表示当使用 61t 敞车时，两枕梁间承受对称集中载荷的容许载重量。

（3）两枕梁直接承受货物重量且两枕梁承受的货物重量相等时，全车装载重量可以达到车辆容许载重量，如图3-27所示。

（4）在车辆两枕梁内外等距离装载长度不超过3.8m的货物时：

①当装载宽度在不小于1.3m范围内承受均布载荷时，全车装载重量可以达到车辆标记载重量，如图3-28所示。

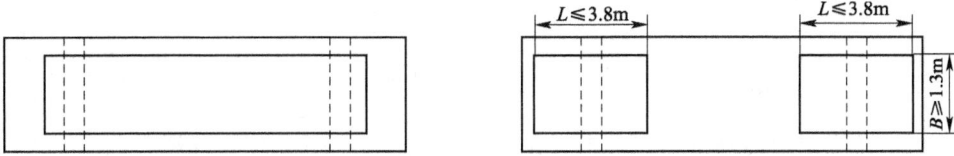

图3-27 两枕梁直接承受货物重量且相等的情况 图3-28 两枕梁内外等距离范围均布荷载量且相等的情况

②当装载宽度小于1.3m时，应加垫长度不小于1.3m的横垫木；如果需要在货物下加垫横垫木或条形草支垫（稻草绳把）时，应分别加垫在枕梁上及其内外各1m处，如图3-29所示。

（5）靠车辆两端墙向中部连续装载货物，每端装载长度超过3.8m时（见图3-30），应遵守下列规定：

①装载宽度 $B \geq 2.5m$ 时，全车装载重量可以达到车辆标记载重量；

②装载宽度 $1.3m \leq B < 2.5m$ 时，全车装载重量不得超过55t。

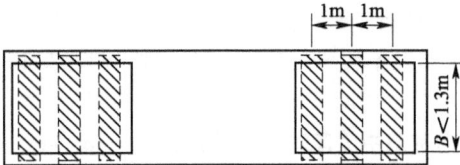

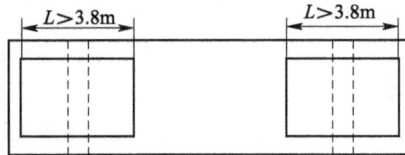

图3-29 长度≤3.8m加横垫木装载 图3-30 端墙自中部连续装载长度>3.8m的货物

（6）在车辆两枕梁内外等距离、宽度不小于1.3m范围内和车辆中部三处承载时，中部货物重量不得大于13t（见图3-31），全车装载重量不得超过57t。

（7）靠车辆两端墙向中部连续装载，每端装载长度超过3.8m，且在车辆中部装载货物时（见图3-32），应遵守下列规定：

①中部所装货物的重量不得超过13t。

②当两端货物的装载宽度 $B \geq 2.5m$ 时，全车装载重量不得超过57t。

③当两端货物的装载宽度 $1.3m \leq B < 2.5m$ 时，全车装载重量不得超过55t。

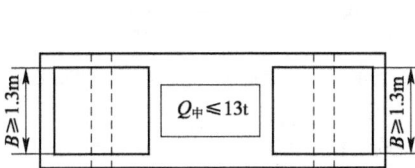

图3-31 枕梁内外等距离三处承载 图3-32 两端墙向中部连续装载三处承载

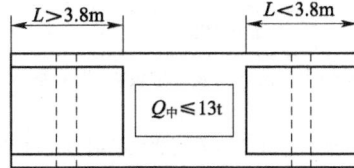

（8）仅靠防滑衬垫防止货物移动时，全车装载重量不得超过55t。

（二）70t敞车装载

C_{70}、C_{70H}、C_{70E}、C_{70EH} 型敞车局部地板面承受货物重量时，应遵守下列规定：

（1）仅在车辆两枕梁之间、横中心线两侧等距离范围内承受均布载荷时（见图3-25），容许载重量见表3-13。

C_{70}、C_{70H}、C_{70E}、C_{70EH} 型敞车两枕梁间承受均布载荷时容许载重量 表3-13

车辆负重面长度 （mm）	车辆负重面宽度 B （mm）	容许载重量（t）	车辆负重面长度 （mm）	车辆负重面宽度 B （mm）	容许载重量（t）
2000	$1300 \leq B < 2500$	25	6000	$1300 \leq B < 2500$	42
	$B \geq 2500$	30		$B \geq 2500$	45
3000	$1300 \leq B < 2500$	28	7000	$1300 \leq B < 2500$	44
	$B \geq 2500$	39		$B \geq 2500$	48
4000	$1300 \leq B < 2500$	34	8000	$1300 \leq B < 2500$	48
	$B \geq 2500$	40		$B \geq 2500$	52
4500	$1300 \leq B < 2500$	34	9000	$1300 \leq B < 2500$	52
	$B \geq 2500$	40		$B \geq 2500$	62
5000	$1300 \leq B < 2500$	36			
	$B \geq 2500$	42			

注：1. 以下情况 C_{70}、C_{70H}、C_{70E}、C_{70EH} 全车装载重量可以达到车辆标记载重量：

①当车辆负重面宽度不小于2000mm，在车辆两枕梁处负重面长度各为3800mm 或在车辆两枕梁及中央三处负重面长度不小于2000mm 且均布对称装载时；

②全车均布装载时。

2. 当负重面长度介于上表两数之间时，可采用线性插入法确定容许载重量。

（2）仅在车辆两枕梁之间、横中心线两侧等距离范围内承受对称集中载荷时（见图3-26），容许载重量见表3-14。

C_{70}、C_{70H}、C_{70E}、C_{70EH} 型敞车两枕梁间承受对称集中载荷时容许载重量 表3-14

横垫木中心间距 （mm）	横垫木长度 L （mm）	容许载重量（t）	横垫木中心间距 （mm）	横垫木长度 L （mm）	容许载重量（t）
1000	$1300 \leq L < 2500$	26	5000	$1300 \leq L < 2500$	48
	$L \geq 2500$	30		$L \geq 2500$	54
2000	$1300 \leq L < 2500$	32	6000	$1300 \leq L < 2500$	58
	$L \geq 2500$	36		$L \geq 2500$	64
3000	$1300 \leq L < 2500$	35	7000	$1300 \leq L < 2500$	60
	$L \geq 2500$	39		$L \geq 2500$	68
4000	$1300 \leq L < 2500$	42	8000	$1300 \leq L < 2500$	64
	$L \geq 2500$	46		$L \geq 2500$	70

注：1. 使用横垫木在两枕梁处对称装载，当横垫木长度不小于2000mm，两横垫木中心间距为1000mm 时，全车装载重量可以达到车辆标记载重量。

2. 当负重面长度介于表内两数之间时，可采用线性插入法确定容许载重量。

（3）两枕梁直接承受货物重量且两枕梁承受的货物重量相等时（见图3-27），全车装载重量可以达到车辆标记载重量。

（4）在车辆两枕梁内外等距离（装载长度不超过3.8m）范围内承受均布载荷时（见图3-28），应遵守下列规定：

①装载宽度 $B \geq 2.5m$ 时，全车装载重量可以达到车辆标记载重量；

②装载宽度 $1.2m \leq B < 2.5m$ 时，全车装载重量不得超过65t；

③如果需要在货物下加垫横垫木或条形草支垫(稻草绳把)时,应分别加垫在枕梁上及其内外各1m处(见图3-29)。

(5)靠车辆两端墙向中部连续装载货物,每端装载长度超过3.8m时(见图3-30),应遵守下列规定:

①装载宽度$B \geqslant 2.5$m时,全车装载重量可以达到车辆标记载重量;

②装载宽度1.2m$\leqslant B < 2.5$m时,全车装载重量不得超过65t。

(6)在车辆两枕梁内外等距离(装载长度不超过3.8m)范围内和车辆中部三处承载时应遵守下列规定:

①中部货物装载宽度$B \geqslant 1.2$m,重量不得大于25t(见图3-33)。

②当两端货物装载宽度$B \geqslant 2.5$m时,全车装载重量可以达到车辆标记载重量。

③当两端货物装载宽度1.2m$\leqslant B < 2.5$m时,全车装载重量不得超过65t。

(7)货物装载宽度$B < 1.2$m时,可双排装载或加垫长度不小于1.2m的横垫木。

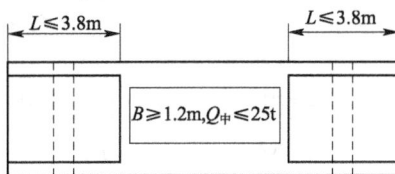

图3-33 70t车枕梁内外等距离三处承载

任务实施

根据任务五中"任务(知识)储备"所学知识,分析任务3-9 ~ 任务3-12,完成任务。

【任务3-9】 使用N_{17T}装载货物一件,货物重量32t,支重面长2000mm。判断该货物是否为集重货物?

实施任务:

查表3-8,货物支重面长2000mm,直接装在车地板上,车辆负重面长度为2000mm时,可承载货物30t,货物重量32t,超过所装平车地板负重面长度的容许载重量,所以该货物为集重货物。

【任务3-10】 一件货物重50t,货物支重面长度为3400mm,使用N_{17T}应如何装载?

实施任务:

查表3-8,货物重50t,车辆负重面长度应为5000mm,该货不符合装载要求,若在货物底部加两根横垫木,其中心线距离为2500mm,是符合两横垫木中心线间最小距离要求的。若取中心线距离为3000mm,也是符合两横垫木中心线间最小距离要求的。

【任务3-11】 一件货物重50t,车辆负重面长度应为2400mm,使用N_{17T}应如何装载?

实施任务:

查表3-8,货物重50t,车辆负重面长度应为5000mm,不符合装载要求,在货物底部加横垫木,两横垫木中心线间最小距离应为2500mm,而货物支重面长度仅为2400mm,还需在货物与横垫木间加纵垫木才能符合装载要求。

【任务3-12】 一件货物支重面长度为3000mm,支重面宽2000mm和2600mm时,使用C_{62AT}容许装载量为多少?

实施任务:

查表3-11,负重面长为3000mm,负重面宽2000mm时,容许装载量为16t;负重面长为3000mm,负重面宽2600mm时,容许装载量为23t。

一、填空题

1.使用 60t 敞车,在车辆两枕梁内外等距离、宽度不小于 1.3m 范围内和车辆中部三处承载时,中部货物重量不得大于_____t,全车装载重量不得超过_____t。

2.一件重 42t,支重面长 5000mm 的机床,使用 N_{17T} 型平车采用_____的装载方法可避免集重装载。

3.是否属于集重货物应考虑货物的_____、_____和使用的_____三个因素。

4.靠车辆两端墙向中部连续装载货物,每端装载长度超过 3.8m 时,装载宽度不小于 1.3m;不足 2.5m 时,全车装载重量不得超过_____t。

二、单项选择题

1.使用 C_{62A} 型敞车仅靠防滑衬垫防止货物移动时,全车装载重量不得超过(   )t。

A.53　　　　　B.55　　　　　C.58　　　　　D.60

2.当货物装载使用横垫木时,两横垫木中心线间距离为所需货车负重面长度的(   );

A.1/2　　　　　B.2 倍　　　　　C.1/4　　　　　D.4 倍

3.一件货物重 40t,使用 NX_{17} 型平车装载,货物支重面长度最少为(   )mm,才可以直接装载。

A.6000　　　　　B.5500　　　　　C.4000　　　　　D.3000

4.采用 C_{64} 型货车对称集中载荷装载时,横垫木长度 2200mm,横垫木中心间距 5000mm,最大容许载重量为(   )t。

A.30　　　　　B.32　　　　　C.42　　　　　D.43

5.用 C_{70} 型敞车装载货物及加固材料的总重为 39t,车辆负重面长度及宽度为(   )时,方可采用均布载荷装载。

A.3000mm、2400mm　　　　　B.2000mm、2700mm

C.2000mm、2400mm　　　　　D.3000mm、2700mm

6.使用 C_{70} 型敞车对称集中载荷装载时,横垫木长度 2200mm,横垫木中心间距 5000mm,其最大容许载重量为(   )t。

A.54　　　　　B.48　　　　　C.46　　　　　D.42

三、判断题

1.支重面长度($l_{支}$)是指承担货物重量的货车地板长度。　　　　　　　　　　(   )

2.一件货物重 50t,货物支重面长度为 3800mm,可使用 N_{17T} 型货车均布载荷装载。

　　　　　　　　　　　　　　　　　　　　　　　　　　　　　　　　(   )

3.N_{17K} 型货车负重面长度为 2000mm,采用均布载荷装载时容许载重量为 40t。　(   )

四、综合题

1.分别使用 N_{17} 型、NX_{17} 型平车装载,判断该货物是否集重,并确定装载方案。

(1)一件货物重 40t,货物支重面长 4000mm。

(2)一件货物重 45t,货物支重面长 3000mm。

(3)一件货物重 60t,货物支重面长 4000mm。

2.查表确定最大容许载重量:

(1)用 C_{62A} 装载,均布载荷时,车辆负重面长度 3000mm,车辆负重面宽度 2400mm 和

2600mm 时,最大容许载重量分别为多少?

(2)用 C_{64K} 装载,对称集中载荷时,横垫木中心间距 4000mm,横垫木长度 2000mm 和 2800mm 时,最大容许载重量分别为多少?

(3)用 C_{70} 装载,均布载荷时,车辆负重面长度 3000mm,车辆负重面宽度为 2400mm、2700mm,最大容许载重量分别为多少?

(4)用 C_{70} 装载,对称集中载荷时,两横垫木中心线间距离 3000mm,横垫木长度为 2400mm、2800mm,最大容许载重量分别为多少?

任务六　制定阔大货物装载方案

任务引入

【任务 3-13】　均重平底货物一件,重 25t,长 14.6m,宽 2.8m,高 2m,拟选用标重 60tN_{17AK} 型平车一端突出装运。请检查货物是否偏重。

【任务 3-14】　均重货物一件重 12t,外形尺寸(8000×2200×1500)mm 及另一件均重货物重 18t,外形尺寸(4000×2400×1850)mm,拟采用 60tN_{17AK} 型平车装运,试确定经济合理的装载方案。

【任务 3-15】　用自重 19.7t 的 N_{17AK} 型平车,装运一件重 40t 的货物,重心高 1430mm,货物直接装在车地板上。要求:

(1)确定重车重心高度是否符合要求?

(2)若重车重心高超过规定,用一件预计装车后由轨面起重心高度 1913mm 的货物配重,确定该配重货物重量的取值范围。

【任务 3-16】　现有方形均重货物 2 件,其中一件货物(甲)长 17.2m,宽 3m,高 2.5m,重 25t,另一件货物(乙)长 7.1m,宽 2.7m,高 2.8m,重 55t,要求用两辆自重 19.7t 的 N_{17AK} 型平车装载。请确定经济合理的装载方案(配装合理,充分利用车辆载重,不偏重,不集重)。

【任务 3-17】　均重货物一件,重 50t,长 14.8 m,宽 2.6m,高 2.3m,拟用自重 19.7t 的 N_{17AK} 型平车一车负重装运。要求:

(1)确定经济合理的装载方案;

(2)计算使用横垫木的最小高度;

(3)计算重车重心高并确定运行条件。

【任务 3-18】　用自重 20.6t 的 N_{17AK} 型平车装均重货物一件,货重 45t,货物全长 2600mm,支重面长 2600mm,宽 2200mm,高 2600mm,货物重心高 1300mm,使用规格为 2700mm×150mm×140mm 横垫木两根,两横垫木之间的距离为 2200mm。货物装车后,重心投影位于车底板纵横中心线的交叉点上。问:

(1)该装载方法是否符合要求?

(2)重车重心高是多少?

(3)若重车重心高超过规定,采取限速运行,应限速多少?

(4)若重车重心高超过规定,配重货物的最大重量是多少?

(5)若重车重心高超过规定,用规格 2000mm×1200mm×1000mm,重心高 600mm 的货物配重,请计算配重货物的重量?

【任务 3-19】 现有设备一台(均重货物),货物重量25t,长17.2m,宽3m,高2.6m,支重面长度9.3m。用自重19.7t的N_{17AK}型平车装运。要求:

(1)绘制装车方案图;

(2)计算垫木高度(弹性挠度f取10mm);

(3)计算重车重心高。

任务(知识)储备

通过对任务一至任务五的内容学习可知,任何一件货物若要确定合理的装载方案,首先要结合货物的重量、外形尺寸等信息选择合适的车辆,然后结合所选货车的技术参数,确定货物装车后的重心位置、重车重心高度及运行条件。

一、关于货物重心水平合理与否的任务实施要点

(1)根据车辆参数和货物外形尺寸进行方案制定或进行方案分析。

(2)方案是否经济需要与其他方案相比较,以使用车数最少为最经济。

(3)方案是否合理需要判断货物重心横偏移量或纵向偏移量是否符合规定。

二、关于重车重心高度是否合理的任务实施要点

(1)根据车辆参数和货物外形尺寸进行方案制定或进行方案分析。

(2)分析确定货物重心自轨面起算的高度$h_货$。

(3)计算重车重心高度并与2000mm相比较判断是否符合规定。

(4)确定合适的运行条件。

三、关于确定经济合理的装载方案的任务实施要点

(1)根据车辆参数和货物外形尺寸进行方案制定。

(2)分析货物重心水平位置是否符合规定。

(3)分析计算垫木高度。

(4)计算重车重心高度并判断是否符合规定。

任务实施

根据任务六中"任务(知识)储备"所学知识,分析"任务引入"中任务3-13～任务3-19,完成任务。

【任务 3-13】 均重平底货物一件,重25t,长14.6m,宽2.8m,高2m,拟选用标重60tN_{17AK}型平车一端突出装运。请检查货物是否偏重。

实施要点:

查N_{17AK}型车参数表可知,货车标重$P_标=60$t,车地板长$L_车=13000$mm,转向架中心距$l=9000$mm。货物采用一端平车,一端突出的方案装运,则货物重心纵向偏移量

$$a_需=(14600-13000)/2=800\text{mm}$$

$$\because P_标-Q=60-25>10\text{t}$$

$$\therefore a_容=\frac{5}{Q}l=\frac{5\times9000}{25}=1800\text{mm}$$

$$\because a_需<a_容$$

$$\therefore 货物不偏重$$

【任务 3-14】 均重货物一件重12t,外形尺寸(8000×2200×1500)mm,及另一件均重货物重18t,外形尺寸(4000×2400×1850)mm,拟采用60tN_{17AK}型平车装运,试确定经济合理的装载方案。

实施要点:

查 N_{17AK} 型车参数表可知,货车标重 $P_标=60t$,车长 $L_车=13000mm$,转向架中心距 $l=9000mm$。

方案I:使用两辆平车分别装运,每件货物的重心都落到车辆中央。这样安全但不经济。

方案Ⅱ:根据货物的外形尺寸可知,两件货物均应顺装。将两件货物紧密摆放在一起,装载长度为12m,则这两件货物的总重心位置:

距重12t的货物一端:

$$L_{12}=\frac{12×4000+18×10000}{12+18}=7600mm$$

距重18t的货物一端:

$$L_{18}=12000-7600=4400mm$$

设采取一车负重的方案装载,使货物总重心落到车辆中央,则重12t的货物会突出车端1100mm,需加挂一辆游车,货物下面要加垫横垫木。显然不合理。

方案Ⅲ:两件货物均应顺装,且将两件货物紧密摆放在一起,设采取一车负重,重12t的货物端部与车辆端部对齐(如图3-34所示),不需加挂游车,则货物总重心在车辆纵向上的偏移距离为:

$$a_需=(7600-6500)=1100mm$$
$$∵P_标-Q=60-30>10t$$
$$∴a_容=\frac{5}{Q}l=\frac{5×9000}{30}=1500mm$$

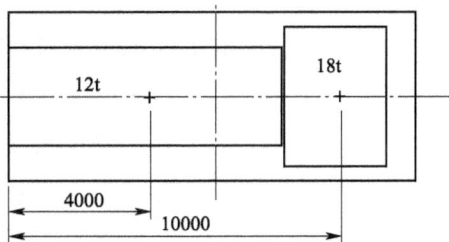

图3-34 货物转载方案图(尺寸单位:mm)

由于 $a_容>a_需$,因此方案Ⅲ合理。

方案Ⅲ与其他方案比较,节省了一辆货车,既经济又合理。因此,应采用方案Ⅲ装载。

【任务 3-15】 用自重19.7t的 N_{17AK} 型平车,装运一件40t的货物,重心高1430mm,货物直接装在车地板上。要求:

(1)确定重车重心高度是否符合要求?

(2)若重车重心高超过规定,用一件预计装车后由轨面起重心高度1913mm的货物配重,确定该配重货物重量的取值范围。

实施要点:

查 N_{17AK} 型车参数表可知,空车自重 $Q_车=19.7t$,车长 $L_车=13000mm$,转向架中心距 $l=9000mm$,车地板高 $h_{车地板}=1211mm$,空车重心高 $h_车=723mm$。

(1)计算重车重心高:

$$H=\frac{Q_车 h_车+Q_货 h_货}{Q_车+Q_货}=\frac{19.7×723+40×(1211+1430)}{19.7+40}=2009mm$$

即 $H>2000mm$,超过规定高度,需采取配重措施降低重车重心高。

(2)配重货物最小重量:

$$Q_配=\frac{Q_总(H-2000)}{2000-h_配}=\frac{(19.7+40)×(2009-2000)}{2000-1913}≈6.2t$$

配重货物的最大重量为:$P_标-Q=60-40=20t$

145

该配重货物的重量范围为:$6.2t \leqslant Q_配 \leqslant 20t$

【任务3-16】 现有方形均重货物2件,其中一件货物(甲)长17.2m,宽3m,高2.5m,重25t,另一件货物(乙)长7.1m,宽2.7m,高2.8m,重55t,要求用两辆自重19.7t的N_{17AK}型平车装载。请确定经济合理的装载方案(配装合理,充分利用车辆载重,不偏重,不集重)。

实施要点:

查N_{17AK}型车参数表可知,货车标重$P_标 = 60t$,车长$L_车 = 13000mm$,转向架中心距$l = 9000mm$,车地板高$h_{车地板} = 1211mm$,空车重心高$h_车 = 723mm$。

(1)根据车辆参数及货物信息分析,甲货物为超长货物,可采取一车负重,一端突出300mm,不需要加游车,另一端突出3900mm,使用一辆游车装载,则此时货物重心纵向偏移量为:

$$a_需 = \frac{17200 - 13000}{2} - 300 = 1800mm$$

$$\because P_标 - Q = 60 - 25 = 35t > 10t$$

$$\therefore a_容 = \frac{5}{Q}l = \frac{5 \times 9000}{25} = 1800mm$$

$a_需 = a_容$ 符合重心纵向位移条件。

(2)从经济的角度考虑,可以将乙货物加装在游车上,只要满足与甲货突出端间距不小于350mm即可。按主车和游车两车端梁间距为1000mm计算,则乙货装车后重车纵向偏移量为:

$$a = (3900 - 1000 + 350 + 7100/2) - 6500 = 300mm$$

$$\because P_标 - Q = 60 - 55 = 5t < 10t$$

$$\therefore a_容 = \left(\frac{P_标}{2Q} - 0.5\right)l = \left(\frac{60}{2 \times 55} - 0.5\right) = \times 9000 = 409mm$$

$a_需 < a_容$ 符合重心纵向位移条件。

(3)查《加规》附表,N_{17AK}型平车装载55t货物时,平车负重面长度为7000mm,而乙货物的支重面长度为7100mm,大于平车地板负重面长度,即乙货物装载不集重,可以直接加装在游车车地板上。

【任务3-17】 均重货物一件,重50t,长14.8m,宽2.6m,高2.3m,拟用自重19.7t的N_{17AK}型平车一车负重装运。要求:

(1)确定经济合理的装载方案;

(2)计算使用横垫木的最小高度;

(3)计算重车重心高并确定运行条件。

实施要点:

查N_{17AK}型平车参数表可知,货车标重$P_标 = 60t$,车长$L_车 = 13000mm$,转向架中心距$l = 9000mm$,车地板高$h_{车地板} = 1211mm$,空车重心高$h_车 = 723mm$。固定轴距$h_轴 = 1750mm$。

(1)采用货物一端与车辆端梁对齐,一端突出,使用同一车型平车做游车,则:

$$a_需 = \frac{14800 - 13000}{2} = 900mm$$

$$\because P_标 - Q = 60 - 50 = 10t$$

$$\therefore a_容 = \frac{5}{Q}l = \frac{5 \times 9000}{50} = 900mm$$

则 $a_需 = a_容$，符合重心纵向位移条件。

（2）计算垫木高度：

$$a = y_端 + \frac{L_车 - l_销 - L_轴}{2} = (14800 - 13000) + \frac{13000 - 9000 - 1750}{2} = 2925\text{mm}$$

$$H_垫 = 0.031a + h_{车差} + f + 80 = 0.031 \times 2925 + 0 + 0 + 80 = 170.7\text{mm} \approx 171\text{mm}$$

（3）计算重车重心高：

$$H = \frac{Q_车 h_车 + Q_货 h_货}{Q_车 + Q_货}$$

$$= \frac{19.7 \times 723 + 50 \times (1150 + 171 + 1211)}{19.7 + 50}$$

$$= 2020\text{mm}$$

（3）确定运行条件

$H > 2000\text{mm}$ 应限速运行：区间限速 50km/h；通过测向道岔限速 15km/h。请示上级批准装车。

【任务3-18】 用自重 20.6t 的 N_{17AK} 型平车装均重货物一件，货重 45t，货物全长 2600mm，支重面长 2600mm，宽 2200m，高 2600 货物，重心高 1300mm 使用规格为 2700mm × 150mm × 140mm 横垫木两根，两横垫木之间的距离为 2200mm。货物装车后，重心投影位于车底板纵横中心线的交叉点上。问：

（1）该装载方法是否符合要求？

（2）重车重心高是多少？

（3）若重车重心高超过规定，采取限速运行，应限速多少？

（4）若重车重心高超过规定，配重货物的最大重量是多少？

（5）若重车重心高超过规定，用规格 2000mm × 1200mm × 1000mm，重心高 600mm 的货物配重，请计算配重货物的重量？

实施要点：

查 N_{17AK} 型平车参数表可知，货车标重 $P_标 = 60\text{t}$，车长 $L_车 = 13000\text{mm}$，转向架中心距 $l = 9000\text{mm}$，车地板高 $h_{车地板} = 1211\text{mm}$，空车重心高 $h_车 = 723\text{mm}$。固定轴距 $h_轴 = 1750\text{mm}$。

（1）查《加规》，N_{17AK} 型平车承载 45t 货物需要的车底板负重面长度为 4000mm，货物支重面长度为 2600mm，所以需要加横垫木避免集重装载，两横垫木中心线间的最小距离为 2000mm，2200mm > 2000mm，符合要求。

（2）$h_货 = $ 车底板高 + 垫木高 + 货物重心高 $= 1211 + 140 + 1300 = 2651\text{mm}$

$$H = \frac{Q_车 h_车 + Q_货 h_货}{Q_车 + Q_货} = \frac{20.6 \times 723 + 45 \times 2651}{20.6 + 45} \approx 2046\text{mm}$$

（3）《加规》规定：重车重心高一般不超过 2000mm，而该重车重心高 2064mm > 2000mm，应采取限速措施，根据《加规》规定得知：

当 $2000\text{mm} < H = 2064\text{mm} < 2400\text{mm}$ 时，区间应限速 50km/h，经过侧向道岔时应限速 15km/h。

（4）当采取配重措施时，配重货物重量与原车所装货物重量之和不得超过货车标记载重量，则配重货物的最大重量为 $Q_{配max} = P_标 - Q = 60 - 45 = 15\text{t}$。

（5）通过配重要达到的条件则是至少将重车重心高降低到 2000mm，在已知配重货物重

心高度的情况下,配重货物重量最小值可按如下计算:

$$h_{配} = 车底板高 + 配重货物重心高 = 1211 + 600 = 1811mm$$

根据公式

$$Q_{配} = \frac{Q_{总}(H-2000)}{2000-h_{配}} = \frac{65.6 \times (2046-2000)}{2000-1811} \approx 16t$$

【任务3-19】 现有设备一台(均重货物),货物重量25t,长17.2m,宽3m,高2.6m,支重面长度9.3m。用自重19.7t的N_{17AK}型平车装运。要求:

(1)绘制装车方案图;

(2)计算垫木高度(弹性挠度f取10mm);

(3)计算重车重心高。

实施要点:

查N_{17AK}型平车参数表可知,货车标重$P_{标} = 60t$,车长$L_{车} = 13000mm$,转向架中心距$l = 9000mm$,车地板高$h_{车地板} = 1211mm$,空车重心高$h = 723mm$。固定轴距$h_{轴} = 1750mm$。

(1)设采用货物两端突出装载(如图3-35所示),因为货宽恰好等于车宽,可以使货物一端突出300mm,另一端突出3900mm,使用一辆游车。则货物重心纵向偏移量为:

$$a = \frac{3900-300}{2} = 1800mm$$

因为

$$P_{标} - Q = 60 - 25 = 35t > 10t$$

则

$$a_{容} = \frac{5}{Q}l = \frac{5 \times 9000}{25} = 1800mm$$

$$a_{容} = 1800mm = a(符合规定)$$

因为$a = a_{容}$,则货物装载时重心位移符合规定,装载方案如图3-35所示。

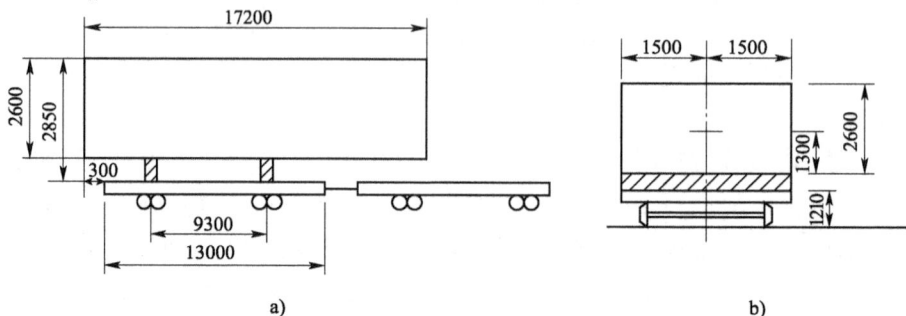

图3-35 货物装载方案图(尺寸单位:mm)

(2)计算垫木高度:

$$a = y + \frac{L_{车} - l_{销} - L_{销}}{2}(17200-13000-300) + \frac{13000-9000-1750}{2} = 5025mm$$

$$H_{垫} = 0.031a + h_{车差} + f + 80 = 0.031 \times 5025 + 0 + 10 + 80 = 245.78mm \approx 246mm$$

(3)计算重车重心高:

$$H = \frac{Q_{车}h_{车} + Q_{货}h_{货}}{Q_{车} + Q_{货}} = \frac{19.7 \times 723 + 25 \times (1300+246+1121)}{19.7+25} = 1860mm$$

🔊 **任务自测**

1. 桥梁一件重96t,货物本身重心高为1400mm,使用两辆N_{17T}型平车跨装运送,货物转向架高 600mm,试计算重车重心高并确定运行条件。

2. 用自重 19.7t 的 N_{17AK} 型平车,直接装运一件重 38t 货物(重心高 1480mm)。要求:

(1)计算重车重心高度。

(2)若重车重心高度超过规定,拟用一件 14t 的货物配重,计算该配重货物的重心高度不得超过多少?

3. 均重货物一件重 40t,长 6000mm,宽 2200mm,高 1000mm,拟使用一辆 70t C_{70} 型敞车装载,试确定合理的装载方案并绘出装载示意图。

4. 均重货物一件重 40t,长 9000mm,宽 2600mm,高 1200mm,拟使用一辆 61t C_{64} 型敞车装载,试确定合理的装载方案并绘出装载示意图。

知识拓展

一、木材和竹子装载的基本技术条件

(1)木材使用敞车装载时,应大小头颠倒,紧密排摆,紧靠支柱,压缝挤紧;两端木材应倾向货车中部,不准形成向外溜坡。装车后中心高度不得大于 4600mm。支柱底面必须与敞车车地板接触。腐朽木材应采取防火措施。

(2)装载木材(包括原木、坑木、小径木、板方材)时,应对每垛起脊部分做整体捆绑,整体捆绑线使用直径不小于 7mm 的钢丝绳或破断拉力不小于 21kN 的专用捆绑加固器材;腰线使用专用捆绑加固器材时,整体捆绑线可使用 $\phi6.5mm$ 盘条 2 股。每道整体捆绑线的铺设位置距车辆端、侧墙顶面向下不小于 100mm。材长大于 4m 的,每垛整体捆绑 5 道,4m 及以下的每垛整体捆绑 3 道。整体捆绑线的余尾部分折向车内,并用 U 形钉钉固。车辆两端安装挡板时,应使用 8 号镀锌铁线对挡板进行拦护;不使用挡板时,靠车辆两端的起脊部分的顶层,应使用 8 号镀锌铁线 2 股对原木端部向支柱方向兜头拦护,镀锌铁线与每根原木端部接触处用 U 形钉钉固。

敞车装载板、方材时,货物高度超出车辆端侧墙的,应在车辆两端安装挡板(围装除外),并使用 8 号镀锌铁线对挡板进行拦护。

(3)支柱的对数应符合表 3-15 的规定。支柱折断时,必须更换。

支柱对数使用对照表   表 3-15

每垛木材的长度 L(mm)	每垛木材使用支柱对数	每垛木材的长度 L(mm)	每垛木材使用支柱对数
$2500 \leq L < 5000$	3	$L \geq 8000$	5
$5000 \leq L < 8000$	4		

(4)每对支柱捆绑腰线 1 道。腰线不得卡侧墙,捆绑松紧适度,应使上层木材与下层木材密贴。每对支柱使用封顶线 1 道。腰线及封顶线的捆绑周数应符合表 3-16 的规定。

腰线及封顶线捆绑周数对照表   表 3-16

捆绑材料	规　　格	腰线周数	封顶线周数
镀锌铁线	$\phi4.0mm$	3	2

注:1. 装载杉木时,腰线周数可按封顶线周数办理;

　　2. 每道封顶线与每根原木的接触处使用 U 形钉钉固。

(5)紧靠支柱的木材,两端超出支柱的长度,不得小于 200mm(由支柱中心线算起)。紧

靠支柱顶部的木材不得超出支柱。紧靠支柱的原木,其树节、枝丫、弯曲部分或根部,两侧允许超出支柱。

(6)长度不足2.5m的木材不能全部成捆时,需用长材或成捆材压顶。其装载方法可根据木材长度,分别采取:

①围装:将木材沿车辆端侧墙内侧竖立一周,超出端侧墙部分,不得大于端侧墙高度(立装木材长度)的二分之一。围板厚度不得小于40mm,围板四周用8号镀锌铁线2股串联,并用U形钉钉固。

②顺装:每垛内插2对支柱,垛间距离须小于木材本身长度的五分之一。

(7)竹子应使用敞车装载。在敞车两端使用竹篾作挡壁,并在挡壁外内插木支柱5~7对;两侧内插木支柱不少于4对。

装运小竹子,应成捆装载;围装时,可不安装挡壁。

腰线、封顶线与端支柱拉线,各使用8号镀锌铁线捆绑两周。

二、轮式、履带式货物和圆柱形、球形货物装载技术条件

1. 轮式、履带式货物的装载方法

轮式、履带式货物应使用木地板平车装载(专用货车装运时除外),其本身有制动装置的,装车后应制动;门窗闭锁并将变速手柄放在初速位置(运输轿车时,挡位放在空挡或P挡上),制动手柄或拉杆应处于制动位置。其装载方法如下:

(1)顺装时,相邻两辆间距不小于100mm。

(2)横装时,相邻两辆应头尾颠倒,间距不小于50mm。

(3)跨装在两平车上的汽车,其头部与前辆汽车的尾部间距不小于350mm,见图3-36。

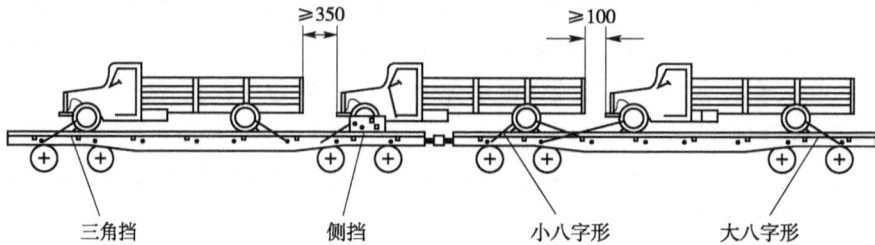

图3-36 汽车跨装(尺寸单位:mm)

(4)爬装汽车方法,见图3-37。

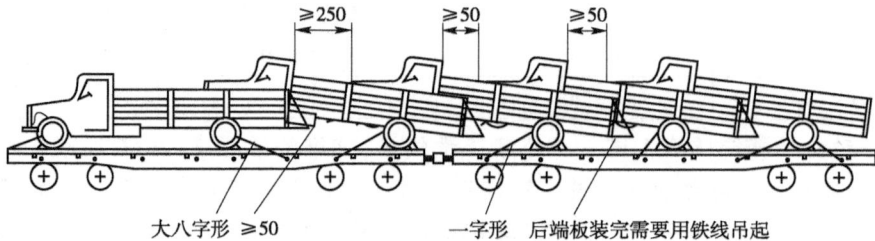

图3-37 汽车爬装(尺寸单位:mm)

(5)无车厢的汽车爬装时,应将第二辆及其后各车辆的前轮依次放在前辆车的后轮上对齐,见图3-38。

2. 轮式、履带式货物的加固方法

轮式、履带式货物的加固方法如下:

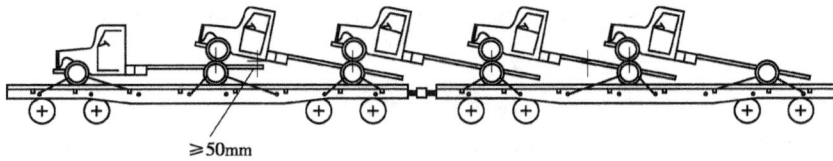

图 3-38　无车厢的汽车爬装

（1）顺装时，轮径 1000mm 以下的前轮（组）前端、后轮（组）后端以及轮径 1000mm 及以上的前后轮（组）前后端，均应安放相应规格的掩挡，掩紧钉固，并采用八字形等拉牵加固。

装载履带式货物时，在履带前后放置方木或挡木掩紧钉固。

（2）横装时，每辆前轮后端、后轮前端或前轮前端、后轮后端安放三角挡并掩紧钉固。

（3）跨及两平车的汽车应在其前轮外侧或内侧 50mm 处钉固侧挡（不用三角挡及捆绑）；后轮前后均用三角挡掩紧钉固，并采用小八字形等拉牵加固，见图 3-41。

（4）爬装时，爬装在前部车厢内的前轮不需加固，但后轮前后均用三角挡掩紧钉固，并用镀锌铁线斜拉（斜拉线与水平夹角不大于 60°）。爬装车组最后一辆的后轮，应采用小八字形等拉牵加固，见图 3-42。

无车厢汽车爬装时，重叠装载两轮轴应上下对齐，并捆在一起（不宜过紧）；后轮前后均用三角挡掩紧钉固，并采用小八字形等拉牵加固，见图 3-43。

（5）对回转式货物应采取防止转动措施，并根据货物结构特点在平衡铁处放置支架。

3. 驮背运输时，托运人及装车单位的注意事项

驮背运输时，托运人应采取有效措施防止汽车车厢内或拖车上物品位移、倾覆、倒塌或坠落，装车单位应重点检查确认。

4. 圆柱形货物的加固方式

圆柱形货物可选用适当规格和材质的凹木、三角挡、座架等材料和装置，并采取腰箍下压、拉牵等方式进行加固。

5. 球形货物的加固方法

球形货物应选用适当规格、具有足够强度、能保证货物稳定的座架；货物底部不得与车地板接触。对无拴结点、加固较为困难的球形货物，可在球体上部采用套圈，套圈四处拉牵牢固。

三、金属材料及制品装载的基本技术条件

1. 金属块、锭、坯的装载

装载单件重量 1t 及以下的金属块、锭、坯时，须均匀分布在车地板上。靠端侧墙（板）处货物的装载高度须低于端侧墙（板）。

单件重量超过 1t、不足 4t 的金属块、锭、坯，应大小头颠倒，均衡装载，可使用挡木或支撑方木加固。

成垛（捆）装载时，要求堆码整齐，并用镀锌铁线或盘条捆牢防止倾覆。

2. 钢板的装载

钢板可使用敞、平车装载。每垛货物高度一般不得大于货物底宽的 80%；不满足时应采取有效措施防止倒塌，货物层间及与车地板间应衬垫防滑；重量分布应符合本规则有关规定。

使用平车装载钢板时，可单排或双排顺装；装载高度超出端、侧板时，可使用支柱。每垛钢板采用反又字下压加固，视钢板长度不少于 2 道，端部采用交叉斜拉加固。

使用敞车装载钢板，钢板宽度小于 1.3m 时，应双排顺装，每垛使用盘条（钢丝绳）或钢

带整体捆绑,捆绑间距不大于2.5m。钢板宽度不小于1.3m时,可单排顺装。长度7~9m的钢板允许中部搭头,两端紧靠车端墙。

3.成捆或盒装薄板、马口铁、矽钢片等货物的装载

成捆或盒装薄板、马口铁、矽钢片等货物可使用敞车、棚车装载。成垛装载时,要求分布均衡,每垛货物高度不得大于货物底宽的80%。货物层间及与车地板间须加防滑衬垫。

4.25m钢轨的装载

25m钢轨采用专用货物转向架两平车跨装方式;两平车地板面高度差超过20mm时,必须垫平,可不安装车钩缓冲停止器。遇有涂打"⊗"的平车,允许放下端侧板进行装运,提钩杆和放下的端侧板要捆紧锁牢。

5.钢丝绳、电缆的装载

钢丝绳、电缆可使用敞、平车装载。卧装时,可使用钢、木座架,并采取加固措施。使用敞车立装时,每个轮盘下部垫横垫木(条形草支垫)或稻草垫。

6.型钢及管材的装载

型钢及管材可使用敞、平车装载。根据需要可使用硬木支柱(钢管支柱)、隔木、掩木、稻草垫(条形草支垫或稻草绳把)、镀锌铁线、盘条、钢丝绳等材料进行加固。

(1)长短不一的各类型钢及管材混装一车时,应将重的装在下面,轻的装在上面;长的装在两侧,短的装在中间。

同一规格型钢及管材应成垛(捆)装载,堆码整齐;必要时,允许搭头、压边、压缝或重叠装载。

(2)型钢及管材的装载高度超出侧墙(板)时,每垛货物至少安插两对支柱。超出高度在1m及以内时,捆1道腰线;超过1m时,捆2道腰线。必须封顶。

敞车起脊装载管材不使用支柱时,每垛(捆)管材需用钢带或钢丝绳捆绑,层间衬垫防滑。

(3)使用有端侧板平车装载长大型钢时,应紧密排摆成梯形,层间加垫防滑衬垫,并采用整体捆绑及反又字下压式加固。

(4)使用敞车装载大型管材时,应成垛(捆)装载,底部须掩垫牢固。仅使用衬垫防滑加固时,装载在最上层的管材,超过端侧墙高度应小于管材直径的二分之一。

四、卷钢装载的基本技术条件

1.卷钢装载的场地、设备、人员要求、作业标准及装载车站与方案的报备

卷钢(含卷板,下同)装车站点应有适应卷钢装载的场地和设备。装车作业人员和技术管理人员要经过由局集团公司组织的专业培训;局集团公司要有细化的卷钢装车作业质量控制标准。

局集团公司应于每年年底前将管内卷钢装车站及执行的装载加固方案号报国铁集团货运部备案,卷钢装车站发生变化时应及时报备。

2.卷钢装载的车辆

卷钢应使用木地板平车和C$_{62A*}$、C$_{62A*K}$、C$_{62AK}$、C$_{62A*T}$、C$_{62AT}$、C$_{62BK}$、C$_{62BT}$、C$_{64K}$、C$_{64H}$、C$_{64T}$、C$_{70}$、C$_{70H}$、C$_{70E}$、C$_{70EH}$等敞车装载。

3.卷钢装载的加固措施与方法

优先选用平车和专用车装运卷钢;优先采用立装方式装运卷钢;优先使用钢座架卧装卷钢。

卷钢可立装、卧装或集束立装。立装时,卷钢的直径宜大于本身高度,不满足时应采取有效的防止倾覆和位移的措施。卧装时,可使用钢座架(座架须与车体固定);用木地板平车卧装时,可将相邻卷钢用夹具或镀锌铁线(盘条等)捆在一起,并用三角挡掩紧钉固。集束立

装时,集束端最短距离应大于集束高度,卷钢中部用镀锌铁线(盘条等)捆绑在一起,并采取防止镀锌铁线(盘条等)下滑措施。

卷钢无论立装、卧装或集束立装,卷钢(组)本身应用镀锌铁线、盘条或钢丝绳等与车体捆绑加固[装载在座架上,以及使用凹形草支垫(含凹形玉米秸秆支垫,下同)、稻草掩挡装运的可除外]。

卷钢使用敞车装运时,应采取有效的防滑措施。

禁止卷钢与其他货物混装。

4.卷钢的装运方式

局集团公司应逐步优化装后苫盖篷布的卷钢装运方式,尽可能采取立装或钢座架装运;或积极协调托运人完善卷钢包装、不苫盖篷布装运。

局集团公司对苫盖篷布的卷钢在车途中发生卷钢窜动等安全隐患的,应立即组织装车站分析原因,加强源头把关。

5.使用凹形草支垫、稻草掩挡装运卷钢时的具体要求

使用凹形草支垫、稻草掩挡装运卷钢时,局集团公司应组织装车站比照试运方案的管理要求从严掌握,按车号记载卷钢和加固材料规格、到站、装载件数、方案编号、中途站和到站信息反馈情况等,并落实第四章第六十七条的有关规定。

局集团公司应实时掌握管内使用凹形草支垫、稻草掩挡装运卷钢的装车站点,以及不同规格卷钢装运对应的凹形草支垫、稻草掩挡规格。超出既有装车站点和凹形草支垫、稻草掩挡使用范围装车的,应在满足第五十三条要求、经局集团公司批准后方可执行(新增使用的凹形草支垫、稻草掩挡应在常用装载加固材料范围内),并及时报备;首次装车时,局集团公司专业管理人员应现场指导,并加强日常检查。

五、预应力梁装载的基本技术条件

1.预应力梁的装载方法

长度为32.6m(重量不大于115t)和24.6m的预应力梁,使用木地板平车装运时,只准使用 N_{17AK}、N_{17AT}、N_{17GK}、N_{17GT}、N_{17K}、N_{17T}、NX 型共用车,可不受表3-8的限制。

(1)长度为32.6m的预应力梁,跨装支距一般为27~28m并根据梁形确定。使用两辆平车负重跨装(中间加挂游车一辆)运送时,负重车及游车限用13m长木地板平车。

(2)长度为24.6m的预应力梁,跨装支距一般为17.6~18m并根据梁形确定。使用两辆平车跨装运送时,限用 NX_{17BH}、NX_{17BK}、NX_{17BT}、NX_{70}、NX_{70H} 型共用车。

2.预应力梁的加固方法

(1)货物转向架下架体每端,用8号镀锌铁线、盘条或钢丝绳拉牵成八字形,捆绑在车侧丁字铁或支柱槽上。

货物转向架上架体与桥梁底部之间,需加防滑垫木。防滑垫木上应加铺一层橡胶垫,桥梁底部两侧与货物转向架上架体挡铁之间,用木楔楔紧卡牢。

(2)在货物转向架上架体预应力梁的两侧,分别使用斜支撑进行加固。斜支撑顶部与预应力梁体必须密贴顶牢,并用8号镀锌铁线或盘条将斜支撑与转向架上架体捆牢。

(3)横向位移不超过20mm,长度为32.6m梁的纵向窜动不超过250mm、长度为24.6m及以下梁的纵向窜动不超过150mm时,可以继续运行。

(4)斜支撑产生纵向倾斜时,必须进行整理。

项目四　制定阔大货物加固方案

★ **项目描述**

　　阔大货物因其体积、重量或长度较大,在运输组织中对运输安全影响较大。因此,制定合理阔大货物加固方案,避免在运输过程中发生移动、滚动、倾覆等情况,是保证运行安全的有效措施。通过本项目的学习,认识装载加固方案、常用加固材料和装置,并能够通过验算确定加固方案。

★ **教学目标**

1. 知识目标

(1)了解国铁集团现行装载加固方案。

(2)认识常用装载加固材料和装置。

(3)知道在列车运行过程中,货物所受到的各种力的产生原因及其对货物的影响。

(4)掌握各种力的计算方法。

(5)熟悉货物稳定性的检验方法。

(6)掌握货物加固方案的制定程序。

2. 能力目标

(1)会在实际工作中选用正确的装载加固方案。

(2)会选择适合的加固材料和方法。

(3)会计算各种力的大小,并验算其稳定性。

(4)能针对不同的货物,制订合理的装载加固方案。

3. 情感目标

(1)具有遵章守纪、安全生产的职业素养。

(2)具有吃苦耐劳、细致认真的职业素养。

(3)具有不惧困难、勇于挑战的良好品质。

(4)具有思维灵活、探索创新的进取意识。

思政链接

警钟长鸣

任务一　认识铁路装载加固方案

任务引入

【任务4-1】　某企业运输一大型机械设备——发电机转子一件,木箱包装,外形尺寸 11200mm × 1700mm × 1600mm,重心高小于 900mm,件重 57t。铁路受理该货物后应如何确定货物的装载加固方案？

任务（知识）储备

装载加固方案是一项技术工程，它包含着工程设计，是规章的具体落实。在国外，设计装载加固方案有上百年的历史。在我国，铁路货运工作者在长期实践的基础上，汲取国外好的做法，结合我国国情和铁路运输实际，总结制定出一套具有中国特色的铁路运输装载加固方案。它的公布实施，对于保证铁路运输安全起到了重要作用。但是，加固方案并非一成不变，随着科技进步，新产品层出不穷，为了方便托运部门，且能保证安全，因此要求不断完善、修订加固方案，并且逐步走向规格化、标准化。

一、装载加固方案的种类和作用

铁路货物装载加固方案分为装载加固定型方案（以下简称定型方案）、装载加固暂行方案（以下简称暂行方案）和装载加固试运方案（以下简称试运方案）。

1. 定型方案

定型方案系《加规》附件1，所列方案是铁路明定品名与规格的货物装载加固定型方案。此方案系列化程度较强、覆盖范围也比较广，是一个规范性的文件，与《加规》具有同等效力，是执行"按方案装车"和"装车质量签认"制度的基本依据。托运人和承运人都应该严格遵守和执行。

2. 暂行方案

暂行方案系由局集团公司审批报国铁集团备案的局集团公司明定的货物装载加固定型方案，是对定型方案的有效补充，这些方案很可能在适当时机被纳入定型方案。同时，暂行方案不应与定型方案相抵触，也不应重复。

3. 试运方案

试运方案系《加规》附件6，效力同《加规》。各试运方案均规定了相应的试运范围（站名、托运人等）。

不管定型方案、暂行方案还是试运方案，但对现场来讲都具有较强的实用性和可操作性。

二、装载加固定型方案的内容

装载加固定型方案包括11类50项，涉及货物装载品类千余种。具体分为：01类成件包装货物；02类集装箱、集装件及箱装设备；03类水泥制品、料石及箱装玻璃；04类木材、竹子；06类起重机梁及钢结构梁、柱、架；06类轧辊、轮对、电缆、钢丝绳、变压器及卧式锅炉；07类金属材料及制品；08类轮式、履带式货物；09类圆柱形、球形货物；10类大型机电设备；11类口岸站进口设备。

每个货物用一个编号来编码。编号由6位阿拉伯数字组成。从左至右，第1、2位为类别代码，第3、4位为项别代码，第5、6位为顺序码。

每个品名的定型方案都包括以下内容：

（1）货物装载加固定型方案示意图。

（2）货物规格，指明了货物的重量范围、外形尺寸情况及货物性质。在此内容中，还应指明对货物的包装要求。

（3）准用货车,指明了车辆的使用限制情况。

（4）加固材料(装置),指出所用加固材料的种类。

（5）装载方法,确定了合理、具体的装车方案。

（6）加固方法,确定了装车后具体的加固措施,按方案加固即是严格按此条规定进行加固。

（7）其他要求。本条规定的是一些有关装载加固的特殊规定或强调装载加固后的附属工作。

三、装载加固方案的申报和论证

托运人向装车站申报计划方案时,应详细提供货物的外形尺寸、单件重量、重心位置、支重面长度及宽度、货物运输安全的特殊要求等相关资料。

申报暂行方案时,还应同时提出装载加固计算说明书。

申报试运方案时,还应同时提出由国铁集团认定的方案论证、技术检测机构出具的方案论证和试验报告。

托运人应在计划方案上盖章或签字,并对内容的真实性负完全责任。对货物的活动部位(部件)、货物的装载加固特殊要求以及涉及货物和运输安全方面的其他重要情况,托运人须提出书面说明。

方案论证、技术检测工作应由国铁集团认定的专业技术机构承担。

凡因论证和试验单位违规操作及相关人为因素造成行车和货运事故的,追究论证、试验单位和相关人员责任。

四、装载加固方案的执行

凡使用铁路敞车、平车、长大货物车及敞、平车类专用货车装运的成件货物,有定型方案、暂行方案和试运方案的,一律严格按方案装车。

无方案的,由托运人在托运货物之前向装车站申报计划装载加固方案(以下简称计划方案,含方案比照申请)和相关资料,装车站按规定报批。装车单位按批准的方案组织装车。

与定型方案和暂行方案中货物规格(包括单件重量、重心位置、外形尺寸、支重面长度和宽度等)相近,装载加固方法相同并且使用相同车辆装载的货物,托运人可向装车站申请比照该定型方案或暂行方案,经发送局集团公司审查批准后方可实施。

试运方案和超过有效期的暂行方案不得比照。

五、装载加固方案的有效期

（1）定型方案长期有效。

（2）试运方案不跨年度,连续试运期限一般不应超过3年。

（3）暂行方案有效期及比照方案有效期由局集团公司规定。

凡需继续执行的暂行方案(比照方案)和试运方案,方案执行单位须在有效期结束前一个月将方案执行情况(试运方案为试运总结)和下一步运用请求逐级审核上报方案批准单位,经审查批准后方可继续实施。

逾期未申报者,原暂行方案(比照方案)和试运方案自行废止。

根据任务一中"任务(知识)储备"所学知识,分析"任务引入"中任务 4-1,请简要说明铁路受理该货物后应如何确定货物的装载加固方案?

1.实施要点

查阅《加规》附件 1,装载加固定型方案,编号 100026,确定该货物适用此定型方案。

2.方案内容

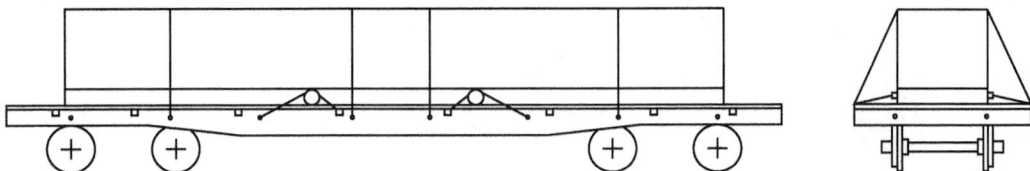

(1)货物规格:木箱包装,外形尺寸 11200mm × 1700mm × 1600mm,重心高小于 1000mm,件重 57t。

(2)准用货车:木地板平车。

(3)加固材料:直径 18mm 钢丝绳(破断拉力不小于 166kN),钢丝绳夹,直径 6.5mm 盘条。

(4)货物装载:每车顺装 1 件,货物重心投影位于货车的纵、横中心线的交叉点上。

(5)加固方法:

①用盘条 6 股下压加固 4 道。

②在两侧货物底盘起吊柱处,用钢丝绳 2 股各拉牵 2 个小八字形;捆绑在车侧丁字铁或支柱槽上。

(6)其他要求:加固线与货物和车辆棱角接触处采取防磨措施。

任务自测

1.货物装载加固方案有_____、_____和_____。

2.确定型号为宽枕 3397 的轨枕装载加固方案。有无适合的装载加固定型方案?

3.装载加固方案如何执行?

任务二　认识铁路常用加固材料、加固装置

任务引入

【任务 4-2】　某车站承运各种不同的货物,包括如汽车、钢轨、圆柱形罐体、大型变压器、原木、袋装化肥等,请你为各种货物选择适合的装载加固材料。

任务(知识)储备

货物装载以后,若检验出货物会发生倾覆、水平移动或滚动现象,则必须对其进行加固,以保证货物运输过程中的安全性和稳定性。

对货物进行加固,只有根据货物情况选择合适的加固材料,正确确定出合理的加固方法,才能达到经济、合理的加固货物的目的。

一、拉牵捆绑材料

拉牵捆绑材料,包括镀锌铁线、盘条、钢丝绳和钢丝绳夹、固定捆绑铁索、绳索、螺旋式紧线器、84 型紧固器、腰箍等。主要用于拉牵加固或腰箍加固以及整体捆绑。

图 4-1　镀锌铁线

(一)镀锌铁线

镀锌铁线是一种适应性比较强,应用广泛的加固材料(见图 4-1)。它可用于拉牵加固和捆绑,防止货物产生倾覆、水平移动和滚动。

1. 主要性能指标

(1)镀锌铁线的质量应符合国家标准《一般用途低碳钢丝》(GB/T 343)的要求。

(2)镀锌铁线的破断拉力应以产品标签上的数据为准,许用拉力取其破断拉力的 1/2。常用镀锌铁线的破断拉力和许用拉力,见表 4-1。

常用镀锌铁线的破断拉力和许用拉力　　　　　　　　　　表 4-1

线号	6	7	8	9	10	11	12
直径(mm)	5.0	4.5	4.0	3.5	3.2	2.9	2.6
破断拉力(kN)	6.7	5.4	4.3	3.29	2.75	2.26	1.82
许用拉力(kN)	3.35	2.7	2.15	1.64	1.37	1.13	0.91

2. 使用方法

(1)使用镀锌铁线拉牵加固的方式,主要有八字形、倒八字形、交叉、又字形或反又字形等。各种拉牵方式可单独使用,也可两种或两种以上组合使用。拉牵应尽可能对称。

(2)拉牵加固时,将单股或双股镀锌铁线在货物和车辆的两拴结点间往返缠绕,并应拽紧镀锌铁线使各股松紧度尽量一致。剩余部分穿插缠绕于自身绳杆后,使用绞棍绞紧,余尾朝向车内。

(3)应合理选择货物上的拉牵位置。用于防止货物水平移动时,拉牵位置应尽量低些;用于防止货物倾覆时,拉牵位置可适当高些。

3. 注意事项

(1)拉牵用镀锌铁线直径不得小于 4mm;捆绑用镀锌铁线直径不得小于 2.6mm。

(2)镀锌铁线不得用作腰箍下压式加固,一般不用作整体捆绑。

(3)绞紧时不得损伤镀锌铁线。

(4)禁止使用两股以上镀锌铁线一次性缠绕的操作方法。

(5)禁止使用受损、使用过的镀锌铁线。

(二)盘条

1. 主要性能指标

(1)盘条的质量应符合国家标准《低碳钢热轧圆盘条》(GB/T 701)的要求。

(2)常用盘条公称直径为:5.5mm、6.0mm、6.5mm。

(3)盘条的破断拉力应以产品标签上的数据为准,许用拉力取其破断拉力的 1/2。常用盘条的破断拉力和许用拉力,见表 4-2。

常用盘条的破断拉力和许用拉力   表4-2

直径(mm)	5.5	6	6.5
破断拉力(kN)	7.96	9.47	11.12
许用拉力(kN)	3.98	4.73	5.56

2. 使用方法

(1)使用盘条拉牵加固的方式,主要有八字形、倒八字形、交叉、又字形或反又字形等。各种拉牵方式可单独使用,也可两种或两种以上组合使用。拉牵应尽可能对称。

(2)拉牵加固时,将单股或双股盘条在货物和车辆的两拴结点间往返缠绕,并应拽紧盘条使各股松紧度尽量一致,剩余部分穿插缠绕于自身绳杆后,使用绞棍绞紧,余尾朝向车内。

(3)应合理选择货物上的拉牵位置。用于防止货物水平移动时,拉牵位置应尽量低些;用于防止货物倾覆时,拉牵位置可适当高些。

(4)盘条还可用于整体捆绑。

3. 注意事项

(1)禁止使用受损、使用过的和表面有裂纹、折叠、结疤、耳子、分层、夹杂的盘条。

(2)绞紧时不得损伤盘条。

(3)拉牵时,禁止盘条两端头相互搭接缠绕。

(4)盘条不得用作腰箍下压式加固。

(三)钢丝绳和钢丝绳夹

1. 主要性能指标

(1)钢丝绳和钢丝绳夹的质量应分别符合国家标准《一般用途钢丝绳》(GB/T 20118)和《钢丝绳夹》(GB/T 5976)的要求。

(2)实际使用时,钢丝绳的破断拉力应以产品标签上的数据为准;许用拉力取其破断拉力的1/2。

(3)钢丝绳的型号规格较多,为便于现场掌握和操作,本规则以上述标准中公称抗拉强度1670N/mm² 的 $6 \times 19_{(b)}(1+6+12)$ 型钢丝绳为例,列出常用钢丝绳直径及其相应的最小破断拉力和许用拉力,具体见表4-3。

公称抗拉强度1670N/mm²规格 $6 \times 19_{(b)}$ 钢丝绳的最小破断拉力和许用拉力   表4-3

钢丝绳直径(mm)	6	7	7.7	8	9	9.3	10	11	12	12.5	13
最小破断拉力(kN)	18.5	25.1	31.7	32.8	41.6	45.6	51.3	62	73.8	81.04	86.6
许用拉力(kN)	9.25	12.55	15.85	16.4	20.8	22.8	25.65	31	36.9	40.52	43.3
钢丝绳直径(mm)	14	15.5	16	17	18	18.5	20	22	24	26	28
最小破断拉力(kN)	100	126.6	131	153.27	166	182.37	205	248	295	346	402
许用拉力(kN)	50	63.3	65.5	76.63	83	91.18	102.5	124	147.5	173	201

2.使用方法

(1)使用钢丝绳拉牵加固的方式,主要有八字形、倒八字形、交叉、又字形或反又字形等。各种拉牵方式可单独使用,也可两种和两种以上组合使用。拉牵应尽可能对称。

(2)应合理选择货物上的拉牵位置。用于防止货物水平移动时,拉牵位置应尽量低些;用于防止货物倾覆时,拉牵位置可适当高些。

(3)拉牵加固时,将钢丝绳穿过紧线器或绕过拴结点后,绳头折回与主绳并列,使用与之匹配的钢丝绳夹固定。

(4)钢丝绳还可用于腰箍下压式加固和整体捆绑。

(5)固定单股钢丝绳端头时,使用钢丝绳夹的数量不得少于3个,并按图4-2a)所示进行布置;两根钢丝绳搭接时,并列绳头应拉紧,用不少于4个钢丝绳夹正反扣装并紧固,如图4-2b)所示。钢丝绳夹间的距离 A 等于6~7倍钢丝直径,绳头余尾长度应控制在100~300mm之间。

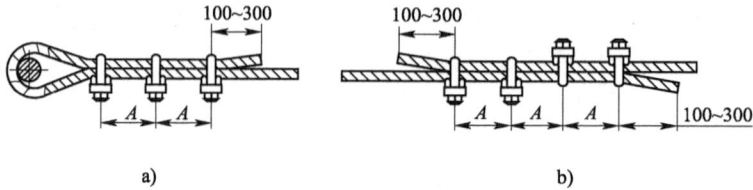

图4-2 钢丝绳夹使用示意图(尺寸单位:mm)

(6)应先紧固离拴结点最近的钢丝绳夹。

(7)加固时钢丝绳应松紧适度。

(8)搭接钢丝绳时,钢丝绳的底板必须扣在主绳一侧。

3.注意事项

(1)禁止使用受损的钢丝绳。

(2)禁止使用吊车吊钩张紧钢丝绳。

(3)紧线器与钢丝绳串联使用时,其抗拉强度应与钢丝绳匹配。

(4)钢丝绳夹的夹座表面应光滑平整,无尖棱和冒口,不得有降低强度和有损外观的缺陷(如气孔、裂痕、疏松、夹砂、铸疤、起磷、错箱等)。

(5)夹座的绳槽表面应与钢丝绳的表面和捻向吻合;U 形螺栓杆部表面不允许有过烧裂纹、凹疤、斑疤、条痕、氧化皮和浮锈。

(6)螺纹表面不许有碰伤、毛刺、双牙尖、划痕、裂缝和丝扣不完整。

(四)腰箍

1.主要性能指标

(1)腰箍主要用于加固顺装的圆柱体货物,也可用于加固箱形货物。

(2)使用扁钢制作腰箍时,扁钢的力学性能应符合国家标准《碳素结构钢》(GB/T 700)、《优质碳素结构钢》(GB/T 699)、《合金结构钢》(GB/T 3077)的要求。扁钢截面尺寸应根据腰箍强度计算结果确定。

(3)使用钢丝绳制作腰箍时,其质量应符合国家标准《一般用途钢丝绳》(GB/T 20118)的要求,钢丝绳规格尺寸根据腰箍强度计算结果确定。

2.制作要求

制作扁钢腰箍时,应根据货物的外形预先将扁钢弯曲成型号。扁钢可以接长,接口处可采用对接或搭接方式。对接时,接口须采用单边或双边坡口形式焊接,接缝处必须焊透,并在背面增加宽度相等、长度不小于扁钢宽度的补强板1块,与扁钢四周满焊;搭接时,搭接长度不小于扁钢宽度的2倍,与扁钢四周满焊,强度必须满足需要。

3. 使用方法

(1)腰箍两端应分别与车辆拴结点或钢座架相连,其预紧力应达到设计要求。

(2)通过螺栓张紧腰箍时须用双螺母紧固。

(3)腰箍可与螺旋式紧线器配合使用。

(4)腰箍与货物接触处可加垫橡胶垫等。

4. 注意事项

(1)木箱包装的货物、外壳较薄易于损坏的货物,不宜采用腰箍进行加固。

(2)禁止使用镀锌铁线、盘条制作腰箍。

(3)禁止使用仅一端有紧固装置的扁钢腰箍。

二、衬垫材料

衬垫材料主要用于支撑货物并起防滑作用,既可置于货物与车地板间,也可置于货物层间;衬垫材料按照材质可分为木制衬垫材料、稻草制品衬垫材料及橡胶垫等。

(一)垫木和隔木

1. 主要性能指标

(1)横垫木和隔木(见图4-3)的长度一般不应小于货物装载宽度,但不大于车辆的宽度。

(2)横垫木和隔木的宽度不得小于高度。

(3)垫木和隔木的常用规格尺寸,见表4-4。

图4-3 隔木

垫木和隔木的常用规格尺寸 表4-4

名称	规格尺寸(mm)			要 求
	长	宽	高(厚)	
横垫木	2700~3000	150	140	装载超长货物时横垫木的高度根据突出车端长度计算确定
纵垫木	—	150	140	
隔木	—	100	35	长度不得小于货物的装载宽度

注:本表规定的规格,如不能适应所装货物需要,应在具体装载加固方案中明确。

2. 制作要求

垫木和隔木必须使用无削弱强度的木节和裂纹,坚实、纹理清晰,无腐烂的整块木材制作。

3. 使用方法

(1)横垫木应置于车地板与货物之间,在集中装载时,使其安放位置能满足《加规》的有关要求。

(2)一车负重装载超长货物时,横垫木的最小高度应根据《加规》附件2公式计算确定。

(3)货物分层装载时,可在层间铺垫隔木。

(二)稻草制品衬垫材料、橡胶垫

稻草制品衬垫材料包括条形草支垫、稻草绳把和稻草垫(见图4-4)。既可置于货物与车地板之间,也可置于货物层间,仅限一次性使用。

图4-4 条形草支垫、稻草绳把和稻草垫

D30型条形草支垫和稻草垫压实后的高度不得小于40mm,其余型号条型草支垫和单根稻草绳把压实后高度不得小于10mm。条形草支垫和稻草绳把的长度应保证装车后每端露出货物边缘不小于100mm(货物宽度与货车内宽接近时除外)。铺垫稻草垫时,其露出货物边缘四周的余量不得小于100mm(货物宽度与货车内宽接近时除外)。条形草支垫和稻草绳把既可用于支撑货物,也可用于防滑。稻草垫只用于防滑。

为避免稻草制品衬垫材料由于焦煳、燃烧造成失效,应对稻草制品采取阻燃措施,并严格控制货物装车时的温度。

橡胶垫起防滑、防磨作用并可作为缓冲材料。

三、掩、挡类材料

掩、挡类材料主要用于加固圆柱形货物或球形货物、采用阻挡加固的货物以及起脊装载的散堆装货物等。

1. 用于加固圆柱形货物、球形货物的掩、挡类材料

用于加固圆柱形货物或球形货物的掩、挡类材料,主要包括三角挡(见图4-5)、掩木、凹木等,用以防止货物发生滚动。掩挡可用木材、钢材、铁泥塑料及稻草等制成。

2. 用于采用阻挡加固货物的掩、挡类材料

用于采用阻挡加固的货物的掩、挡类材料包括挡木、钢挡等。挡木和钢挡通过其与车地板间的连接强度对货物进行加固。因此。挡木或钢挡除其自身需满足强度要求外,其与车地板间的连接强度也必须满足要求。

挡木、钢挡一般采用与车地板钉固或螺栓连接的方式固定;钢挡还可直接焊接在车辆上,如图4-6所示。

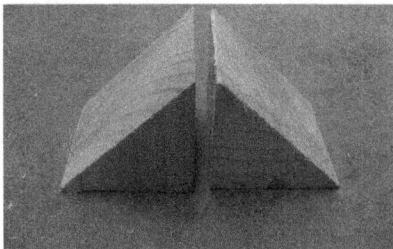

图4-5 三角挡

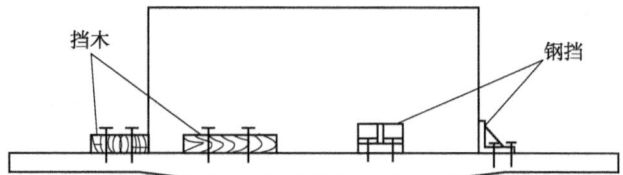

图4-6 挡木、钢挡与车地板钉固

3.用于加固起脊装载的散堆装货物的掩、挡类材料

用于加固起脊装载的散堆装货物的掩、挡类材料主要包括支柱、围挡及挡板(壁)等。

支柱是拦护货物的加固材料,一般用于加固原木、木材制品及轻浮货物。支柱分为木支柱、钢管支柱和竹支柱 3 种。常用支柱的材质和规格,参见表 4-5。

常用支柱的材质及规格 表 4-5

类型	材质或树种	规　格　(mm)		
		长度	大头直径	小头直径
木支柱	榆、柞、槐、楸、桦、栗、栎、榉、水曲柳等各种硬木	≤2800	不小于 85,不大于 160	不小于 65
	落叶松、黄菠萝		不小于 105,不大于 160	不小于 85
	杉木、樟松		不大于 180	不小于 100
钢管支柱	普通碳素钢或其他钢种的无缝钢管或焊接钢管		不小于 65	不小于 65
竹支柱	毛竹		不小于 80	不小于 80

注:各种材质木支柱的直径均不含树皮的厚度。

围挡及挡板(壁)主要用于加固焦炭、成件包装的轻浮货物、木材及竹子等敞车装载时的起脊部分,起拦护作用,如图 4-7 和图 4-8 所示。

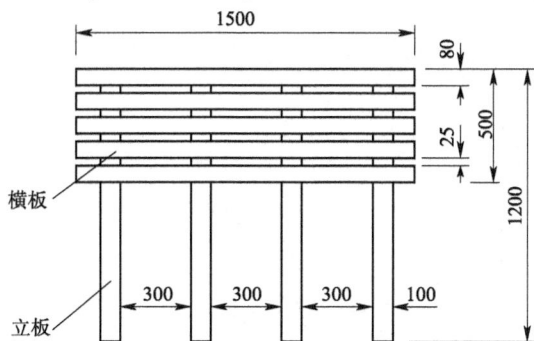

图 4-7　木板围挡结构(尺寸单位:mm)

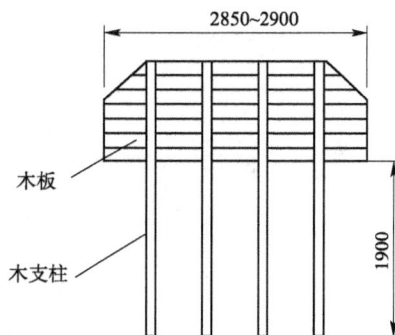

图 4-8　板、方材挡板结构(尺寸单位:mm)

四、其他材料

除以上拉牵捆绑材料、衬垫材料以及掩、挡类材料以外,常用加固材料还包括绳网(用于加固敞车装载成件包装货物的起脊部分及平车装载袋装货物)、焦炭网(用于苫盖焦炭)、绞棍(用于绞紧镀锌铁线或盘条)、钉固装载加固材料的圆钢钉和扒锔钉(用于钉固掩挡等加固材料)、U 形钉(用于固定木材加固用的整体捆绑线、封顶线、腰线、拦护线等)、U 形夹(用于固定钢轨端部拉牵线)以及钢板夹(用于钢板整体加固)等。

五、加固装置

常用加固装置有:货物转向架、活动式滑枕或滑台,货物支架、座架、车钩缓冲停止器等。

跨装运输超长货物时,需要安装两种加固装置。为了便于跨装车组顺利通过曲线和缓和外力的作用,需要在负重车上安装货物转向架。车钩缓冲停止器则用以限制两负重车之

间车钩缓冲弹簧伸缩作用。

（一）货物转向架

跨装运输超长货物时，为了便于跨装车组顺利通过曲线和缓和外力的作用，需要在负重车上安装货物转向架。

货物转向架每副两个，一个具有死心盘，中心销孔为一圆孔；另一个具有活心盘，中心销孔为一长孔。每个转向架由上架体和下架体组成。货物转向架组成后，上架体必须转动灵活，活心盘上架体还应纵向滑动灵活。

货物转向架分为普通型和专用型两类：普通型是指通用的货物转向架（见图4-9）；专用型是为某种超长货物专门制备的转向架（见图4-10）。

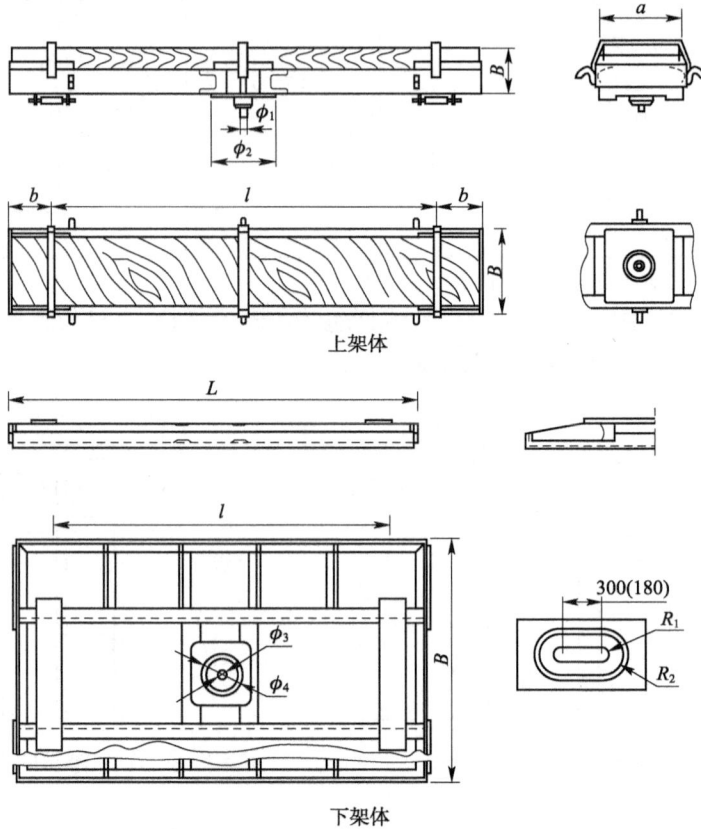

图4-9 普通货物转向架结构

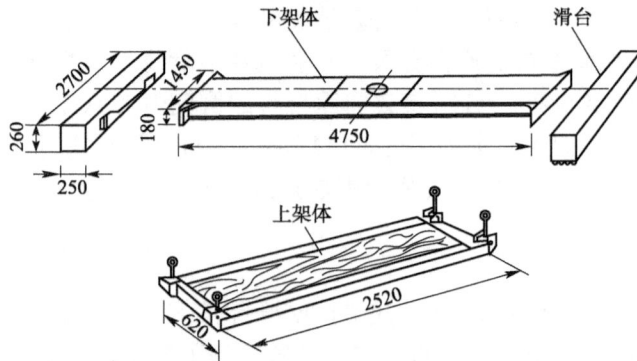

图4-10 25m钢轨两支承式转向架（尺寸单位：mm）

164

转向架根据其活心盘孔的长度和是否加挂中间游车分为两种:两车一组跨装货物、不加挂中间游车为一种;三车一组跨装货物、加挂中间游车为一种。

两车一组跨装货物时,活心盘中心销定位于活心盘孔的中央;三车一组跨装货物、中间加挂游车时,活心盘中心销置于活心盘孔内的位置,距中间游车一端(内侧)180mm,距另一端(外侧)120mm。活心盘孔在上架体上时则相反。

货物转向架编号应标打在转向架的明显部位。托运人在托运货物时,应在货物运单托运人记事栏内注明转向架编号。

(二)车钩缓冲停止器

跨装货物运输时,为了限制两负重车之间车钩缓冲弹簧伸缩作用,应使用车钩缓冲停止器。在车钩自然状态下,将车钩缓冲停止器安装在货车冲击座和车钩钩头背之间。卸车后或回送前,应拆卸车钩缓冲停止器。

车钩缓冲停止器(见图4-11)由钢板和螺杆等部件组成,其钢板的厚度不得小于20mm。连接螺杆的直径不得小于16mm。置于冲击座和钩头背之间的钢板,在冲击座一侧,应制作成梯形或圆弧形(圆弧半径不大于100mm),宽度(B)(最宽处)应小于冲击座至钩头背间距离的3~5mm。

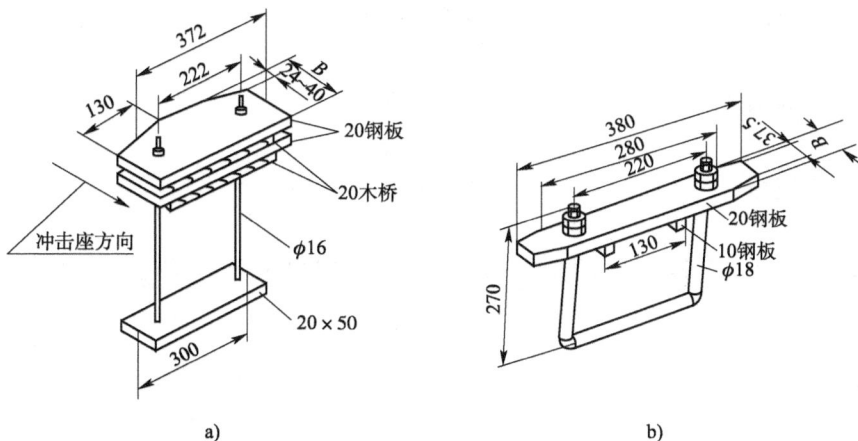

图4-11　车钩缓冲停止器(尺寸单位:mm)

(三)货物支架、座架

货物支架、座架用钢、木制作,用于支撑球形、卧装圆柱形及支重面需使用支架(见图4-12)、座架的货物。应根据货物形状、重量、使用车辆等条件制作,其强度、规格、防滑等指标应能满足安全运输的要求。

(四)专用货车配备的装载加固装置

专用货车配备的装载加固装置,如小汽车双层平车SQ₁配备的止轮器、紧固器,SQ₃配备的掩挡、尼龙带。

图4-12　支架

🖊 **任务实施**

根据任务二中"任务(知识)储备"所学知识,分析"任务引入"中任务4-2,请为各种货物选择适合的装载加固材料。

实施要点：

（1）明确各种货物的特点。

（2）清楚常用加固材料和装置的用途。

（3）根据货物特点，选择需要采用的加固材料和装置。

任务自测

1. 不定项选择题

（1）需要使用装载加固装置和加固材料的货物，应按规定对装载加固装置和加固材料的数量、（   ）、规格进行检查。

    A. 材质　　　　　B. 质量　　　　　C. 外形　　　　　D. 外观

（2）拉牵加固方法，可以采用（   ）加固材料。

    A. 盘条　　　　　B. 镀锌铁线　　　　C. 稻草绳把　　　　D. 钢丝绳

（3）（   ）可以采用腰箍加固。

    A. 箱形货物　　　B. 球形货物　　　　C. 卧装圆柱形货物　D. 立装圆柱形货物

2. 为下列货物选择需要的加固材料和装置（连线）。

    小汽车　　　　　　　　　　　　钢丝绳

    25m 长的钢轨　　　　　　　　隔木

    竹子　　　　　　　　　　　　挡板

    大型变压器　　　　　　　　　掩木

任务三　　制定铁路阔大货物加固方案

任务引入

【任务 4-3】　使用 N_{17AK} 装载一件货物，重 20t，规格 11000mm×2500mm×2000mm 箱形均重货物，木箱包装，均衡对称装载。试确定该货物加固方案。

任务（知识）储备

装载后的货物一般还需采取适当的加固措施，才能保证货物在正常的运输过程中不发生移动、滚动、倾覆等现象。

为了保证加固强度，应通过必要的加固计算，根据计算结果确定合理的加固方案和选择适当的加固材料。设计货物加固方案的程序是：计算运行中作用于货物上的力值；检验货物的稳定性；确定合理的加固方法和加固材料；确定加固材料的类型、规格和数量。

一、计算运行中作用于货物上的力值

列车运行时，车上所装载的货物将受到各种外力的作用，如纵向惯性力、横向惯性力、垂直惯性力、风力、摩擦力（见图 4-13）。

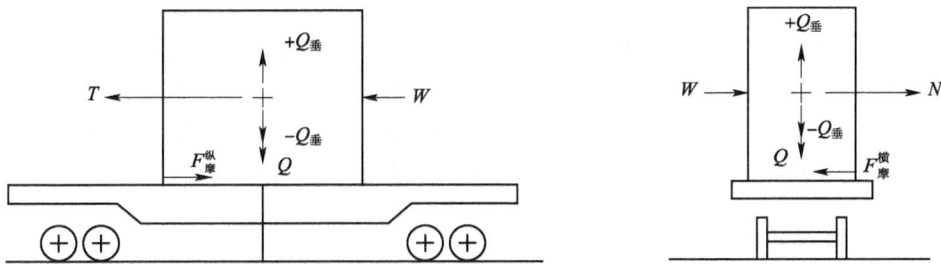

图 4-13 运送中作用于货物上的力

这些外力的产生,是由于在列车运行过程中运动状态的改变,使得车辆产生较大的纵向加速度,并且线路和车辆动力相互作用,从而导致货物随车体产生复杂的振动。车辆的主要振动有:摇头振动、点头振动、侧滚振动、沉浮振动、伸缩振动和侧摆振动等。由于其作用点和作用方向不同,这些外力有的对货物起稳定作用,有的则对货物的稳定起破坏作用。

(一)纵向惯性力

纵向惯性力主要是因为车辆运动状态发生变化而引起的。比如,起动、紧急制动、变速运行、调车时运行车辆碰撞到静止的车辆等等。该力的作用点在货物的重心处。在直线区段,该力的作用方向与线路中心线平行;在曲线区段,该力的作用方向为曲线的切线方向。纵向惯性力可用下式计算:

$$T = t_0 Q \qquad (\text{kN}) \tag{4-1}$$

式中:t_0——每吨货物的纵向惯性力,kN/t;

Q——货物重量,t。

纵向惯性力是一种破坏力。

研究和试验均表明:在运输过程中,当进行调车作业时,运行的车辆与静止的车辆相互撞击,或者当机车连挂停留的车辆时,货物所受的纵向惯性力最大。

货物纵向惯性力的大小和采用的加固种类关系密切。

1.采用刚性加固

刚性加固系指将货物直接焊于车地板上,或者在车地板上加焊挡铁的加固形式。采用刚性加固时,可以把货物和车体视为一个整体。当车辆受到冲击时,货物和车体具有几乎相同的加速度。

$$t_0 = 26.69 - 0.13 Q_{总} \qquad (\text{kN/t}) \tag{4-2}$$

式中:$Q_{总}$——重车总重,t。

当 $Q_{总} > 130\text{t}$ 时,按 130t 计算。

2.采用柔性加固

$$t_0 = 0.0012 Q_{总}^2 - 0.32 Q_{总} + 29.85 \qquad (\text{kN/t}) \tag{4-3}$$

式中:$Q_{总}$——重车总重,t。

跨装运输时,按跨装车组总重计算。

当 $130\text{t} < Q_{总} \leqslant 150\text{t}$ 时,$t_0 = 6.78\text{kN/t}$;

当 $Q_{总} > 150\text{t}$ 时,$t_0 = 5.88\text{kN/t}$。

（二）横向惯性力

列车在运行时,车辆会产生侧摆振动、侧滚振动、摇头振动,从而使车上的货物产生横向惯性力。其值的大小与线路质量、车辆走行部分的性能、货物的重量、列车在曲线上的速度、曲线半径大小,以及外轨超高程度等因素有关。实际上,由于各种振动是很复杂的,要准确计算横向惯性力的大小其难度是较大的,一般可用下列公式计算:

$$N = n_0 Q \qquad (kN) \qquad (4-4)$$

式中:n_0——每吨货物的横向惯性力,kN/t;

Q——货物重量,t。

$$n_0 = 2.82 + 2.2\frac{a}{l} \qquad (kN/t) \qquad (4-5)$$

式中:a——货物重心偏离车辆横中心线的距离,mm;跨装时,为货物转向架中心销偏离车辆横中心线的距离,mm;

l——负重车转向架中心距(具有多层转向架群的货车为底架心盘中心距),mm。

（三）垂直惯性力

由于列车在运行时,车辆出现点头振动,沉浮振动和侧滚振动,于是车上的货物则产生一个垂直惯性力。该力呈向上、向下交替产生。它的大小与线路的状况、列车运行速度、货物重心位置以及车辆的情况有关系。垂直惯性力可用下式计算:

$$Q_{垂} = q_{垂} Q \qquad (kN) \qquad (4-6)$$

式中:$q_{垂}$——每吨货物的垂直惯性力,kN/t;

Q——货物重量,t。

1. 使用敞车和普通平车装载时

$$q_{垂} = 3.54 + 3.78\frac{a}{l} \qquad (kN/t) \qquad (4-7)$$

式中:a——货物重心偏离车辆横中心线的距离,mm;跨装时,为货物转向架中心销偏离车辆横中心线的距离,mm;

l——负重车转向架中心距,mm。

2. 使用长大货物车装载时

$$q_{垂} = 4.53 + 7.84\frac{a}{l} \qquad (kN/t) \qquad (4-8)$$

（四）风力

当风力与作用于货物上横向力方向一致时,风力有可能对货物和重车稳定性造成不良影响,所以加固计算时应考虑风力。风力的作用点为受风面的几何中心。

货物所受风力大小与货物的形状、受风作用面积以及风压大小直接有关。货物所受风力计算公式为:

$$W = qF \qquad (kN) \qquad (4-9)$$

式中:q——侧向计算风压;受风面为平面时,$q = 0.49 kN/m^2$;受风面为圆球体或圆柱体侧面时,$q = 0.245 kN/m^2$;

F——侧向迎风面的投影面积,m^2。

（五）摩擦力

由于货物的重量，使货物与车底板（或垫木）间产生摩擦力，它的作用方向正好与作用在货物上的各种外力的合力方向相反，且是阻止货物在车上产生水平移动的力，因而摩擦力对货物稳定性起着有利的作用。它的大小取决于货物本身的自重及车底板表面、货物支重面和垫木或衬垫表面的性质。摩擦力计算公式为：

纵向摩擦力：$$F_{摩}^{纵} = 9.8\mu Q \qquad （kN） \tag{4-10}$$

横向摩擦力：$$F_{摩}^{横} = \mu(9.8Q - Q_{垂}) \qquad （kN） \tag{4-11}$$

式中：Q——货物重量，t；

$Q_{垂}$——货物的垂直惯性力，kN；

μ——摩擦系数，其值按表 4-6 取。当货物与车地板间加有垫木或衬垫时，应取货物与垫木或衬垫间及垫木或衬垫与车地板间摩擦系数较小者计算。

铁路货物常用摩擦系数表 表 4-6

物 体 名 称	摩 擦 系 数	物 体 名 称	摩 擦 系 数
木与木	0.45	橡胶垫与木	0.60
木与钢板	0.40	橡胶垫与钢板	0.50
木与铸钢	0.60	稻草绳把与钢板	0.50
钢板与钢板	0.30	稻草绳把与铸钢	0.55
履带走行机械与车辆木地板	0.70	稻草垫与钢板	0.44
橡胶轮胎与车辆木地板	0.63	草支垫与钢板	0.42

由此可见，列车在运行中，货物将受到上述各种力的作用，这几种力并非单独作用于货物上，而往往是几种力同时作用于货物上。几种力中纵向惯性力、横向惯性力、垂直惯性力、风力都是破坏力，对货物的稳定性起破坏作用，而摩擦力对货物起着稳定作用，所以当有益的力不能抵消破坏力时，货物就不稳定，则需加固。

二、检验货物的稳定性

货物不稳定，主要发生在倾覆、滚动和水平移动 3 个方面。

检验货物的稳定性是通过稳定系数来确定的。由于货物所受多种外力的作用点和作用方向不同，所以，必须通过力矩来计算稳定系数。

稳定系数是指稳定力产生的稳定力矩与不稳定力产生的不稳定力矩的比值。该比值不低于 1.25，则货物是稳定的，不需要加固。

（一）货物倾覆的稳定性

货物在纵向上将受到纵向惯性力的作用，若货物重力形成的稳定力矩与纵向惯性力形成的纵向倾覆力矩（不稳定力矩）之比不能达到稳定条件，则货物就会发生纵向倾覆。

货物在横向上受到横向惯性力和横向风力的作用，若重力形成的稳定力矩与横向惯性力和风力形成的横向倾覆力矩之比不能达到稳定条件，则货物就会发生横向倾覆。

如图 4-14 所示，在不采取加固的情况下，货物免于倾覆的条件为：

在纵向：
$$\eta = \frac{9.8Qa}{Th} \geqslant 1.25 \qquad (4-12)$$

在横向：
$$\eta = \frac{9.8Qb}{Nh + Wh_{风}} \geqslant 1.25 \qquad (4-13)$$

式中：Q——货物重量，t；

　　　a——货物重心所在横向垂直平面至货物倾覆点之间的距离，mm；

　　　b——货物重心所在纵向垂直平面至货物倾覆点之间的距离，mm；

　　　T——货物的纵向惯性力，kN；

　　　N——货物的横向惯性力，kN；

　　　h——货物重心自倾覆点所在水平面起算的高度，mm；

　　　W——作用于货物上的风力，kN；

　　$h_{风}$——风力合力作用点自倾覆点所在水平面起算的高度，mm。

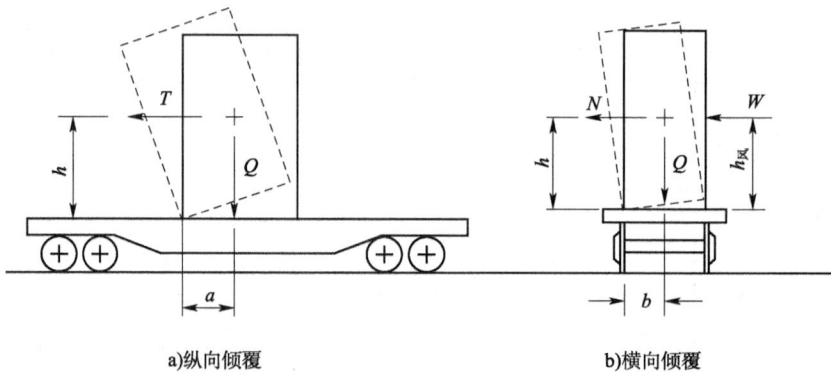

a)纵向倾覆　　　　　　　　　b)横向倾覆

图 4-14　货物在车地板上倾覆趋势示意图

（二）货物滚动的稳定性

对圆柱（筒）形、球形、带轮子的货物，装在车上若不进行任何加固，货物将产生滚动现象。故此类货物必须采用三角挡、凹木、掩木等加固材料进行加固，如图 4-15 所示。

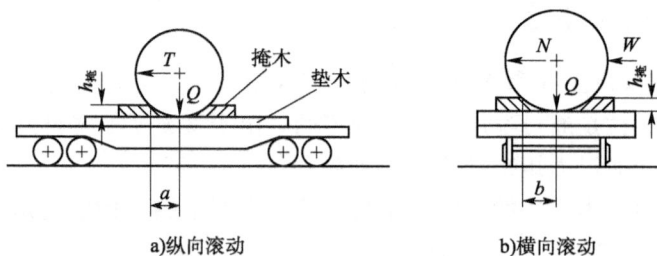

a)纵向滚动　　　　　　　　　b)横向滚动

图 4-15　货物在车地板上滚动趋势示意图

圆柱形、球形货物及轮式货物，使用三角挡或掩木加固后，滚动稳定系数可按下式计算：

在纵向：
$$\eta = \frac{9.8Qa}{T(R - h_{掩})} \geqslant 1.25 \qquad (4-14)$$

在横向：
$$\eta = \frac{9.8Qb}{(N + W)(R - h_{掩})} \geqslant 1.25 \qquad (4-15)$$

式中：a、b——货物重心所在横向或纵向垂直平面至三角挡（或掩木）与货物接触点之间距

离，a 或 $b = \sqrt{R^2 - (R - h_{掩})^2}$，mm；

R——货物或轮子半径，mm；

$h_{掩}$——掩木或三角挡与货物接触点自货物或轮子最低点所在水平面起算的高

度，mm。

如果稳定系数小于1.25，表明所使用的掩木或三角挡高度不够，应同时采用其他加固措施。

（三）货物水平移动的稳定性

若货物的纵向惯性力大于纵向摩擦力或横向惯性力与风力之和的1.25倍大于横向摩擦力，则应采取加固措施防止货物移动。加固材料应承受的纵向或横向力可按下式计算：

在纵向：
$$\Delta T = T - F_{摩}^{纵} \qquad (\text{kN}) \tag{4-16}$$

在横向：
$$\Delta N = 1.25(N + W) - F_{摩}^{横} \qquad (\text{kN}) \tag{4-17}$$

由于货物横向位移的危险性较大，并且横向力的最大值是当重车以比较高的速度在曲线上运行时产生的。为确保安全，在考虑横向加固时，将横向惯性力和风力之和加大了25%。

三、确定合理的加固方法和加固材料

货物装载以后，若检验出货物有发生倾覆、水平移动或滚动可能，则必须对其进行加固，以保证货物在运输过程中的稳定性、安全性。对货物进行加固，只有根据货物情况选择合适的加固材料，正确确定出合理的加固方法，才能达到经济、合理地加固货物的目的。

四、常用加固方法的加固强度计算

常用加固方法有拉牵、横腰箍下压式捆绑、阻挡、掩垫等。为保证货物运输的安全，要根据货物的稳定性、所选定的加固方法和加固材料，通过计算确定加固材料的强度和数量。

（一）采用铁线、盘条和钢丝绳拉牵加固

拉牵加固可以防止货物产生移动或倾覆，常采用八字形、倒八字形或交叉拉牵。

对称拉牵加固时，拉牵位置如图4-16所示。

注：图中，O 为拉牵绳在货物上的拴结点；B 为 O 点在车地板上的投影；BC 为 O 点所在纵向垂直平面至车辆边线的距离；A 为拉牵绳在车辆上的拴结点。

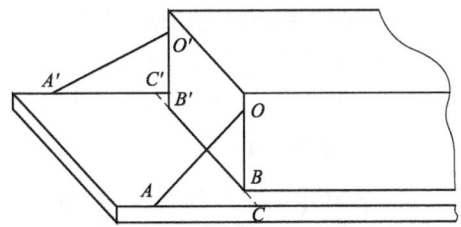

图4-16 对称拉牵加固示意图

当同一方向有 n 根拉牵绳时，每根应承受的拉力可按下式计算：

防止纵向移动时：
$$S_{纵移} = \frac{\Delta T}{nAC}\sqrt{AC^2 + BO^2 + BC^2} \qquad (\text{kN}) \tag{4-18}$$

防止横向移动时：
$$S_{横移} = \frac{\Delta N}{nBC}\sqrt{AC^2 + BO^2 + BC^2} \qquad (\text{kN}) \tag{4-19}$$

防止纵向倾覆时：

$$S_{\text{纵倾}} = \frac{1.25Th - 9.8Qa}{n(l_{\text{纵}} + AC)BO} \sqrt{AC^2 + BO^2 + BC^2} \quad (\text{kN}) \qquad (4-20)$$

防止横向倾覆时:

$$S_{\text{横倾}} = \frac{1.25(Nh + Wh_{\text{风}}) - 9.8Qb}{n(l_{\text{横}} + BC)BO} \sqrt{AC^2 + BO^2 + BC^2} \quad (\text{kN}) \qquad (4-21)$$

式中:$l_{\text{纵}}$——货物纵向倾覆点至拉牵绳在货物上拴结点所在横向垂直平面间的距离,mm;

$\quad l_{\text{横}}$——货物横向倾覆点至拉牵绳在货物上拴结点所在纵向垂直平面间的距离,mm;

$\quad h$——货物重心自倾覆点所在水平面起算的高度,mm;

$\quad h_{\text{风}}$——风力合力作用点自倾覆点所在水平面起算的高度,mm。

每根拉牵绳应承受的力:

$$S \geqslant \max\{S_{\text{纵移}}, S_{\text{横移}}, S_{\text{纵倾}}, S_{\text{横倾}}\} \qquad (4-22)$$

选用钢丝绳拉牵时,钢丝绳的破断拉力不得小于 $2S$。选用镀锌铁线或盘条拉牵时,每根拉牵绳需要股数为:

$$n = \frac{S}{0.9P_{\text{许}}} \quad (\text{股}) \qquad (4-23)$$

式中:$P_{\text{许}}$———股镀锌铁线或盘条的许用拉力,kN。

使用镀锌铁线、钢丝绳加固货物的注意事项:

(1)使用镀锌铁线、钢丝绳捆绑加固货物时,应依据所加固货物的拴结点情况,尽量考虑对称拉牵。

(2)弹性变形较大,抗拉能力较小的镀锌铁线,不宜作为重量较大货物捆绑加固用,一般当计算所需的单道拉牵镀锌铁线在 14 股以上时,应改用钢丝绳加固。

(3)拉牵绳与车地板的夹角一般应接近 45°。若捆绑加固主要用于防止货物水平移动时,拉牵绳与车地板的夹角可小于 45°;若主要用于防止货物倾覆,拉牵绳与车地板的夹角应适当大于 45°。

(4)多股镀锌铁线拉牵加固时,需用绞棍绞紧。绞棍应置于拉牵铁线的中部,绞紧适度,不得过紧过松。绞棍留用时须固定;不留用时须采取措施防止铁线回松。

(5)使用钢丝绳捆绑加固货物时,所用紧固装置的强度和规格需与之匹配。

(6)多股小直径钢丝绳捆绑加固货物时,两端绳头用钢丝绳夹头正反扣紧固定后,应用铁质绞棍绞紧。在此种情况下,绞棍必须留用并予以固定。

(二)腰箍加固

横腰箍主要是用于加固圆柱形货物或带轮子的货物。特别是用于防止顺向卧装的圆柱形货物发生滚动,也可用来加固箱形货物。

利用横腰箍加固,主要是利用横腰箍的拉力,增大货物对垫木(或垫木对车地板)之间的正压力,以增加摩擦力,防止货物移动。

1.顺装圆柱形货物,用 n 道腰箍加固时,每道应承受的力

防止纵向或横向移动时:

$$P_{\text{移}} \geqslant \frac{\max\{\Delta T, \Delta N\}}{2n\mu\cos\gamma} \quad (\text{kN}) \qquad (4-24)$$

防止横向滚动时:

$$P_{\text{滚}} = \frac{1.25(N + W)(R - h_{\text{掩}} - h_{\text{凹}}) - 9.8Qb}{2nb\cos\gamma} \quad (\text{kN}) \qquad (4-25)$$

既防止货物移动，又防止滚动，每道腰箍应承受的拉力：

$$P \geqslant \max\{P_{移}, P_{滚}\} \qquad (kN) \qquad (4-26)$$

式中：μ——货物与横垫木、横垫木与车地板或货物与车地板间的摩擦系数，取其较小者；

n——腰箍的道数；

$h_{掩}$——掩木或三角挡与货物接触点的高度，mm；

R——货物的半径，mm；

$h_{凹}$——横垫木或鞍座凹部深度，mm；

Q——货物重量，t；

b——货物重心所在纵向垂直平面至货物与掩木或三角挡接触点之间的距离，mm；

γ——腰箍两端拉直部分与车辆纵向垂直平面间的夹角。

用钢丝绳做腰箍时，钢丝绳的破断拉力不得小于 2P。用扁钢带做腰箍时，扁钢带的截面积：

$$F \geqslant \frac{10P}{[\sigma]} \qquad (cm^2) \qquad (4-27)$$

式中：$[\sigma]$——扁钢带的许用应力，MPa。

2. 箱形货物用 n 道腰箍加固时，每道需要承受的力

防止纵向或横向移动时：

$$P_{移} = \frac{\max\{\Delta T, \Delta N\}}{2n\mu\cos\gamma} \qquad (kN) \qquad (4-28)$$

防止纵向倾覆时：

$$P_{纵倾} = \frac{1.25Th - 9.8Qa}{2(l_1 + l_2 + \cdots + l_n)\cos\gamma} \qquad (kN) \qquad (4-29)$$

防止横向倾覆时：

$$P_{横倾} = \frac{1.25(Nh + Wh_{风}) - 9.8Qb}{nB\cos\gamma} \qquad (kN) \qquad (4-30)$$

式中： a、b——货物重力的稳定力臂，mm；

l_1、l_2、$\cdots$、l_n——每道腰箍所在横向垂直平面至货物纵向倾覆点之间的距离，mm；

B——货物的宽度，mm。

既防止移动又防止倾覆，每道腰箍应承受的力：

$$P \geqslant \max\{P_{移}, P_{纵倾}, P_{横倾}\} \qquad (kN) \qquad (4-31)$$

一般采用钢丝绳做腰箍，钢丝绳的破断拉力不得小于 2P。

（三）采用焊接加固时，焊缝的需要长度

使用铁地板长大货物车装载，在货物两端或两侧焊接钢挡时，同一方向钢挡的焊缝长度 l 可按下式计算：

防止纵向移动时：

$$l_{纵} = \frac{10\Delta T}{0.7K[\tau]} \qquad (cm) \qquad (4-32)$$

防止横向移动时：

$$l_{横} = \frac{10\Delta N}{0.7K[\tau]} \qquad (cm) \qquad (4-33)$$

式中：K——焊缝高度，cm；

$[\tau]$——焊缝的许用剪切应力,MPa。

【例 4-1】 一件钢板材质圆柱形货物,重 30t,长 11.5m,直径 2800mm。自带钢鞍座两个,凹部高度为 100mm,鞍口深度为 200mm,宽 1500mm,货物与鞍座间垫有 10mm 厚的胶垫。选用一辆 N_{17AK} 装运,自重 19.7t,装后货物重心投影落在车底板中央,鞍座置于枕梁上方。试确定加固方法及加固材料。

解: N_{17AK} 型平车,$Q_{车} = 19.7t$,$l = 9000mm$,长 13000mm,宽 2980mm,车地板为木。采用柔性加固。木与钢板间摩擦系数为 0.40,钢板与橡胶垫间摩擦系数为 0.50,因此取摩擦系数较小者 0.4 计算。

(1)计算运输过程中作用于货物上的各种力

$$T = t_0 Q = (0.0012 Q_总^2 - 0.32 Q_总 + 29.85) \times Q$$
$$= 30 \times (0.0012 \times 49.7^2 - 0.32 \times 49.7 + 29.85)$$
$$= 507.303 \text{kN}$$

$$N = n_0 Q = 2.82 \times 30 = 84.600 \text{kN}$$

$$Q_垂 = q_垂 Q = 3.54 \times 30 = 106.200 \text{kN}$$

$$W = qF = 0.245 \times 11.5 \times 2.8 = 7.889 \text{kN}$$

$$F_摩^纵 = 9.8 \mu Q = 9.8 \times 0.4 \times 30 = 117.600 \text{kN}$$

$$F_摩^横 = \mu (9.8Q - Q_垂) = 0.4 \times (9.8 \times 30 - 106.200) = 75.120 \text{kN}$$

(2)货物稳定性计算

①倾覆的稳定性

纵向:
$$\eta_{纵倾} = \frac{9.8Qa}{Th} = \frac{9.8 \times 30 \times 4500}{507.303 \times 1400} = 1.863 > 1.25$$

横向:
$$\eta_{横倾} = \frac{9.8Qb}{Nh + Wh_风} = \frac{9.8 \times 30 \times 750}{84.6 \times 1400 + 7.889 \times 1400} = 1.703 > 1.25$$

②水平移动的稳定性

纵向:
$$\Delta T = T - F_摩^纵 = 507.303 - 117.600 = 389.703 \text{kN} > 0$$

横向:
$$\Delta N = 1.25(N + W) - F_摩^横 = 1.25 \times (84.6 + 7.889) - 75.120 = 40.491 \text{kN} > 0$$

③滚定的稳定性

横向:
$$\eta_{横滚} = \frac{9.8Qb}{(N + W)(R - h_撑)} = \frac{9.8 \times 30 \times 721}{(84.6 + 7.889) \times (1400 - 200)} = 1.910 > 1.25$$

其中:
$$b = \sqrt{R^2 - (R - h_撑)^2} = \sqrt{1400^2 - (1400 - 200)^2} = 721 \text{mm}$$

综上所述,该货物会在纵向和横向发生移动,不会发生倾覆和滚动,需要进行加固。

(3)确定加固方法和加固材料

①采用 2 道腰箍加固,$n = 2$。示意图如图 4-17 所示。

图 4-17 腰箍加固示意图

$OE \perp EG, OH \perp HG$

$OE = 1400\text{mm}, OH = 1400 + 100 + 10 = 1510\text{mm}, HG = \dfrac{2980}{2} = 1490\text{mm}$

$OG = \sqrt{OH^2 + HG^2} = 2121\text{mm}$

$\angle OGE = \arcsin\dfrac{OE}{OG} = \arcsin 0.66 = 42°$

$\angle OGH = \arcsin\dfrac{OH}{OG} = \arcsin 0.71 = 45°$

$\angle EGH = \angle OGH + \angle OGE = 41° + 45° = 86°$

$\gamma = 90° - \angle EGH = 4°$

$\cos\gamma = 0.998$

$P_{移} = \dfrac{\max\{\Delta T, \Delta N\}}{2\eta\mu\cos\gamma} = \dfrac{389.703}{2 \times 2 \times 0.4 \times 0.998} = 244.052(\text{kN})$

每道腰箍应承受的拉力 $P = P_{移} = 244.052(\text{kN})$

(2)若选用钢丝绳作腰箍,查表4-3可选用公称抗拉强度1670N/mm^2规格$6 \times 19_{(b)}$钢丝绳,直径22mm,其最小破断拉力为248kN,需用拉力为124kN。

每道钢丝绳的根数 $= \dfrac{243.052}{124} \approx 2(\text{根})$

因此,每道选用直径为22mm的钢丝绳2根进行加固。

(3)若采用扁钢带作腰箍,普通碳素钢许用压力$[\sigma]$取160kPa。扁钢带的截面积由公式(4-27)得:

$$F \geqslant \dfrac{10P}{[\sigma]} = \dfrac{10 \times 244.052}{160} \approx 16(\text{cm}^2)$$

若用厚0.5cm的扁钢,则其宽度应为$16 \div 0.5 = 32\text{cm}$。

任务实施

根据任务三中"任务(知识)储备"所学知识分析"任务引入"中任务4-3,试确定该货物加固方案。

【任务4-3】 使用N_{17AK}装载一件货物,重20t,规格$11000\text{mm} \times 2500\text{mm} \times 2000\text{mm}$箱型均重货物,均衡对称装载。试确定该件钢制货物加固方案。

实施要点:

(1)先确定该货物可能发生哪些不稳定情况。

(2)按照加固方案制订程序,分步骤来计算。

解:(1)计算运输过程中作用于货物上的各种力

纵向惯性力: $T = t_0 Q = (0.0012 \times 39.7^2 - 0.32 \times 39.7 + 29.85) \times 20 = 380.746\text{kN}$

横向惯性力: $N = n_0 Q = 2.82 \times 20 = 56.400\text{kN}$

垂直惯性力: $Q_{垂} = q_{垂} Q = 3.54 \times 20 = 70.800\text{kN}$

风力: $W = qF = 0.49 \times (11 \times 2) = 10.780\text{kN}$

纵向摩擦力: $F_{摩}^{纵} = 9.8\mu Q = 9.8 \times 0.45 \times 20 = 88.200\text{kN}$

横向摩擦力: $F_{摩}^{横} = \mu(9.8Q - Q_{垂}) = 0.45 \times (9.8 \times 20 - 70.800) = 56.340\text{kN}$

（2）货物稳定性计算

倾覆的稳定性：

纵向：
$$\eta = \frac{9.8Qa}{Th} = \frac{9.8 \times 20 \times 5500}{380.746 \times 1000} = 2.83 > 1.25$$

横向：
$$\eta = \frac{9.8Qb}{Nh + Wh_风} = \frac{9.8 \times 20 \times 1250}{(56.400 + 10.780) \times 1000} = 3.65 > 1.25$$

水平移动的稳定性：

纵向：
$$\Delta T = T - F_摩^纵 = 380.746 - 88.200 = 292.546kN$$

横向：$\Delta N = 1.25(N + W) - F_摩^横 = 1.25 \times (54.600 + 10.780) - 56.340 = 27.635kN$

综上所述，该货物会在纵向和横向发生移动，不会倾覆。

（3）确定加固方法和加固材料

在货物两端用钢丝绳对称八字形拉牵，捆绑在车侧丁字铁或支柱槽上（见图4-16）。$AC = 800$，$BO = 300$，$BC = 240$。

防止纵向移动时：

$$S_纵移 = \frac{\Delta T}{n \cdot AC} \sqrt{AC^2 + BO^2 + BC^2} = \frac{292.546 \times \sqrt{800^2 + 300^2 + 240^2}}{2 \times 800} = 162.180kN$$

防止横向移动时：

$$S_横移 = \frac{\Delta N}{n \cdot BC} \sqrt{AC^2 + BO^2 + BC^2} = \frac{27.635 \times \sqrt{800^2 + 300^2 + 240^2}}{2 \times 300} = 51.067kN$$

每根拉牵绳应承受的拉力不小于162.180kN，钢丝绳的破断拉力不得小于324.360kN。选用直径为26mm的钢丝绳，其破断拉力为346kN，满足要求。

任务自测

综合题

1.一件重51t的钢质均重货物，外形尺寸13500mm × 3800mm × 3600mm，重心高1600mm，重心距一端的距离为6750mm，使用NX$_{17BK}$型车装载，采用柔性加固。

（1）确定货物装载方案。

（2）计算重车重心高。

（3）计算运输过程中作用于货物上的各种力。

（4）检验货物的稳定性。

（5）选择加固材料和方法。

（6）确定加固材料的数量。

2.圆柱形洗涤塔一件，重15t，长12000mm，直径3600mm，货物重心位于几何中心，现有规格为2900mm × 150mm × 140mm横垫木与高度为300mm的掩木可供使用。

（1）确定货物的装载方案（车型自选）。

（2）计算重车重心高。

（3）计算作用于货物的各种力。

（4）检验货物稳定性。

（5）选择加固方案和加固材料。

（6）确定加固材料的数量。

项目五　组织超限、超重货物运输

★ 项目描述

　　超限、超重货物最突出的特点是长度长、体积大、重量重,例如长度20m以上的化工设备、直径4m以上的圆柱形货物、重量达三四百吨的大型机械等。它们大多为发电设备、石油冶炼设备、冶金机械、航天设备、桥梁建筑构件等,是我国在发展实体经济,推进新型工业化,成为"制造强国""质量强国""航天强国"道路上的成果。超限、超重货物运输技术要求高,组织协调复杂、难度大。做好超限、超重货物运输,确保安全,有力支撑"交通强国",对国民经济、军事国防意义重大。通过本项目的学习,在系统掌握超限、超重货物运输组织的专业技术要求基础上,能够正确组织超限、超重货物的运输,初步具有货运值班员在这一领域要求的职业素养。

★ 教学目标

　　1.知识目标

　　(1)了解各种铁路限界。

　　(2)知道超限、超重货物的测量规定及方法。

　　(3)知道超限货物超限等级确定的方法。

　　(4)了解超限货物运输电报的规定及内容。

　　(5)掌握超限、超重货物运输受理、装卸车和途中检查的有关要求。

思政链接

安全生产

　　2.能力目标

　　(1)能够识读货物外形尺寸三视图。

　　(2)能够测量超限超重货物装车前、装车后的规定尺寸。

　　(3)能够拍发超限、超重货物运输申请电报,理解确认电报。

助力"西电东送"！铁路全力保障超级超限货物运输

　　(4)能够根据超限、超重货物装车实际及相关条件,确定超限货物的超限等级。

　　(5)能够组织一批超限、超重货物的发送作业、途中作业和到达作业。

　　3.情感目标

　　(1)具有严格按章作业、协调配合、安全生产的职业素养。

　　(2)具有吃苦耐劳、细致认真的职业素养。

　　(3)具有不惧困难、勇于挑战、敢于担当的品质。

　　(4)具有良好的语言表达、交流沟通素养。

任务一　认识铁路限界

任务引入

在铁路线路上运行机车车辆,沿线有站台、信号机、电气化铁路接触网系统以及桥梁、隧道等建筑物、设施设备等。现有以下生产情境,为了确保运行中的机车车辆、货物的安全,防止机车车辆、货物在运行中与建筑物、设施设备相接触,请判断是否可行?

【任务 5-1】　某车辆设计部门进行新型车辆尺寸设计,为了增强舒适性,更好布局车辆管线和设备,增大车体空间,设计以下尺寸:

(1)距钢轨面 2000～3000mm 处,距线路中心线所在垂直平面的距离 1750mm。

(2)距钢轨面 4010mm 处,距线路中心线所在垂直平面的距离 1500mm。

【任务 5-2】　制定某货物装车方案,预计装车完成后,外形轮廓尺寸如下:

(1)距钢轨面 2000～3000mm 处,距线路中心线所在垂直平面的距离 1400mm。

(2)距钢轨面 3250mm 处,距线路中心线所在垂直平面的距离 1915mm。

(3)距钢轨面 3350mm 处,距线路中心线所在垂直平面的距离 2350mm。

任务(知识)储备

《铁路货物运输规程》规定,货物的装载高度和宽度,除超限货物和有特定者外,均不得超过机车车辆限界或特定区段装载限制。随着国民经济的发展,越来越多的电力、机械、冶金、化工等行业的大型装备如发电机定子、变压器、大型挖掘机等,利用铁路机车车辆限界与建筑限界之间的安全距离进行运输,从而产生了铁路超限超重货物运输。该类运输对保障国家重点工程建设和国防建设需要、促进国民经济发展意义重大。为保证此类货物的运输安全,必须严格按照货物装载加固技术条件要求进行严密组织。

一、铁路限界

为了确保机车车辆和货物运行的安全,防止其在运行中与沿线建筑物或设备相接触,同时对在线路上运行的机车车辆横向尺寸也有必要进行一定限制,铁路规定了各种专门限界,以对机车车辆设计制造、货物装载、沿线建筑、设备等横向尺寸进行限制。其中与超限超重货物运输有关的限界主要包括:机车车辆限界、建筑限界和各级超限限界等。

图 5-1　机车车辆限界基本轮廓图(尺寸单位:mm)

—— 机车车辆限界基本轮廓
----- 电力机车限界轮廓
—·—· 列车信号装置、后视镜限界轮廓

(一)机车车辆限界

机车车辆限界系指机车、车辆在设计制造时,各部位距钢轨平面最高和距线路中心线的垂直面最大尺寸的轮廓图。与超限超重货物运输有关的是机车车辆限界基本轮廓,如图 5-1 所示。它是一个与平直线路中心线垂

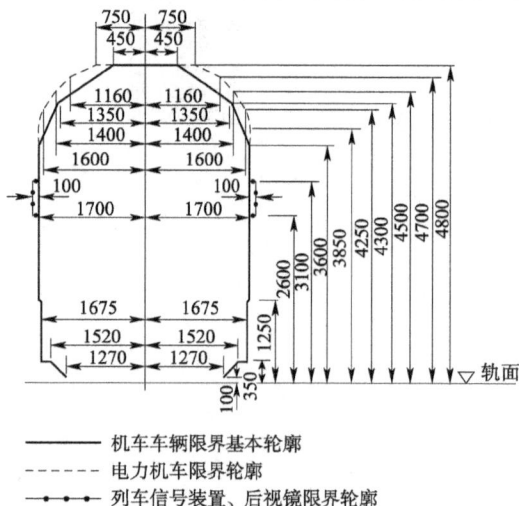

直,在线路中心线所在垂直平面两侧尺寸对称的横断面极限轮廓。当机车车辆停留在水平直线上,其纵中心线和线路中心线处于同一垂直平面上时,机车车辆的基本轮廓均不得超出该限界尺寸。

其最大高度处距轨面4800mm,半宽为450mm;最大半宽在距轨面1250～3600mm高度范围内为1700mm。

(二)建筑限界

铁路建筑限界系指除了机车车辆和与机车车辆有相互作用的设备(车辆减速器、路签授受器、接触电线及其他)外,其他任何建筑物或设备距钢轨平面最低和距线路中心线的垂直面最小尺寸的轮廓图。

我国铁路建筑限界包括:客货共线铁路建筑限界($v \leqslant 160$km/h),客货共线铁路建筑限界(160km/h $< v \leqslant 200$km/h),客货共线铁路双层集装箱运输建筑限界($v \leqslant 160$km/h)、客运专线铁路建筑限界(200km/h $\leqslant v \leqslant 350$km/h)。

铁路超限货物运输研究中采用的建筑限界是客货共线铁路建筑限界($v \leqslant 160$km/h)。该建筑限界1959年作为国家标准颁布时称为建筑接近限界,1983年改称标准轨距铁路建筑限界。它分为基本建筑限界、隧道建筑限界和桥梁建筑限界。

1. 基本建筑限界

基本建筑限界,如图5-2所示。它适用于1959年以后的新建铁路以及原有线路的技术改造。

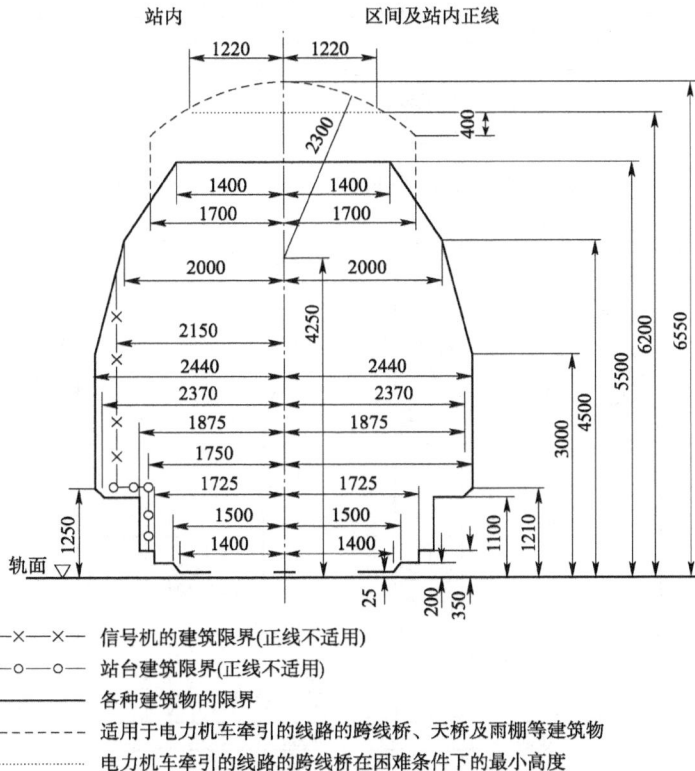

图 5-2 基本建筑限界图($v \leqslant 160$km/h)(尺寸单位:mm)

基本建筑限界最大高度处距轨面5500mm,最大半宽距线路中心线所在垂直平面为2440mm。与其他国家铁路相比,比欧洲国家的限界大,与苏联的建筑限界接近(高5550mm,2450mm),比美国的建筑限界小(高7010.4mm,2743.2mm)。这对我国铁路超限货物运输、

179

重工业、化工和电力工业发展意义重大。

2. 隧道、桥梁建筑限界

由于要满足隧道、桥梁结构、施工特点,以及线路的维修、养护、巡查等要求,隧道、桥梁建筑限界均比基本建筑限界大。在基本建筑限界与隧道、桥梁建筑限界之间,可以安装照明、通信、警告信号等设备,此类设备不应侵入基本建筑限界。但在实际执行中,个别地段实际限界小于国家标准,因此,在确定超限车的运行条件时,一定要考虑具体限界尺寸。

适用于内燃牵引的单线及复线铁路的隧道、桥梁建筑限界,如图 5-3、图 5-4 所示。

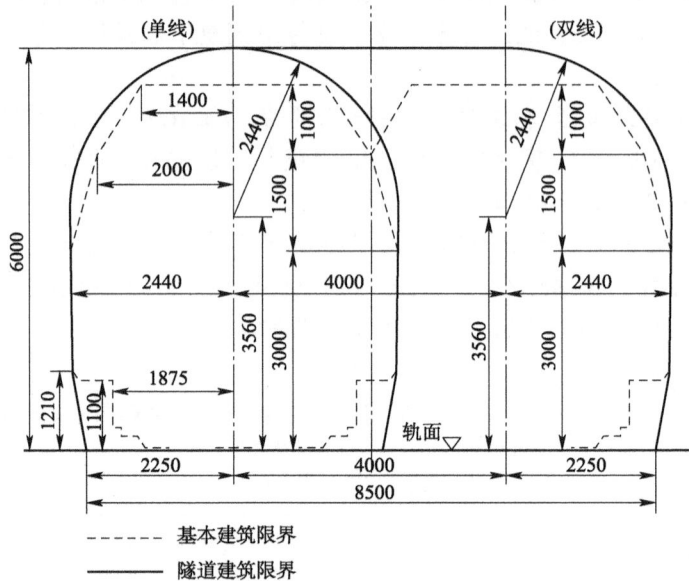

图 5-3 隧道建筑限界(内燃牵引线路)(尺寸单位:mm)

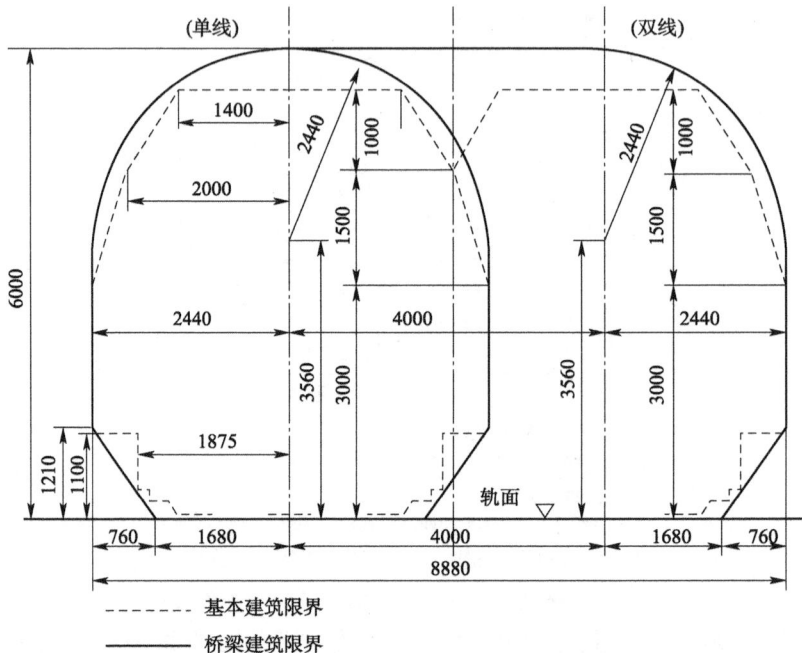

图 5-4 桥梁建筑限界(内燃牵引线路)(尺寸单位:mm)

适用于电力牵引的单线及复线铁路的隧道、桥梁建筑限界,如图 5-5、图 5-6 所示。

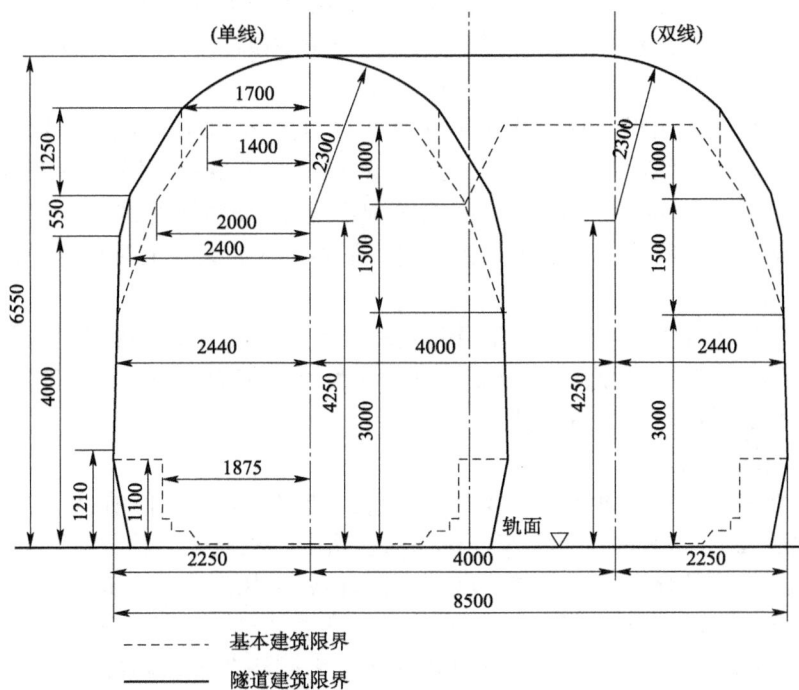

图 5-5　隧道建筑限界(电力牵引线路)(尺寸单位:mm)

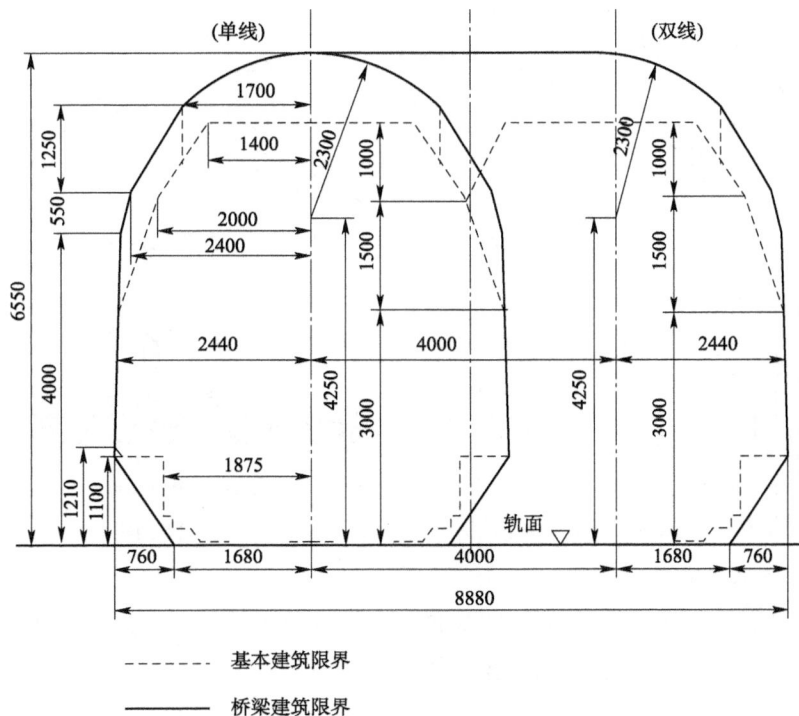

图 5-6　桥梁建筑限界(电力牵引线路)(尺寸单位:mm)

3. 建筑限界在曲线上的加宽

当货车停留在直线上时,假设货车横断面尺寸与机车车辆限界相同,车辆纵中心线与线路中心线重合(以下简称理想状态),车辆与建筑限界的距离,恰好是机车车辆限界与建筑限界之间的距离。

当车辆运行到曲线线路上时,车辆纵中心线产生偏差量,即在车辆转向架中心销(M、N)之间的部分向线路中心线内侧偏移,之外的部分向线路中心线外侧偏移,如图 5-7 所示。该状况与直线段相比,将导致货车(货物)向建筑限界靠近,使货物与建筑限界之间的距离变小。为了使车辆在曲线线路上与建筑限界之间的距离与其在直线上时相等。曲线建筑限界尺寸应予以加宽。

曲线建筑限界的加宽值与车辆长度、销距、曲线半径相关。我国规定建筑限界在曲线上的加宽值按照车长为 26m、销距为 18m 的车辆(称为计算车辆)和曲线的实际半径、并考虑曲线外轨超高引起的倾斜量进行计算。

4. 曲线线路间距加宽

为了保证复线或并行的单线相邻线路上运行的列车之间互不影响,线路间距应有一定要求。在相邻曲线上,外侧线路上的车辆中部向线路中心线内侧偏移,内侧线路上的车辆两端向线路中心线外侧偏移。当内、外侧线路上的车辆处于如图 5-8a)所示位置时,如果曲线线路间距与直线线路间距相同,则两车之间的净空比在直线上时小。当相邻曲线外轨超高不等时,车体倾斜度不同,若外侧线路外轨超高大于内侧线路外轨超高,则两车之间的净空比在直线上时小,如图 5-8b)所示。为了使相邻曲线上的车辆间能够保持与其在直线上相同的净空,曲线线路间距应予加宽。其加宽值也是按计算车辆、考虑两条线路外轨超高差确定。

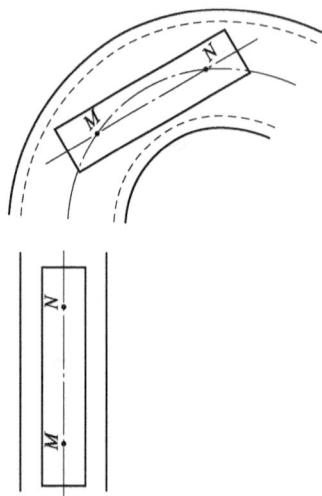

图 5-7　建筑限界在曲线上加宽示意图

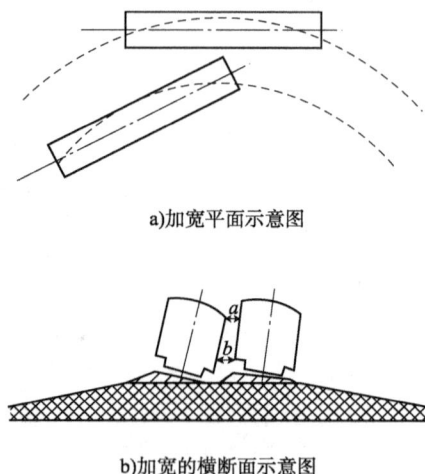

图 5-8　曲线线路间距加宽示意图

a)加宽平面示意图

b)加宽的横断面示意图

(三)各级超限限界

作为货物装车后是否超限以及超限的严重程度的判定标准,《铁路超限超重货物运输规则》(以下简称《超规》)规定了各级超限限界。

1. 一级超限限界

一级超限货物装载的最大轮廓图,如图 5-9 所示,超过此限界即为二级超限。其最大高度处距轨面 4950mm,最大半宽在距轨面 1250～3600mm 高度范围内为 1900mm。

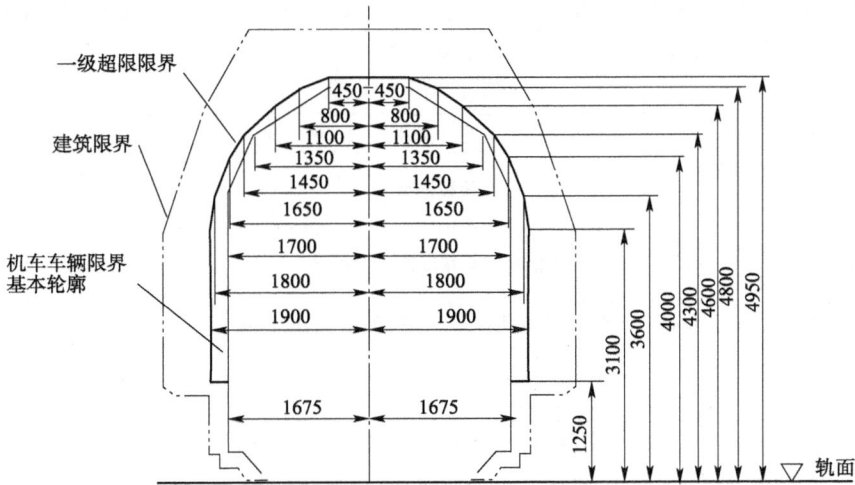

图 5-9　一级超限限界图(尺寸单位:mm)

2. 二级超限限界

二级超限货物装载的最大轮廓图,如图 5-10 所示,超过此限界即为超级超限。其最大高度处距轨面 5000mm,最大半宽在距轨面 1250～3600mm 高度范围内为 1940mm。

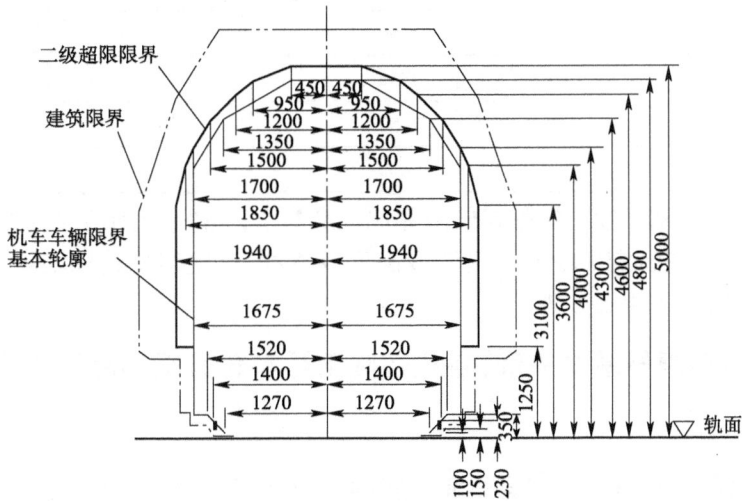

a)二级超限限界

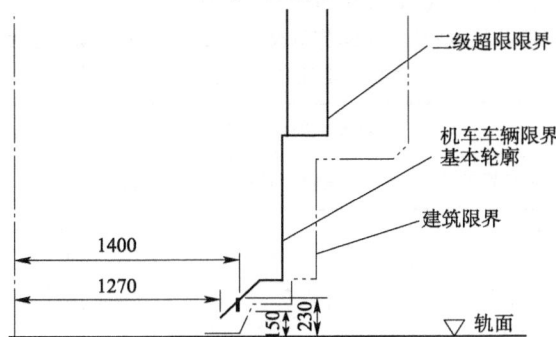

b)二级超限限界下部限界

图 5-10　二级超限限界及二级超限限界下部限界图(尺寸单位:mm)

按照《加规》的相关规定,货物的装载高度、宽度和计算宽度,除超限货物外,不得超过机车车辆限界基本轮廓和特定区段装载限制,见表5-1。

特定区段装载限制表　表5-1

顺号	线名	区段	限　制　事　项		附　记
			装载限界	车体自重加实际载重最大吨数	
1	京包线	南口—西拨子间	装载货物高度和宽度按表①规定		
2		运往朝鲜的货物	按机车车辆限界装载,但最高不得超过4750mm		
3	京广线	坪木线		100	坪石站出岔
4	丰沙线	沙城—三家店间上行线	装载货物中心高度由钢轨面起不得超过4600mm		

表①

由钢轨面起算的高度(mm)	由车辆纵中心线起算每侧的宽度(mm)	全部宽度(mm)
4300	1050	2100
4200	1150	2300
4100	1250	2500
4000	1350	2700
3900	1450	2900
1250 以上至3600	1600	3200

我国铁路旧线个别区段的实际建筑限界比标准要小;此外,个别地段的线路或桥梁质量较差,因而对通过这些特定区段的车辆装载高度或宽度、对重车总重规定了一定的限制,应按特定区段装载限制表规定办理。

二、机车车辆限界基本轮廓、各级超限限界与建筑限界距线路中心线所在垂直平面尺寸

在《超规》附件4,详细规定了自轨面起算的不同高度,机车车辆限界基本轮廓、各级超限限界与建筑限界距离线路中心线所在垂直平面距离的相应尺寸,见表5-2。

机车车辆限界基本轮廓、各级超限限界与建筑限界距离线路中心线
所在垂直平面尺寸表(摘录)　表5-2

自轨面起算的高度(mm)	限界距线路中心线所在垂直平面的距离(mm)			
	机车车辆限界	一级超限限界	二级超限限界	建筑限界*
150	1320		1400	1471
160	1330		1400	1477
⋮	⋮		⋮	⋮
220	1390		1400	1725
230	1400			1725
⋮	⋮			⋮
340	1510			1725
350(不含)	1520			1725

自轨面起算的高度（mm）	限界距线路中心线所在垂直平面的距离（mm）			
	机车车辆限界	一级超限限界	二级超限限界	建筑限界*
350~1100（不含）	1675			1875
1110	1675			1875
⋮	⋮			⋮
1200	1675			2433
1210~1250（含）	1675			2440
1250~3000	1700	1900	1940	2440
3050	1700	1900	1940	2425
3150	1700	1890	1931	2396
3250	1700	1870	1913	2366
3350	1700	1850	1895	2337
3610	1695	1796	1846	2261
4010	1495	1643	1693	2143
4790	468	815	962	1826
4800	450	800	950	1820
4810		777	925	1814
4950		450	575	1730
4960			550	1724
4970			525	1718
5000			450	1700
5010				1694
⋮				⋮
5500				1400

注：* 建筑限界系引用《标准轨距铁路建筑限界》（GB 146.2—1983）的基本建筑限界。

在铁路运输中，由于铁路新建、改建和扩建，以及自然原因，铁路建筑限界经常会发生变化。对建筑限界，局集团公司应对超限货物运输线路实际建筑限界实行动态管理，确保限界资料完整、准确。

任务实施

根据任务一中"任务（知识）储备"所学知识，分析"任务引入"中任务 5-1 和任务 5-2，判断该数据是否可行？借助了哪些铁路限界？请简要说明。

实施要点：

（1）理解掌握铁路限界及其相互关系。

（2）判断需查阅运用《超规》附件 4《机车车辆限界基本轮廓、各级超限限界与建筑限界距离线路中心线所在垂直平面尺寸表》。

一、单项选择题

1. 铁路沿线建筑物、设备(除与机车车辆相互作用的外),在任何情况下均不得侵入( )。

A. 铁路的机车车辆限界　　　　　　　　B. 规定的侵入范围

C. 铁路的建筑限界　　　　　　　　　　D. 铁路的建筑接近限界

2. 货物的装载高度、宽度和计算宽度,除超限货物外,不得超过( )和特定区段装载限制。

A. 一级限界　　　　　　　　　　　　　B. 机车车辆限界基本轮廓

C. 特定区段装载限界　　　　　　　　　D. 建筑限界

3. 机车车辆限界基本轮廓距轨面的最大高度为( )。

A. 5100mm　　　　B. 1250mm　　　　C. 3600mm　　　　D. 4800mm

4. 一级超限限界的最大半宽是( )。

A. 1700mm　　　　B. 1900mm　　　　C. 1940mm　　　　D. 1905mm

5. 机车车辆限界基本轮廓最大高处的全宽为( )。

A. 450mm　　　　B. 900mm　　　　C. 2700mm　　　　D. 3400mm

二、判断题

1. 机车车辆限界基本轮廓,自钢轨面起算高度4300mm处,限界半宽值为1250mm。

( )

2. 自轨面起4380mm处,机车车辆限界基本轮廓最大半宽为1206mm。 ( )

3. 铁路限界自内向外依次是机车车辆限界基本轮廓、建筑限界、一级超限限界、二级超限限界。

( )

三、简答题

1. 铁路限界有哪几种?

2. 机车车辆限界定义是什么?

3. 建筑限界定义是什么?

任务二　认识超限超重货物

任务引入

【**任务5-3**】　现有钢结构梁一件,重30t,长15500mm,高2000mm处左右宽各1460mm,高1600mm处左右宽各1600mm,重心高1000mm。使用 N$_{17K}$ 型木地板平车一辆负重,一端突出,加挂 N$_{17K}$ 型游车一辆,使用横垫木高190mm。货物装车后的装载示意图,如图5-11所示,左视图视角为朝向始发前进方向。

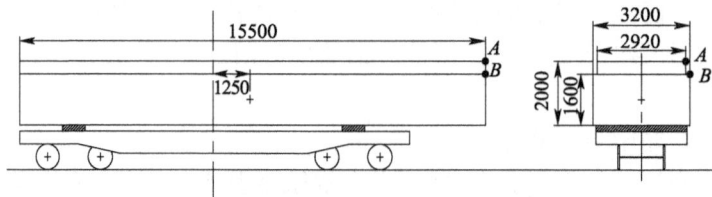

图5-11　钢结构梁装载示意图(尺寸单位:mm)

N_{17K} 型平车技术参数：$l = 9000\text{mm}$，$L_{车} = 13000\text{mm}$，$h_{车地板} = 1211\text{mm}$

已知：该件货物有以下尺寸数据：

（1）自轨面起 3401mm 处，货物外形轮廓距线路中心线距离为 1571mm。

（2）自轨面起 3001mm 处，货物外形轮廓距线路中心线距离为 1711mm。

请完成：

（1）请分别依据装载示意图中的尺寸数据和已知尺寸数据判断该件货物是否属于超限货物。如果是，请准确描述其超限等级。

（2）判定钢结构梁为超限货物时，依据的是哪一组尺寸数据？该组数据在宽度比货物实际宽度要大，请思考是什么原因导致的呢？

【任务5-4】 现有一件发电机定子，件重298t，运输重量328t，装车后货物重心落在车辆中央。使用一辆 D_{38} 型钳夹车装载。请确定其超重等级。

任务（知识）储备

一、超限货物

1. 超限货物定义

货物装车后，车辆停留在水平直线上，货物的任何部位超出机车车辆限界基本轮廓者或车辆行经半径为 300m 的曲线时，货物的计算宽度超出机车车辆限界基本轮廓者，均为超限货物。具体可分为下列两种情况：

（1）货物装车后，在平直线路上停留时，货物的任何部位超出机车车辆限界基本轮廓，称为超限货物。

（2）货物装车后，在平直线路上虽然不超限，但当行经在半径为 300m 的曲线线路上时，货物的计算宽度超出机车车辆限界基本轮廓者，也属超限货物。

2. 超限货物的种类

（1）根据超限部位划分

根据超限货物的超限部位，以线路中心线为标准，按装车站最初挂运列车的运行方向，分为左侧超限、右侧超限和两侧超限。两侧超限又分为对称超限和非对称超限。

（2）根据超限部位所在不同高度划分

根据货物超限部位所在的高度，超限货物分为三种类型：上部超限、中部超限和下部超限。

①上部超限：自轨面起高度超过 3600mm，任何部位超限者。

②中部超限：自轨面起高度超过 1250～3600mm 之间，任何部位超限者。

③下部超限：自轨面起高度在 150～1250mm 之间，任何部位超限者。

3. 超限货物的等级

划分超限等级的目的是明确超限货物的超限程度，确定申请运输范围及文电内容，确定运送条件，同时也是正确核收运费的依据。根据货物的超限程度，超限货物分为三个等级：一级超限、二级超限和超级超限。

（1）一级超限：自轨面起高度在 1250mm 以上超限但未超出一级超限限界者。

（2）二级超限：超出一级超限限界而未超出二级超限限界者，以及自轨面起高度在 150mm 至未满 230mm 间超限但未超出二级超限限界者。

（3）超级超限：超出二级超限限界者，以及自轨面起高度在 230～1250mm 之间超限者。

具体判定超限等级查阅《超规》附件4"机车车辆限界基本轮廓、各级超限限界与建筑限界距离线路中心线所在垂直平面尺寸表"。

二、超重货物

1. 超重货物的定义

超重货物是指装车后,重车总重活载效应超过桥涵设计标准活载(中—活载)的货物。

2. 超重货物的等级

货物的超重等级是按照运行车辆和货物与桥梁的中华人民共和国铁路标准活载(中—活载)相比较来划分。

为了保证铁路桥梁安全、货物运输安全,规定:

桥梁的检定承载系数 K:表示桥梁所能承受的活载,即桥梁的检定承载能力,为结构所能承受的荷载相当于标准活载(中—活载)的倍数。当 $K < 1$ 时表示桥梁承载能力不足,未达到标准活载的要求;当 $K \geqslant 1$ 时,表示桥梁的承载能力满足标准活载的要求。

运行活载的活载系数 Q:表示运行活载(列车或机车车辆)对桥梁的作用相当于标准活载(中—活载)的倍数。当 $Q \leqslant 1$ 时,表示运行活载对桥梁的作用小于或等于标准活载(中—活载)对桥梁的作用,可以安全通过承载能力满足设计要求的桥梁;当 $Q > 1$ 时,表示运行活载对桥梁的作用超过标准活载(中—活载)对桥梁的作用,即超重。

根据货物的超重程度,超重货物分为三个等级:一级超重、二级超重和超级超重。

（1）一级超重:$1.00 < Q \leqslant 1.05$。

（2）二级超重:$1.05 < Q \leqslant 1.09$。

（3）超级超重:$Q > 1.09$。

注:Q 为活载系数。理论上以活载系数的大小来划分超重货物等级。

3. 超重货物分级表

实际运用中,根据所使用的长大货物车车种车型和重车总重查看《超规》附件5《超重货物分级表》,见表5-3,来具体划分超重货物等级。

超重货物分级表　　　　　　　　　　　　　　　　　　　　　表5-3

项目 等级	长大货车型号	重车总重 $P(t)$	长大货车型号	重车总重 $P(t)$
一级	D_2	$P > 314$	DK_{29}	$370.8 < P \leqslant 389.5$
	D_{2A}	$P > 329$	D_{30G}	$437 < P \leqslant 459$
	D_{2G}	$326 < P \leqslant 342$	D_{32}	$491 < P \leqslant 515$
	D_{18A}	$P > 310$	D_{32A}	$P > 545$
	DK_{23}	$P > 296$	350t 落下孔车	$490 < P \leqslant 514$
	D_{23G}	$310 < P \leqslant 326$	DQ_{35}	$P > 508$
	D_{25A}	$P > 374$	DK_{36}	$P > 545.7$
	DA_{25}	$P > 361$	DK_{36A}	$P > 521.3$
	D_{26}	$371 < P \leqslant 390$	D_{38}	$543 < P \leqslant 571$
	D_{26AK}	$P > 332$	D_{45}	$580 < P \leqslant 609$
	D_{26B}	$371 < P \leqslant 390$	DA_{37}	$P > 542.2$
	D_{28}	$369 < P \leqslant 388$	DQ_{45}	$585 < P \leqslant 615$

项目 等级	长大货车型号	重车总重 $P(t)$	长大货车型号	重车总重 $P(t)$
二级	D_{2G}	$342 < P \leq 355$	350t 落下孔车	$P > 514$
	D_{23G}	$P > 326$	D_{32}	$515 < P \leq 535$
	D_{26}	$P > 390$	D_{38}	$571 < P \leq 592$
	D_{26B}	$P > 390$	D_{45}	$609 < P \leq 632$
	D_{28}	$P > 388$	DQ_{45}	$615 < P \leq 638$
	D_{30G}	$P > 459$	DK_{29}	$P > 389.5$
超级	D_{2G}	$P > 355$	D_{45}	$P > 632$
	D_{32}	$P > 535$	DQ_{45}	$P > 638$
	D_{38}	$P > 592$		

注:以上均为货物装载无偏心情况,若有偏心,则应按实际装载偏心另行计算等级。

三、超限超重货物运输管理

1. 总体要求

铁路超限超重货物运输的基本依据是《超规》,适用于标准轨距的国家铁路。与国家铁路办理直通运输的合资铁路、地方铁路在办理超限超重货物运输时,各铁路×××局集团有限公司(以下简称局集团公司)应将超限超重货物运输安全内容纳入有关运输安全协议。与国家铁路接轨的铁路专用线、专用铁路办理超限超重货物运输时,局集团公司应将超限超重货物运输安全内容纳入铁路专用线、专用铁路运输协议。

为确保安全、经济、迅速地运输超限超重货物,各单位必须高度重视超限超重货物运输安全管理工作,加强组织领导,强化业务培训,配备专人负责超限超重货物运输工作。局集团公司货运主管部门超限超重货物运输管理工作实行 AB 岗双人负责制。

局集团公司成立以主管副局长、总工程师为主任,各有关处室负责人为成员的局集团公司超限超重货物运输及限界管理委员会。管理委员会应建立工作制度,明确工作职责,协调解决超限超重货物运输和限界管理工作中的重大问题。

局集团公司应根据超限超重货物运输需要,统筹规划管内办理线路和车站,不断完善超限超重货物运输网络,提升运输效率和服务能力。

局集团公司应对超限货物运输线路实际建筑限界实行动态管理,确保限界资料完整、准确。

局集团公司应积极运用信息化技术,应用限界管理及超限超重货物运输辅助决策系统,实行数据管理与运用信息化,不断提高安全保障和专业管理水平。

2. 超限超重货物办理线路

(1)线路办理超限超重货物运输,应具备的基本条件

线路办理超限、超重货物运输,应经国铁集团货运部审核公布。

线路办理超限、超重货物运输,应具备下列基本条件:

①线路已开通使用并办理普通货物运输;

②线路建筑限界和桥涵承载能力满足超限、超重货物运输安全要求;

③相关运输站段有合格的超限超重货物运输专业技术人员；

④有健全的超限、超重货物运输安全管理制度和事故施救信息网络。

（2）申请线路开办超限超重货物运输，应提交的材料

线路开办超限、超重货物运输业务，由局集团公司超限超重货物运输主管部门牵头组织，向货运部门提交下列材料：

①铁路线路开通运营并办理普通货物运输的证明材料；

②线路名称、起讫站、全长、线路等级、线路类型（单双线）、线路允许速度、电气化接触网最低高度、最小线间距、最大限制坡度、最小曲线半径、最大外轨超高值、钢轨类型、最小道岔号数、桥梁数量、隧道数量等基本条件的有关材料；

③线路综合最小限界，车站接发超限列车固定线路，侵限设施设备现状及整治措施；

④全线超重车通行径路上的桥涵类型、数量、承载能力（活载系数及允许通过超重货物等级），病害桥涵现状及整治措施；

⑤相关管理人员和作业人员的配备情况及培训合格证明材料；

⑥相关业务和安全管理制度，包括：局集团公司超限超重货物运输管理办法、限界管理办法、事故施救信息网络；相关站段超限超重货物运输管理办法。

（3）线路重新申请办理超限、超重货物运输的情况

线路发生以下变化，应重新申请办理超限、超重货物运输业务：

①单线线路完成复线改造；

②线路起讫站、走向、里程等发生实质性变化；

③确需重新申请办理理超限、超重货物运输业务的其他情形。

（4）线路临时停办、取消办理的规定

线路限界、桥涵承载能力等因素发生重大变化，整治完成前影响超限、超重车正常通行不超过1个月的，局集团公司应提前10天提出临时停办申请，报国铁集团货运部门审核、公布。

无法整治恢复，确须取消线路超限、超重货物运输业务，或整治完成前影响超限、超重车正常通行超过1个月的，由局集团公司提前30天提出取消办理线路申请，报国铁集团货运部门审核、公布。

3. 超限超重货物办理车站

（1）车站办理超限、超重货物发送、到达业务，应具备的基本条件

车站（含与车站接轨的专用线、专用铁路，下同）办理超限、超重货物运输，由局集团公司自行规定审批办法，并将批准的车站报国铁集团货运部门备案，及时在中国铁路95306网站公布。

确须在非超限、超重货物办理站办理军运超限、超重货物的，按铁路军运有关规定办理。

车站办理超限、超重货物发送、到达业务，应具备下列基本条件：

①所在铁路线路已开办超限、超重货物运输；

②车站已开办货运业务；

③车站接发超限、超重列车固定线路和准许通行超限、超重车线路的实际建筑限界和桥涵承载能力满足超限、超重货物运输安全要求；

④有合格的超限超重货物运输专业技术人员；

⑤有健全的超限、超重货物运输安全管理制度。

在非货运营业站办理铁路工程建设所需的架桥机、铺轨机、桥梁等超限、超重货物到达、发送业务,由局集团公司制定管理办法。

(2)车站办理超限、超重货物发送、到达业务,应提交的材料

车站向局集团公司申请办理超限、超重货物运输业务,所需材料由局集团公司自定。

(3)取消车站办理超限、超重货物发送、到达业务

车站办理条件发生重大变化,不再满足超限、超重货物运输要求的,由车站提出取消办理站申请,经局集团公司审核后报国铁集团货运部门备案,局集团公司及时更新中国铁路95306有关信息。

局集团公司和车站应严格按照批准范围办理超限、超重货物运输业务,并切实加强限界和桥涵承载能力管理,确保超限、超重货物运输安全。

国铁集团和局集团公司应加强日常监督检查,对不满足超限、超重货物运输安全要求的线路、车站,暂停其超限、超重货物运输业务并责令其限期整改,整改合格后方可恢复办理。

任务实施

根据任务二中"任务(知识)储备"所学知识,分析"任务引入"中任务5-3,完成任务。

实施要点:

(1)全面正确描述超限等级。查阅《超规》附件4,按照超限部位、超限程度描述是重点。

(2)正确理解"超重货物分级表"中的 P 的含义。

任务自测

一、单项选择题

1. 铁路沿线建筑物、设备(除与机车车辆相互作用的外),在任何情况下均不得侵入(   )。

    A. 铁路的机车车辆限界   B. 规定的侵入范围

    C. 铁路的建筑限界   D. 铁路的超限限界

2. 由轨面起高度超过(   )有任何部位超限者属于上部超限。

    A. 4800mm   B. 4300mm   C. 4000mm   D. 3600mm

3. 一级超限是自轨面起高度在(   )以上超限但未超出一级超限限界者。

    A. 1150mm   B. 1200mm   C. 1250mm   D. 1350mm

4. 活载系数 Q 等于1.09的超重货物是(   )。

    A. 一级超重   B. 二级超重   C. 超级超重   D. 不超重

5. 二级超重活载系数 Q 值为(   )。

    A. $1.00 < Q \leq 1.05$ B. $1.00 \leq Q < 1.05$ C. $1.05 < Q \leq 1.09$ D. $1.05 \leq Q < 1.09$

6. 装车后,车辆停留在水平直线上,货物的任何部位超出机车车辆限界基本轮廓者或车辆行经半径为(   )m的曲线时,货物的计算宽度超过机车车辆限界基本轮廓者,均为超限货物。

    A. 150   B. 100   C. 300   D. 400

7. 下部超限按其超限程度划分为(   )超限。

    A. 一级和二级   B. 二级和三级   C. 二级和超级   D. 一级和超级

8. 下部超限货物:自轨面起高度在(   )至1250mm之间,任何部位超限者。

    A. 50mm   B. 100mm   C. 150mm   D. 200mm

二、多项选择题

1. 下列自轨面起高度在( )的超限者,属于下部超限。

   A. 150mm   B. 200mm   C. 1250mm

   D. 1500mm   E. 2700mm

2. 下列自轨面起高度在( )的超限者,属于中部超限。

   A. 190mm   B. 1251mm   C. 2500mm

   D. 3590mm   E. 3800mm

3. 下列自轨面起高度在( )的超限者,属于上部超限。

   A. 190mm   B. 1251mm   C. 3590mm

   D. 3601mm   E. 3800mm

三、判断题

1. 根据货物的超限程度,超限货物分为三种类型:上部超限、中部超限和下部超限。

                                                            ( )

2. 自轨面起高度在1250mm以下超限为下部超限。根据超限程度分为一级、二级和超级超限。   ( )

3. 货物装车后的活载系数 Q 值大于1.00时,表示该货物属于超重货物。   ( )

4. 超限货物按超限部位在高度方面的位置不同,又可分为上部超限、中部超限和下部超限,其中下部超限可分为一级、二级超限。   ( )

5. 自轨面起高度在150～1250mm之间,任何部位超限者,为下部超限。 ( )

6. 超限货物下部超限分为一级超限、二级超限、超级超限。   ( )

7. 下部超限货物系指自轨面起高度150～1250mm之间有任何部位超限者,按其等级分为一级、二级和超级超限货物。   ( )

8. 下部超限是指自轨面起高度在250～1250mm之间,任何部位超限者。 ( )

9. 二级超限是指超出一级超限限界而未超出二级超限限界者。   ( )

10. 二级超限是指超出一级超限限界而未超出二级超限限界者,以及自轨面起高度在150mm至未满230mm间超限但未超出二级超限限界者。   ( )

四、综合题

1. 何谓超限货物?

2. 何谓超重货物?

3. 现有两件货物,重量分别为250t和260t,拟使用 D_{23G} 型车装运。请问两件货物是否为超重货物呢? 如果是超重货物,是几级超重货物呢?

4. 请简述线路、车站办理超限、超重货物的基本条件。

任务三 测量超限货物的外形尺寸

任务引入

【**任务5-5**】 托运人长江钢结构制造公司托运一件钢结构梁,均重,货物重量36t,货物外形尺寸如图5-12所示,计划使用 N_{17K} 型60t标重一辆均衡突出装载。

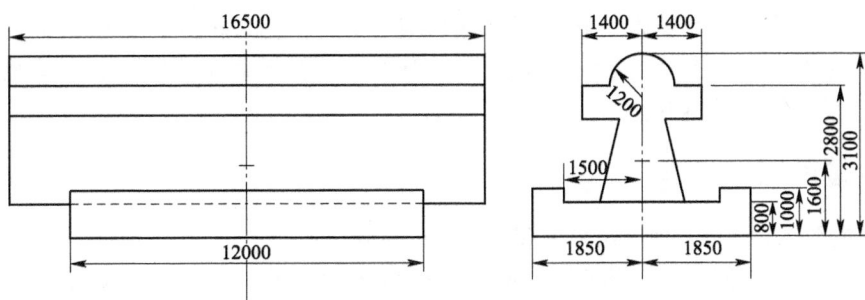

图 5-12　钢结构梁外形尺寸图(尺寸单位:mm)

请帮助托运人填写"超限超重货物托运说明书",见表 5-4。

超限超重货物托运说明书　　　　　　　　　　　　　　　　表 5-4

发　局		到　局		预计装后尺寸		
发　站		到　站				
装车地点		卸车地点		由轨面起高度	由车辆纵中心线起	
品　名		件　数			左　宽	右　宽
每件重量		总重量		重心位置	中心高	
货物长度		支重面长度		侧高		
高度	中心高	宽度	左	右	侧高	
	侧高		左	右	侧高	
	侧高		左	右	侧高	
	侧高		左	右	侧高	
要求使用车种		标记载重		侧高		
卸车时的要求						
其他要求				车地板高度		
				垫木或、支架(座架)或转向架高度		
				预计装在车上货物重心位置距轨面的高度		
				重车重心高度		

注:粗线栏内由铁路填记。

发货单位　　　　戳记　　　　　　　　　　　　　　　年　　月　　日提出

任务(知识)储备

正确测量超限货物装车前、装车后各部位尺寸是进行托运受理、确定超限等级和运送条件的重要依据。如果测量数据不准确,一方面可能会使非超限货物变为超限货物或者提高超限等级,造成不必要的限速、绕道运输以及会车上的困难,增加运输费用;另一方面也可能将超限货物误变为非超限货物或者降低超限等级,降低运输条件和要求,直接影响超限货物的货物完整和运行安全,减少运输收入。因此,必须按照规定严格进行超限货物外形尺寸以及运输车辆的有关测量。

一、测量的基本要求

(1)测量时要以 mm 为单位,认真细致,尺寸准确,记录如实完整。

(2)测量前要合理确定装载加固方案。根据货物的重量、外形、重心位置和结构特点,装运车辆的技术条件,结合托运人提供的装载加固建议方案综合考虑。确保货物装载加固符合技术条件,重车重心高和超限程度尽量降低。

(3)装车前测量按批准的装载加固方案进行,以超限车的运行方向为前方来确定货物的左侧和右侧。

测量货物的各不同高度均从货物底部支重面起算;各不同高度处的宽度均从货物重心所在的纵向垂直平面起算。

(4)测量高度应严格按垂直距离测量,宽度应严格按水平距离测量。装载的高度应包括垫木、货物支座高度;宽度应包括铁线、钢丝绳、腰箍等加固材料在内。

(5)装车后测量按实际装载状态进行,货物的各不同高度从钢轨面起算;各不同高度处的宽度均从车辆纵中心线所在的垂直平面起算。

测量结果应与"托运超限超重货物说明书"(见表 5-4)中的有关数据进行核对。

二、测量用的工具

为了正确、安全、高效地测量超限货物的外形尺寸,车站必须备有质量良好的测量工具,并指定专人妥善保管和维护。目前常用的测量工具及计算用具主要有以下几种:

(1)钢卷尺及皮尺;

(2)水平尺;

(3)吊锤;

(4)绝缘尺;

(5)辅助测量用的木板条和金属铝板;

(6)小型电子计算器;

(7)袖珍绘画垫板;

(8)记号笔。

三、装车前的测量

装车前的测量是指按照基本要求测量货物本身的有关尺寸,准确确定超限等级和运输要求。测量时按批准的装载加固方案对货物进行测量,并加以完整记录;以货物的重心位置为准,顺车长为货长,沿车宽为货宽,并以初次挂运方向为左侧、右侧。其测量内容如下:

(一)长度

如图 5-13 所示,测量货物的最大长度(全长)、支重面长度、重心至端部的距离、检定断面至重心的距离;货物横断面发生变化时或横向有突出部分时,应测量断面发生变化处及横向突出部位距货物重心所在垂直平面的距离。

支重面长度是针对货物而言,指支承货物重量的货物底面的长度。

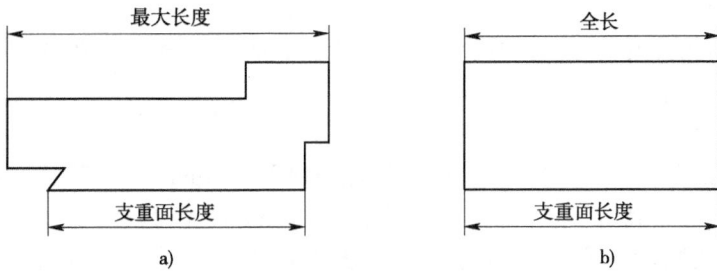

图 5-13　装车前测量货物的长度

（二）高度

由支重面起，测量货物中心高度、侧高度和重心高度。

1. 中心高度

自支重面起至最大高度处的高度为中心高度，如图 5-14、图 5-15 所示。

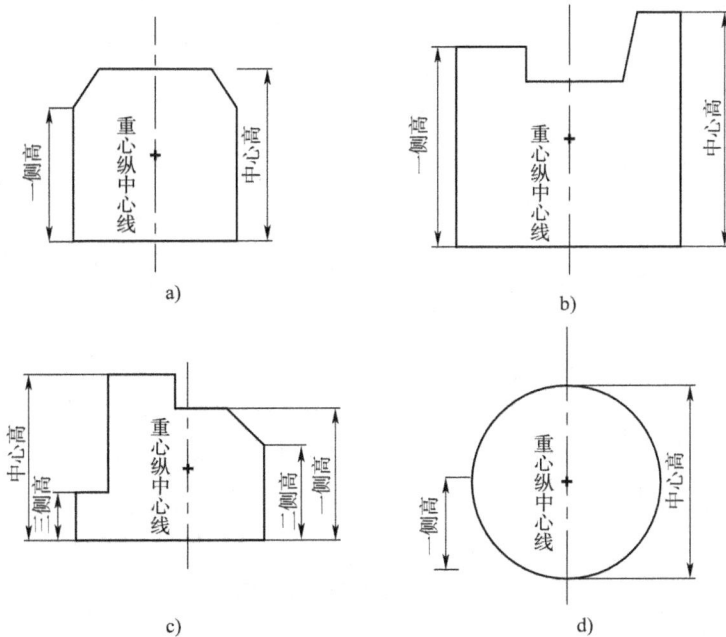

图 5-14　装车前测量货物的高度

2. 侧高度

中心高度以下，货物两侧不同宽度处的测点至支重面的高度称为侧高度。如有数个不同侧高度时，应由上至下分别测出每一个不同的侧高度，分别为一侧高、二侧高、三侧高……（见图 5-14、图 5-15）。

（三）宽度

测量中心高度处的宽度和不同侧高度处的宽度。

1. 中心高度处的宽度

中心高度处的宽度：测量中心高度处，在货物重心所在的纵向垂直平面左侧和右侧的最大宽度，如图 5-15 所示。

195

2. 侧高度处的宽度

侧高度处的宽度:测量每一侧高度处,在货物重心所在的纵向垂直面左侧和右侧的最大宽度,如图 5-15 所示。

3. 圆形货物的宽度

圆形货物的宽度:圆形货物中心高度处的左右侧宽为"0mm",侧高度处的左右侧宽应测量并记录表述为×侧高×× ~ ××mm 处为××mm 半径圆弧,并注明圆心位置。如图 5-15b)所示。货物为椭圆形,可选定几个高度分别测量其不同高度和宽度。

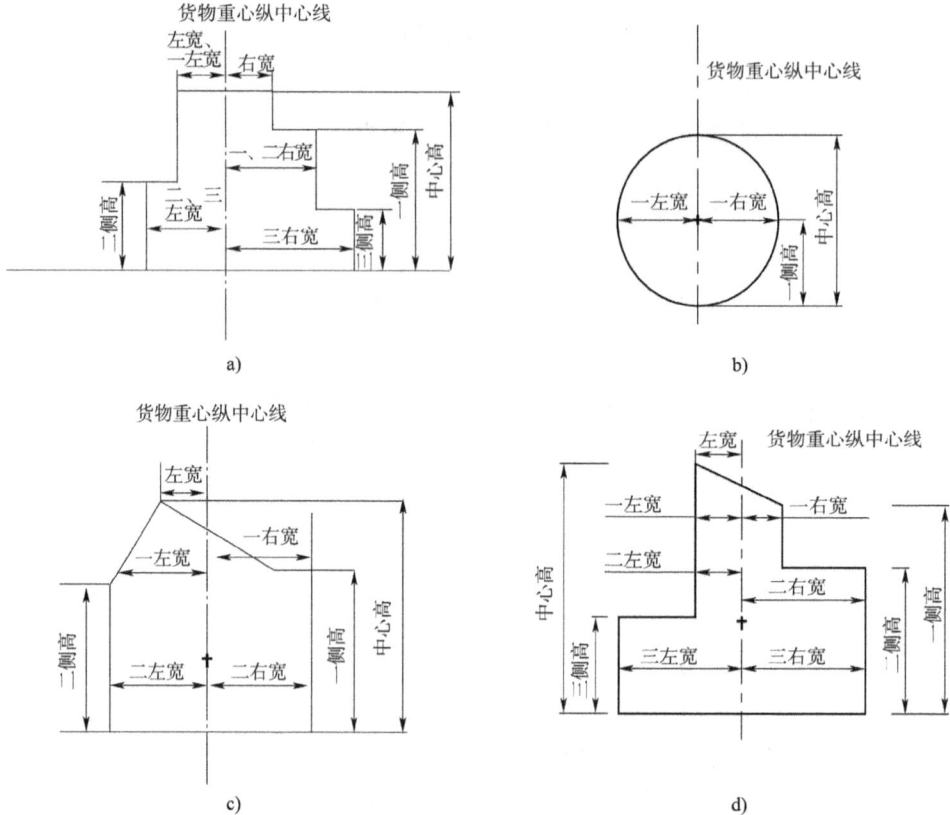

图 5-15　装车前测量货物的高度和宽度

（四）重心位置

测量货物重心至货物端部的距离(重心距离货物一端的长度)和重心高度(货物重心至支重面的高度)。

测量完毕,应与托运人提供的货物外形三视图、超限超重货物托运说明书(见表 5-4)进行认真核对;托运人所提供的数据与实测尺寸不符时,按实际测量尺寸更正。

四、装车后的测量

超限货物装车后应按实际的装载加固状态和测量要求对超限货物(含加固材料或装置)和车辆的总体复测,其主要目的是复核货物各部位尺寸未超出确认电报范围,其他有关尺寸、距离等是否符合要求;并正确填写"超限超重货物运输记录"(见表 5-10)。

（一）长度

(1)跨装时,测量支距的长度和两支点外方的长度,如图 5-16 所示。

196

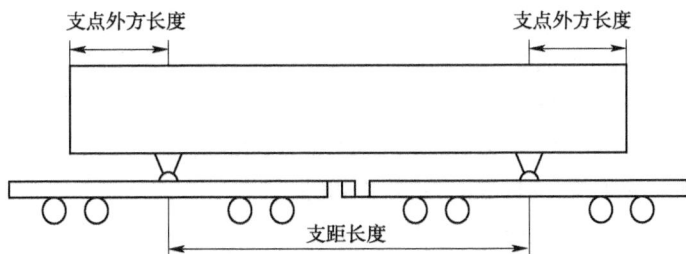

图 5-16　跨装时,装车后测量货物长度

（2）突出装载时,测量突出车辆端梁的长度；如两端突出不相等时,应分别测量,如图 5-17 所示。

图 5-17　突出装载,装车后测量货物的长度

（二）高度

自轨面起测量货物中心高度和侧高度。

使用钳夹车、落下孔车装载的货物,装车后还应测量货物底部与轨面的高度,要求该高度不得小于 150mm。

（三）宽度

自车辆纵中心线所在的纵向垂直平面起,分别测量中心高度和不同侧高度处在其左侧和右侧的宽度。

此外,对于圆形货物,应测量其直径；货物上有突出部件时,应测量突出部件的位置和突出的尺寸；带轮货物,测量轮子的直径、轴距等。同时,还应测量加固部件的有关尺寸,如拴结点的位置、加固装置的有关尺寸等。

✎ 任务实施

1. 根据任务三中"任务（知识）储备"所学知识,分析"任务引入"中任务 5-5,完成任务（教师指导）。

2. 根据图 5-18 中货物左视图,按规定描述装车前测量的高度和宽度。

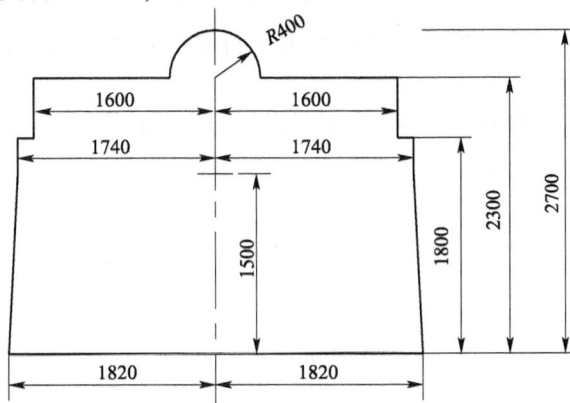

图 5-18　货物左视图(尺寸单位:mm)

解：货物重心高 1500mm，装车前测量：

中心高 2700mm 处左宽 0mm，右宽 0mm；

中心高 2700～2300mm 处为 400mm 半径圆弧；

一侧高 2300～1800mm 处左宽 1600mm，右宽 1600mm；

二侧高 1800mm 处左宽 1740mm，右宽 1740mm；

三侧高 0mm 处左宽 1860mm，右宽 1860mm；

二侧高至三侧高之间为斜坡。

3．请根据图 5-21～图 5-24 中货物外形尺寸，按规定描述装车前测量的高度和对应的宽度。

解：①图 5-21，机械设备装载

货物重心高 800mm，装车前测量：

中心高 1600mm 处左宽 1930mm，右宽 1930mm。

②图 5-22，钢结构梁装载

货物重心高 1000mm，装车前测量：

中心高 2000mm 处左宽 1460mm，右宽 1460mm；

一侧高 1600mm 处左宽 1600mm，右宽 1600mm。

③图 5-23，化工设备装载

货物重心高 1860mm，装车前测量：

中心高 3560mm 处左宽 0mm，右宽 0mm；

中心高 3560～1860mm 处为 1700mm 半径圆弧；

一侧高 1860mm 处左宽 1700mm；右宽 1700mm。

④图 5-24，机械设备装载

装车前测量：

中心高 1300mm 处左宽 1730mm，右宽 1730mm。

实施要点：

①理解掌握超限超重货物测量的规定。

②装车后测量要结合车辆使用、装车方案和加固方案综合考虑。

任务自测

一、填空题

1．对超限货物的外部轮廓尺寸中货物高度进行测量时，装车前应以_____为起点，装车后应以_____为起点。

2．对超限货物的宽度进行测量时，左宽、右宽，装车前以_____为界，装车后应以_____为界。

二、单项选择题

1．货物外形三视图。图中应标明货物的有关尺寸，支重面长度，并以"＋"号标明（　　）位置。

    A. 检定断面　　　　　　　　　　　B. 支重面

    C. 中心高度　　　　　　　　　　　D. 重心

2．超限货物装车后，自（　　）起测量其中心高度和侧高度。

A. 车地板   B. 支重面

C. 垫木底部   D. 轨面

3. 超限货物装车后测量货物的宽度自( )起,分别测量中心高度和不同侧高度处在其左侧和右侧的宽度。

A. 货物中心所在纵向垂直平面   B. 货物重心所在纵向垂直平面

C. 车辆纵中心线所在垂直平面   D. 线路纵中心线所在垂直平面

4. 使用普通平车装载超限货物测量车地板高度的方法是( )。

A. 在车地板上任意取一点测出至轨面的高度

B. 分别测出车地板四角至轨面的高度,取最大高度

C. 分别测出车地板四角至轨面的高度,取其平均值

D. 分别测出车地板四角至轨面的高度,取最小高度

5. 描述超限货物高度时,以用"中心高"来开始表述,下列对"中心高"的说法中,( )是正确的。

A. 货物几何中心处的最大高度

B. 货物位于车辆横中心线处的最大高度

C. 货物自轨面或支重面起最大高度处的高度

D. 货物两端最大高度处的高度

三、多项选择题

1. 测量工具及计算用具有( )。

A. 钢卷尺及皮尺

B. 水平尺、吊锤及绝缘尺

C. 辅助用的木板条、小型电子计算器及袖珍绘画垫板

D. 望远镜

2. 装车后测量尺寸,应该比确认电报的尺寸( ),否则应重新拍发超限货物申请电报。

A. 小   B. 大   C. 相等   D. 无所谓

四、判断题

1. 超限货物装车后外形尺寸测量大于确认电报时,须重新申请。   ( )

2. 超限货物装车后测量,应由车地板起测量其中心高度和侧高度。   ( )

3. 装车前测量超限货物,应自货物的支重面起,测量其中心高度、侧高度和重心高度。

                                                                         ( )

4. 装车前测量超限货物侧高度,如有数个不同侧高度时,应由上至下测出每一个不同的侧高度。   ( )

5. 超限货物装车后测量,应由车地板起测量其中心高度和侧高度。   ( )

五、综合题

1. 超限货物测量的基本要求是什么?

2. 装车前测量应测量哪些内容?

3. 请在下图 5-19 中标注重心高、中心高、侧高以及对应的宽度。

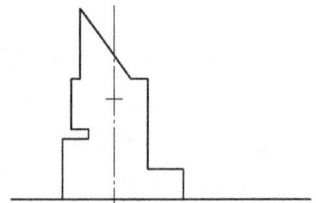

图 5-19 装车前测量尺寸标注

任务四　确定超限货物的超限等级

任务引入

托运人托运下列 4 件超限货物,装载加固方案确定。请作为承运人,确定超限等级。

【任务 5-6】 长方形均重机械设备一件,重 50t,长 9.0m,宽 3.86m,高 1.6m,使用标重 60tN$_{17K}$型普通平车装运,货物重心投影位于车地板纵、横中心线的交叉点上,货物底部使用高为 130mm 的横垫木 4 根。请确定超限等级。

N$_{17K}$型普通平车的技术参数: $l = 9000mm$, $L_车 = 13000mm$, $h_{车地板} = 1211mm$

【任务 5-7】 钢结构梁一件,重 30t,长 15500mm;高 2000mm 处左右宽各 1460mm,高 1600mm 处左右宽各 1600mm,重心高 1000mm。使用 N$_{17K}$型木地板平车一辆负重,一端突出,加挂 N$_{17K}$型游车一辆,使用横垫木高 190mm。试确定超限等级。

N$_{17K}$型平车技术参数: $l = 9000mm$, $L_车 = 13000mm$, $h_{车地板} = 1211mm$

【任务 5-8】 均重化工设备一件,重 92t,长 24000mm,直径 3400mm;用 D$_{22}$型长大平车一辆装载,货物重心落在车辆中央,凹形钢支座的规格为长 3000mm,宽 300mm,凹部高 160mm。试确定货物超限等级。

D$_{22}$型长大平车技术参数: $L_1 = 17800mm$, $L_2 = 2960mm$, $h_{车地板} = 1460mm$

【任务 5-9】 机械设备一件,重 35t,长 25800mm,宽 3460mm,高 1300mm;长度方向有对称突出部位,用 N$_{17AK}$型普通平车两辆跨装。货物转向架高度为 400mm,货物转向架中心销置于负重车中央,跨装支距为 13940mm,货物重心落在车钩连挂中心。货物装车后的装载示意图,如图 5-24 所示。试确定货物的超限等级。

N$_{17AK}$型平车技术参数: $l = 9000mm$, $L_车 = 13000mm$, $h_{车地板} = 1211mm$

任务（知识）储备

货物超限意味着与普通货物(车)相比,超限货物所需空间大于普通货物(车)所需空间,因而超限货物与建筑限界间的净空变小,运行条件变差。随着超限程度加强,运输组织更加严格。正确确定超限等级是请示装运办法、确定运行条件及核算运输费用的依据。

一、相关术语

1. 计算点

计算点,是影响货物超限等级的货物外轮廓上超限程度最大的点。它可以根据测量尺寸中中心高度及侧高度与其对应宽度确定的点来选定计算点。

2. 检定断面

检定断面,是用以确定超限等级的横断面,它是计算点所在的与线路中心线垂直的超限程度最大的货物垂直横断面。结合实际,一般在车辆横中心线处、货物突出端部以及货物横断面形状发生改变处选定。

3. 实测宽度

实测宽度,是货物检定断面的计算点至车辆纵中心线所在垂直平面的距离。它可以根据计算点装车后测量尺寸的高度和对应的左宽、右宽来选定。

4. 货物偏差量

货物偏差量,系指车辆行经在半径 300m 的曲线上时,货物检定断面处车辆纵中心线偏离线路纵中心线的距离。当车辆经过曲线线路时,两转向架心盘中心 M、N 间的车辆纵中心线必然偏于曲线的内侧,产生内偏差量 $C_内$;而两转向架心盘中心外方的车辆纵中心线,必然偏于曲线的外侧,产生外偏差量 $C_外$;内偏差量以车辆中央部位为最大,外偏差量以车辆或货物的两端为最大,如图 5-20 所示。

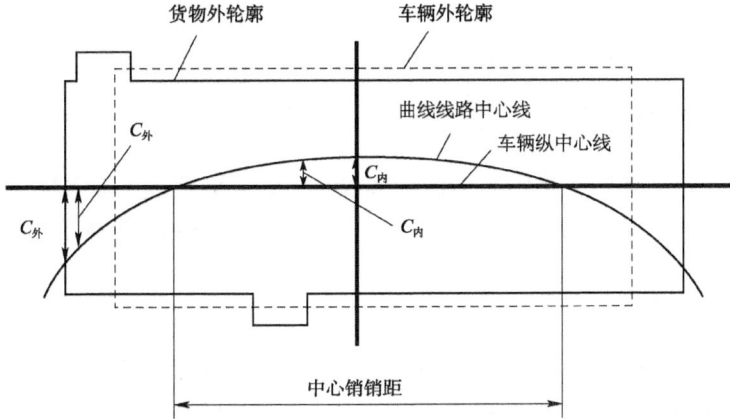

图 5-20 货物偏差量

5. 附加偏差量

附加偏差量:系指由于车辆走行各组成部分游间、钢轨内侧与轮缘外侧游间、曲线线路处轨距加宽量及车辆在钢轨上蛇形运动的摆动量而导致车辆转向架两心盘中心偏离线路中心线,引起的货物偏差量的增大值。车辆转向架心盘中心偏离线路中心线一侧最大可能偏移量为 75mm。当计算点位于曲线内侧时,货物偏差量增大值 $g_内$ 最大为 75mm;当计算点位于曲线外侧时,货物偏差量增大值 $g_外$ 最大为 $\dfrac{2x}{l} \times 75$mm;附加偏差量仅在计算外偏差量时才考虑。

6. 计算宽度

计算宽度,是指曲线线路上判定货物是否超限采用的计算点最大宽度。

下面简要说明一辆六轴及以下货车装载时计算宽度的确定,从曲线内侧、外侧分别考虑。

(1) 曲线线路上货物所需空间半宽 $B_曲$,影响因素有实测宽度 B,货物偏差量 $C_内$、$C_外$、车辆转向架中心销偏离线路中心线引起的货物偏差量增大值 $g_内$、$g_外$。

$$B_{曲内} = B + C_内 + g_内 = B + C_内 + 75 \quad (\text{mm})$$
$$B_{曲外} = B + C_外 + g_外 = B + C_外 + 2x/l \times 75 \quad (\text{mm})$$

(2) 半径为 300m 曲线线路上计算车辆所需空间最大半宽 $B_{曲计}$,影响因素有机车车辆限界半宽 $B_机$,计算车辆偏差量 $C_内$、$C_外$、车辆转向架两心盘中心偏离线路中心线引起的货物偏差量增大值 $g_内$、$g_外$。

$$B_{曲内计} = B_机 + C_内 + g_内 = B_机 + 36 + 75 \quad (\text{mm})$$
$$B_{曲外计} = B_机 + C_外 + g_外 = B_机 + 36 + 1.4 \times 75 \quad (\text{mm})$$

计算车辆是指车长为 13.22m,销距为 9.35m,具有机车车辆限界轮廓尺寸的普通货车。

(3) 计算宽度确定:

曲线线路如果货物超限,则货物所需空间半宽 $B_曲$ 应大于计算车辆所需空间最大半宽

$B_{曲计}$，则：

内侧：$B_{曲内} > B_{曲内计}$，即 $B + C_内 + 75 > B_机 + 36 + 75$，得到 $B + C_内 - 36 > B_机$。

由超限货物定义可知，计算宽度超过机车车辆限界基本轮廓时为超限货物，所以，当货物检定断面位于转向架两心盘中心之间时，计算宽度 $X_内 = B + C_内 - 36$。

外侧：$B_{曲外} > B_{曲外计}$，即 $B + C_外 + 2x/l \times 75 > B_机 + 36 + 1.4 \times 75$，得到 $B + C_外 + K - 36 > B_机$。其中，$K = (2x/l - 1.4) \times 75$。

当货物检定断面位于转向架两心盘中心以外时，计算宽度 $X_外 = B + C_外 + K - 36$。

7. 计算点高度

计算点高度，系指计算点距离钢轨面的垂直高度。

二、确定超限等级的方法

超限等级是以计算点所在检定断面的计算宽度（或实测宽度）和相对应的计算点高度，查《超规》附件 4"机车车辆限界、各级超限限界与直线建筑接近限界距离线路中心线尺寸表"而确定。

（一）标定计算点（标点）

装车后，结合前期测量的中心高及其左宽右宽、侧高度及其左宽右宽（左视图）尺寸，标定易于超限的点（或称为部位，以下同），作为需要计算的计算点。在等宽条件下，计算点在自轨面起 1250mm 以上时，标高不标低；不足 1250mm 时，标低不标高。

选定计算点后，分别在左视图上标定位置。

（二）选择检定断面（选面）

装车后，结合前期测量的长度（主视图）尺寸和装车方案，选出计算点所在的偏差量大的易于超限的横断面作为检定断面。在转向架两心盘中心之间，应选近（靠近车辆横中心线）不选远；在转向架两心盘中心外方，应选远（远离转向架心盘中心）不选近。

选定检定断面后，分别在正视图上标定位置。

（三）计算货物的计算宽度（计算）

1. 用一辆六轴及以下货车装载时

（1）当货物的检定断面位于车辆两心盘中心之间时，其计算公式为：

$$X_内 = B + C_内 - 36 \quad （mm） \tag{5-1}$$

式中：B——实测宽度，即，货物检定断面的计算点至车辆纵中心线所在垂直平面的距离，mm；

$C_内$——货物检定断面处的内偏差量，即，车辆纵中心线在货物检定断面处偏离线路中心线的距离，mm，其计算公式为：

$$C_内 = \frac{l^2 - (2x)^2}{8R} \times 1000 \quad （mm） \tag{5-2}$$

l——车辆转向架中心距，m；

x——货物检定断面至车辆横中心的距离，m；

R——曲线半径，m。

（2）当货物的检定断面位于车辆两心盘中心外方时，其计算公式为：

$$X_外 = B + C_外 + K - 36 \quad （mm） \tag{5-3}$$

式中：$C_外$——货物检定断面处的外偏差量，即，车辆纵中心线在货物检定断面处偏离线路中心线的距离，mm，其计算公式为：

$$C_{外} = \frac{(2x)^2 - l^2}{8R} \times 1000 \quad （mm）\tag{5-4}$$

K——货物检定断面处的附加偏差量，mm，其计算公式为：

$$K = 75\left(\frac{2x}{l} - 1.4\right) \quad （mm）\tag{5-5}$$

注：当 $\frac{2x}{l} \leqslant 1.4$ 时不计算 K。

2. 用普通平车跨装时

(1) 当货物的检定断面位于两货物转向架中心销之间时，其计算公式为：

$$X_{内} = B + C_{内} - 36 \quad （mm）\tag{5-6}$$

其中，$C_{内}$ 的计算公式为：

$$C_{内} = \frac{L^2 - l^2 - (2a)^2 - (2x)^2}{8R} \times 1000 \quad （mm）\tag{5-7}$$

式中：L——跨装支距，m；

l——负重车的转向架中心距，m；

a——货物转向架中心销偏离所在车辆横中心线的距离，m；

x——货物检定断面至跨装支距中心的距离，m。

(2) 当货物的检定断面位于两货物转向架中心销外方时，其计算公式为：

$$X_{外} = B + C_{外} + K - 36 \quad （mm）\tag{5-8}$$

其中，$C_{外}$ 的计算公式为：

$$C_{外} = \frac{(2x)^2 - L^2 - l^2 + (2a)^2}{8R} \times 1000 \quad （mm）\tag{5-9}$$

K 的计算公式为：

$$K = 75\left(\frac{2x}{L} - 1.4\right) \quad （mm）\tag{5-10}$$

注：当 $\frac{2x}{L} \leqslant 1.4$ 时不计算 K。

3. 用六轴以上长大货物车装载时

(1) 当货物的检定断面位于大底架两心盘中心之间时，其计算公式为：

$$X_{内} = B + C_{内} - 36 \quad （mm）\tag{5-11}$$

其中，计算公式为：

$$C_{内} = \frac{L_1^2 + \cdots + L_n^2 - (2x)^2}{8R} \times 1000 \quad （mm）\tag{5-12}$$

式中：L_1、$\cdots$、L_n——长大货物车由上向下各层底架心盘中心距，m；其中，n 为长大货物车底架层数；

x——货物检定断面至车辆横中心线的距离，m。

注：用具有导向装置的长大货物车装载时，$C_{内}$ 根据车辆使用说明书计算。

(2) 当货物的检定断面位于大底架两心盘中心外方时，其计算公式为：

$$X_{外} = B + C_{外} + K - 36 \quad （mm）\tag{5-13}$$

其中，$C_{外}$ 的计算公式为：

$$C_{外} = \frac{(2x)^2 - L_1^2 - \cdots - L_n^2}{8R} \times 1000 \qquad (\text{mm}) \qquad (5\text{-}14)$$

K 的计算公式为：

$$K = 75\left(\frac{2x}{L_1} - 1.4\right) \qquad (\text{mm}) \qquad (5\text{-}15)$$

注：当 $\frac{2x}{L_1} \leq 1.4$ 时不计算 K。

4. 内偏差 $C_{内}$、外偏差 $C_{外}$ 计算时的运用

对于实际货物，每次都需要计算内偏差 $C_{内}$ 和外偏差 $C_{外}$ 吗？根据货物的具体外形尺寸、装车方案以及车辆的有关尺寸，有以下运用规律：

(1)对于横断面相同的货物，在其长度上每处的实测宽度均相等。如果装车后，货物两端均不超出车辆转向架心盘中心，应计算 $C_{内}$，而且应计算车辆中央部位的 $C_{内}$；如果装车后，货物长度在车辆转向架两心盘中心外方，则既存在 $C_{内}$，又存在 $C_{外}$。$C_{内}$ 以车辆横中心线所在断面处为最大，$C_{外}$ 以货物端部为最大，此时计算二者中的较大者。若 $\frac{2x}{l} \leq 1.4$ 时，计算 $C_{内}$；若 $\frac{2x}{l} > 1.4$ 时，计算 $C_{外}$。

(2)对于横向有突出部分的货物，检定断面位于车辆转向架两心盘中心之间时，计算最大的 $C_{内}$；检定断面位于车辆转向架两心盘中心外方时，计算最大的 $C_{外}$。

(3)对于外形结构比较复杂、不规则的货物，需根据具体情况选定若干检定断面，计算其计算宽度，进行综合比较才能确定。

在确定超限货物，特别是长大的超限货物的装载方案时，最好是选择货物长度与转向架中心距之比等于或接近 1.4 的车辆装运。这样，货物的内偏差量等于或接近外偏差量，可以降低货物的超限程度。

(四)确定计算点高度(计算)

计算点高度自轨面起算，自下而上一般包括货车地板高度、垫木(支座、凹木凹部)高度和计算点至货物支重面的高度。

(五)查定超限等级(查表)

根据确定的计算宽度(或实测宽度)和计算点高度，查《超规》附件4"机车车辆限界基本轮廓、各级超限限界与建筑限界距离线路中心线所在垂直平面尺寸表"(见表5-2)可判断货物是否超限，判定超限等级。

当有几个计算点查定为不同的超限等级，应以超限等级最大为该货物的最终超限等级。

当计算宽度小于实测宽度时，按实测宽度和计算点高度，查《超规》附件4确定货物超限等级。

任务实施

根据任务四中"任务(知识)储备"所学知识，分析"任务引入"中任务 5-6 ~ 任务 5-9，完成任务。

【任务5-6】 长方形均重机械设备一件，重 50t，长 9.0m，宽 3.86m，高 1.6m，使用标重 60tN$_{17K}$ 型普通平车装运，货物重心投影位于车地板纵、横中心线的交叉点上，货物底部使用高为 130mm 的横垫木 4 根。请判定该件货物是否超限？如果超限，请确定超限等级。货物装车后的装载示意图，如图 5-21 所示。

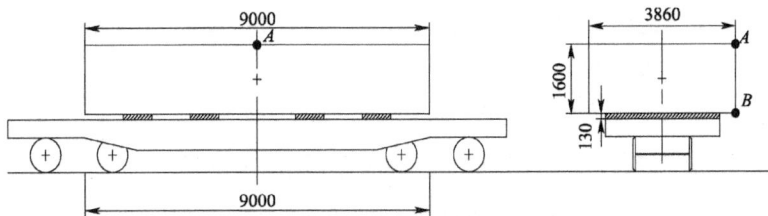

图 5-21　机械设备装载示意图(尺寸单位:mm)

N_{17K}型普通平车的技术参数:$l = 9000\,mm$,$L_{车} = 13000\,mm$,$h_{车地板} = 1211\,mm$。

实施要点:

1. 选定计算点,确定检定断面位置

(1)由货物左视图可见,AB 间部位等宽且最宽,A、B 处易于超限。因计算点在自轨面起 1250mm 以上时,标高不标低;不足 1250mm 时,标低不标高,A、B 两点均在 1250mm 以上,所以选定易于超限的中心高 2941mm、侧宽 1930mm 处 A 部位为计算点。

(2)在货物正视图上选择检定断面:因货物是等断面体,装车后货物的检定断面位于车辆转向架两心盘中心之间,所以选货物的中央部位(车辆横中心线处)为检定断面。

2. 计算货物的计算宽度

$$R = 300m$$

A 计算点:

$$C_{内} = \frac{l^2 - (2x)^2}{8R} \times 1000 = \frac{9.0^2 - 0}{8 \times 300} \times 1000 = 33.75 = 34\,mm$$

$$X_{内} = B + C_{内} - 36 = 1930 + 34 - 36 = 1928\,mm$$

计算宽度小于实测宽度,以实测宽度 1930mm 作为查表依据。

3. 确定计算点高度

A 计算点高度:

$$H = 1600 + 130 + 1211 = 2941\,mm$$

4. 查定超限等级

查《超规》附件 4,A 部位属中部二级超限,因此该货物为二级超限货物。

【任务 5-7】　钢结构梁一件,重 30t,长 15500mm;高 2000mm 处左右宽各 1460mm,高 1600mm 处左右宽各 1600mm,重心高 1000mm。使用 N_{17K}型木地板平车一辆负重,一端突出,加挂 N_{17K}型游车一辆,使用横垫木高 190mm。货物装车后的装载示意图,如图 5-22 所示。试确定超限等级。

N_{17K}型平车技术参数:$l = 9000\,mm$,$L_{车} = 13000\,mm$,$h_{车地板} = 1211\,mm$。

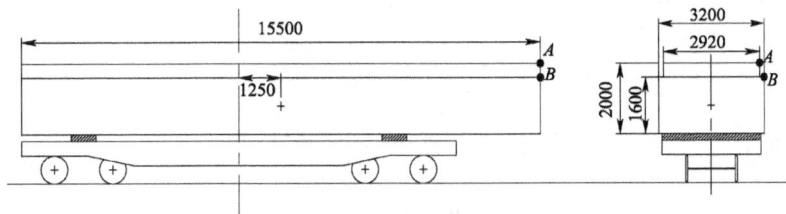

图 5-22　钢结构梁装载示意图(尺寸单位:mm)

实施要点:

1. 选定计算点,确定检定断面位置

(1)由货物左视图可见,车地板高加横垫木高为 1401mm,整件货物位于 1250mm 以上,因此确定计算点选高不选低,选定中心高3400mm、侧宽1460mm处A部位,一侧高3000mm、侧宽1600mm处B部位为计算点。

(2)在货物正视图上确定检定断面

因货物是等断面体,装车后突出端的货端至车辆横中心线距离$x=9.0$m,$\dfrac{2x}{l}=\dfrac{18}{9.0}=2.0>1.4$,货物外偏差大于内偏差,因此最终确定突出车端的货物的端部为检定断面。

2. 计算货物的计算宽度

$$R=300\text{m}$$

$$C_{外}=\frac{(2x)^2-l^2}{8R}\times1000=\frac{(2\times9.0)^2-9.0^2}{8\times300}\times1000=101.25=102\text{mm}$$

$$K=75\left(\frac{2x}{l}-1.4\right)=75\times\left(\frac{2\times9}{9}-1.4\right)=45\text{mm}$$

A点:

$$X_{外}=B+C_{外}+K-36=1460+102+45-36=1571\text{mm}$$

B点:

$$X_{外}=B+C_{外}+K-36=1600+102+45-36=1711\text{mm}$$

3. 确定计算点高度

A计算点高度:

$$H=1211+190+2000=3401\text{mm}$$

B计算点高度:

$$H=1211+190+1600=3001\text{mm}$$

4. 确定超限等级

查《超规》附件4,A部位不超限,B部位属中部一级超限,因此该货物为一级超限货物。

(温馨提示:请回忆【任务5-3】,在这里可以找到答案。)

【任务5-8】 均重化工设备一件,重92t,长24000mm,直径3400mm;用D_{22}型长大平车一辆装载,货物重心落在车辆中央,凹形钢支座的规格为长3000mm,宽300mm,凹部高160mm。装车后的装载示意图,如图5-23所示。试确定货物超限等级。

D_{22}型长大平车技术参数:$L_1=17800$mm,$L_2=2960$mm,$h_{车地板}=1460$mm。

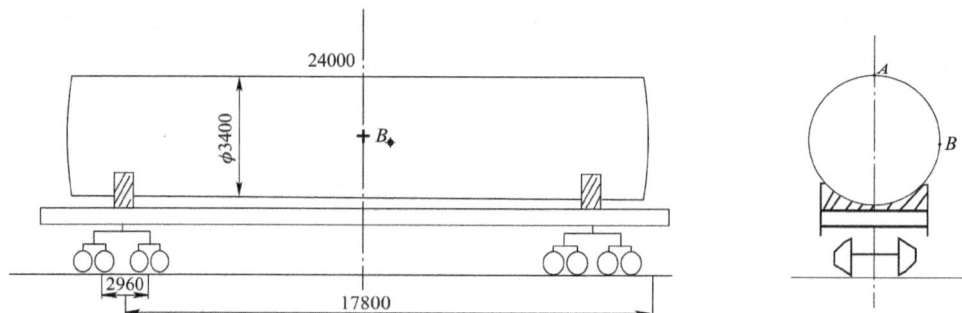

图5-23 化工设备装载示意图(尺寸单位:mm)

实施要点:

1. 选定计算点,确定检定断面位置

(1)由货物左视图可见,该件货物的最易超限的部位为A、B两处,因此选定中心高5020mm、侧宽0mm处A部位,一侧高3320mm、侧宽1700mm处B部位为计算点。

（2）在货物正视图上确定检定断面

该件货物长度小于车地板长度，检定断面位于转向架两心盘中心之间的车辆横中心线处，计算内偏差。

2. 计算货物的计算宽度

D_{22} 型长大平车为一辆 8 轴车，$R = 300$m

$$C_{内} = \frac{L_1{}^2 + \cdots + L_n{}^2 - (2x)^2}{8R} = \frac{17.8^2 + 2.96^2 - 0}{2.4} = 136\text{mm}$$

A 点：

$$X_{内} = B + C_{内} - 36 = 0 + 136 - 36 = 100\text{mm}$$

B 点：

$$X_{内} = B + C_{内} - 36 = 1700 + 136 - 36 = 1800\text{mm}$$

3. 确定计算点高度

A 计算点高度：

$$H = 1460 + 160 + 3400 = 5020\text{mm}$$

B 计算点高度：

$$H = 1460 + 160 + 1700 = 3320\text{mm}$$

4. 确定超限等级

查《超规》附件4，A 部位属上部超级超限，B 部位属中部一级超限，因此该货物为超级超限货物。

【任务5-9】 机械设备一件（图5-24），重35t，长25800mm，宽3460mm，高1300mm；长度方向有对称突出部位，用 N_{17AK} 型普通平车两辆跨装。货物转向架高度为400mm，货物转向架中心销置于负重车中央，跨装支距为13940mm，货物重心落在车钩连挂中心。试确定货物的超限等级。

N_{17AK} 型普通平车技术参数：$l = 9000$mm，$L_{车} = 13000$mm，$h_{车地板} = 1211$mm

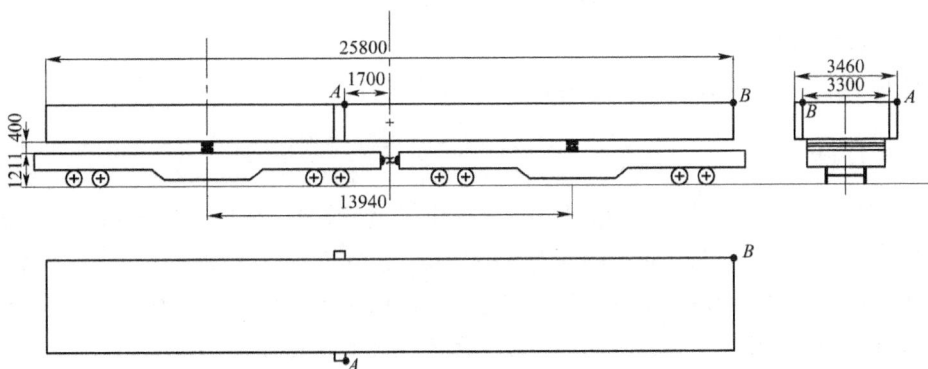

图5-24 机械设备装载示意图（尺寸单位：mm）

实施要点：

1. 选定计算点，确定检定断面位置

（1）由货物左视图可见，车地板高加货物转向架高为1611mm，整件货物位于1250mm以上，又由于横向有突出部分，侧宽不同处均可能超限，因此确定计算点选高不选低，选定中心高2911mm、侧宽1730mm处 A 部位，侧宽1650mm处 B 部位为计算点。

（2）在货物正视图上确定检定断面

侧宽为1730mm的 A 部位，检定断面位于货物转向架两心盘中心以内，选近不选远，计算内偏差。

侧宽为1650mm的 B 部位， $\dfrac{2x}{L} = \dfrac{25.8}{13.94} = 1.85 > 1.4$ ，检定断面位于货物端部，计算外偏差。

2. 计算货物的计算宽度

（1） A 点计算宽度

A 点：

$$C_内 = \frac{L^2 + l^2 - (2a)^2 - (2x)^2}{8R} \times 1000$$

$$= \frac{13.94^2 + 9^2 - (2 \times 0)^2 - (2 \times 1.7)^2}{8 \times 300} \times 1000 = 110\text{mm}$$

A 点：

$$X_内 = B + C_内 - 36 = 1730 + 110 - 36 = 1804\text{mm}$$

（2） B 点计算宽度

B 点：

$$C_外 = \frac{(2x)^2 - L^2 - l^2 + (2a)^2}{8R} \times 1000 = \frac{25.8^2 - 13.94^2 - 9^2 + (2 \times 0)^2}{8 \times 300} \times 1000 = 163\text{mm}$$

B 点：

$$K = 75\left(\frac{2x}{L} - 1.4\right) = 75 \times \left(\frac{25.8}{13.94} - 1.4\right) = 34\text{mm}$$

B 点：

$$X_外 = B + C_外 + K - 36 = 1650 + 163 + 34 - 36 = 1811\text{mm}$$

B 点计算宽度大于 A 点计算宽度，选择 B 点计算宽度确定超限等级。

3. 确定计算点高度

B 计算点高度：

$$H = 1211 + 400 + 1300 = 2911\text{mm}$$

4. 确定超限等级

查《超规》附件4， B 部位属中部一级超限，因此该货物为一级超限货物。

任务自测

托运人到车站托运下列3件阔大货物，只提供了货物外形尺寸。请完成以下任务。

（1）钢梁一件，重28t，长15400mm，宽3800mm，高2400mm。使用 N_{17AK} 型车辆装载。货物装载加固，如图5-25所示。其中，两个横垫木3000mm×300mm×200mm，放置于负重车枕梁上方。请检验该装载方案，计算货物的计算宽度并确定超限等级。

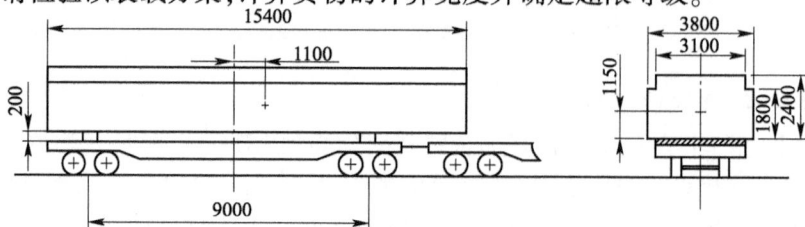

图5-25　钢梁计划装载示意图（尺寸单位：mm）

（2）化工设备一件，重86t，长24000mm，直径3400mm。货物采用 D_{22A} 型长大平车一辆装载；使用凹形钢支座2个，置于车辆枕梁上方；规格为长3000mm，宽300mm，凹部高160mm，装车后货物重心投影落在车辆中央。装载示意图，如图5-26所示。请计算货物的计算宽度并确定超限等级。

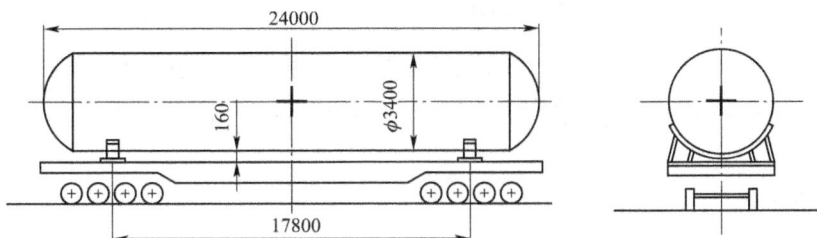

图5-26　化工设备装载示意图（尺寸单位：mm）

（3）起重机梁一件，重32t，长26000mm，宽3400mm，高1400mm。采用 N_{17AK} 型60t平车两车跨装。使用货物转向架一副，货物转向架高度为400mm，满足要求。装车后货物重心投影落在车钩连挂中心。装载示意图，如图5-27所示。请计算货物的计算宽度并确定超限等级。

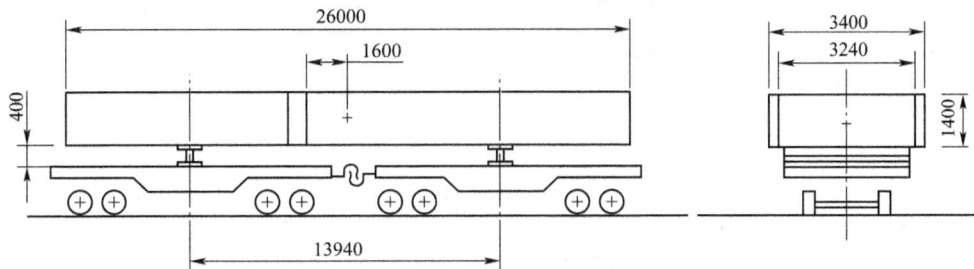

图5-27　起重机梁装载示意图（尺寸单位：mm）

任务五　拍发超限超重货物运输电报

任务引入

【任务5-10】　钢结构梁一件，重30t，长15500mm；高2000mm处左右宽各1460mm，高1600mm处，左右宽各1600mm，重心高1000mm。使用 N_{17AK} 型木地板平车一辆负重，一端突出，加挂 N_{17AK} 型游车一辆，使用横垫木高190mm。货物装车后的装载示意图，如图5-28所示。属一级超限货物。发站：成都局集团公司德阳站；到站：昆明局集团公司昆明东站。

N_{17AK} 型60t平车技术参数： $Q_车 = 19.7t$ ， $l = 9000mm$ ， $L_车 = 13000mm$ ， $h_车 = 723mm$ ， $h_{车地板} = 1211mm$

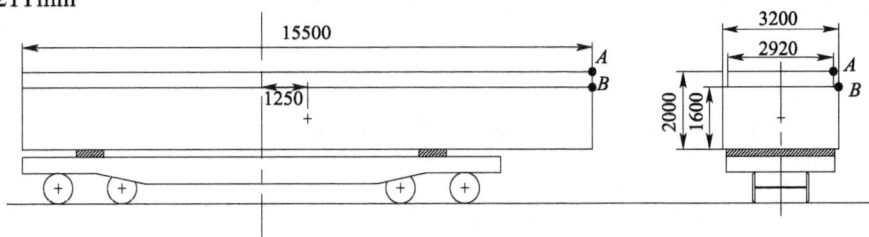

图5-28　钢结构梁装载示意图

请模拟拍发超限超重货物运输申请电报、确认电报。

任务（知识）储备

一、铁路超限超重货物运输电报的分类

铁路超限超重货物运输电报分为超限超重货物运输申请电报（以下简称申请电报），超限超重货物运输确认电报（以下简称确认电报）和超限超重车辆挂运申请电报（以下简称挂运电报）。

（一）申请电报

1.主送单位

车站申请电报主送局集团公司货运主管部门；局集团公司申请电报主送国铁集团货运部。

2.格式及内容

（1）申请电报格式及主要内容，如表5-5所示。

铁路超限超重货物运输申请电报　　　　表5-5

1.发站、到局、到站
2.货物概况
3.货物外形尺寸
4.拟使用车种、车型及辆数
5.装载方法
6.预计装后尺寸
7.其他特殊运输条件要求
×站（×局）超限超重××××号
年　　月　　日

（2）货物概况，应注明货物品名、件数、重量、全长、支重面长度、货物重心高度。自轮运转货物还应注明自重、长度、轴数、轴距、固定轴距、转向架中心销间距离、运行限制条件以及其他特殊运输条件要求等。

货物重量含装载加固材料和装置等重量。货物重心高度含垫木或支架等高度，并须注明其中垫木或支架等高度为××mm。支重面长度为垫木或支架等之间距离时，须注明两横垫木或支架之间距离为××mm。

（3）货物外形尺寸，应包括固定包装、装载加固材料或装置，表述必须完整、准确。不同高度处的宽度按自上而下顺序排列，尺寸均以mm为单位。

货物外形尺寸表述方式规定如下：

①一个高度：

中心高××~××mm处左宽××mm，右宽××mm。

②两个高度：

中心高××mm处左宽××mm，右宽××mm；

侧高××mm处左宽××mm，右宽××mm。

③三个及以上高度：

中心高××mm 处左宽××mm,右宽××mm;

一侧高××mm 处左宽××mm,右宽××mm;

二侧高××mm 处左宽××mm,右宽××mm;

……

④圆弧形货物：

×侧高(中心高)××~××mm 处为××mm 半径圆弧,并注明圆心位置。

⑤不同高度之间为等宽：

×侧高(中心高)××~××mm 处左宽××mm,右宽××mm。

⑥不同高度之间为斜坡形：

×侧高(中心高)~×侧高之间为斜坡形。

⑦同一高度左右两侧等宽：

×侧高(中心高)××mm 处宽各××mm。

⑧一般情况下,货物外形尺寸采用同一高度处左右等宽方式表述,等宽宽度取左右宽度的最大数值。特殊需要时,采用左右宽度实际数值表述。

(4)装载方法,主要包括不突出车端板装载、突出车端板装载和两车跨装装载等三种方式。

①不突出车端板装载:注明每车装载件数及合装、分装等具体装载方法。

②突出车端板装载:除需注明不突出车端板装载规定内容外,还应注明货物突出车端的长度、突出端的宽度及高度,两端同时突出的应分别注明。需要使用游车的,注明使用游车的车种及辆数。

③两车跨装装载:两负重车中间或两端需要使用游车的,注明中间或两端使用游车的车种及辆数。注明货物跨装支距、突出支点长度和突出端的宽度及高度,同时突出两支点的应分别注明。

(5)车种、车型及辆数应根据货物件数、尺寸、重量及装载要求等合理选择,科学确定。

(6)预计装后尺寸。装后尺寸高度自轨面开始计算,宽度自车辆纵中心线所在垂直平面开始计算,按货物外形尺寸表述方式规定表述(圆心位置表述时,应明确圆心高度和圆心距车辆纵中心线的水平距离)。预计装后尺寸必须完整、准确,保证预计货物装后的各不同高度处的最大计算宽度对应的部位不遗漏。

(7)特殊运输要求是指为保证货物和超限车的铁路运输安全,根据货物自身性质及超限车的技术条件,必须明确的特殊运输限制条件等。如:变压器运输时,托运人提出的途中运输加速度不得超过 $3g$;自轮运转货物的最高运行速度、曲线限速、侧向过岔限速及通过最小曲线半径限制;超限车的最高运行速度、曲线限速、侧向过岔限速及通过最小曲线半径限制等。

(二)确认电报

1. 主送单位

国铁集团货运部门确认电报主送始发、经由和到达局集团公司货运主管部门。

局集团公司确认电报主送发站、本局调度所、发站所在地车辆段及沿途货检站等;根据需要主送本局其他相关站段,抄送本局运输、工务、电务、车辆、机务、供电处等。局集团公司直接确认的本局发送的超限超重货物运输电报须抄送经由和到达局集团公司货运主管部门。局集团公司接到发布的确认电报后,应结合管内的实际情况及时确认转发。对需临时改变建筑物、固定设备的,应在电报中详细指明。

2. 格式及内容

(1)确认电报格式及主要内容,如表5-6所示。

铁路超限超重货物运输确认电报　　　　表5-6

```
┌─────────────────────────────────────────────┐
│                                             │
│   1. 发站、经由、到站                          │
│   2. 货物概况                                 │
│   3. 使用车种、车型及辆数                       │
│   4. 装载方法                                 │
│   5. 货物装后尺寸                              │
│   6. 装运办法                                 │
│                                             │
│                                             │
│                                             │
│          铁路集团(×局)超限超重××××号          │
│                年　　月　　日                  │
│                                             │
└─────────────────────────────────────────────┘
```

(2)发到站和经由的铁路线路须已开办超限超重货物运输业务。经由的铁路正线(区段),根据超限货物装后尺寸、超重货物等级,相关铁路正线(区段)的限界、线桥承载能力,结合车流径路、列车编组计划等正确确定。超限、超重货物应经由最短径路运输,但受到建筑限界或其他不利因素影响时,可指定径路运输。跨局运输的,经由以局间分界站表述。

(3)货物概况、装载方法、装后尺寸参照申请电报表述。确定使用车种、车型及辆数时,还应根据货物重量和经由铁路线桥承载能力,确定超限超重车两端加挂的隔离车车种、辆数等。

(4)装运办法,必须准确、具体、完整。使用《铁路超限超重货物运输电报代号》(见表5-7)中规定的电报代号加文字表述;无代号的应直接用文字准确、具体、完整、规范表述。

铁路超限超重货物运输电报代号　　　　表5-7

顺序	代字	被代用文字	附注
1	A	超限等级	代号后写几级
2	C	凡距线路中心线几毫米,高度超过几毫米,如道岔表示器等设备,在列车通过前拆除,通过后立即恢复正常位置	代号后分子为距线路中心线宽度的毫米数,分母为自轨面起高度的毫米数
3	D	通过接近限界的限制速度,按《超规》第四十二条办理	
4	E	禁止接入距离线路中心线几毫米,高度超过几毫米的站台线路	代号后分子为距线路中心线宽度的毫米数,分母为自轨面起高度的毫米数
5	G	最高运行速度	代号后写限速值
6	K	会车条件按《超规》第四十一条办理	
7	L	通过300m及以下半径曲线线路时的限制速度	代号后写限速值
8	M	途中货检站按规定检查无碍后继续运送	
9	N	各邻接调度所密切联系注意运行状态,接运和挂运按《超规》第三十六和三十九条办理	

顺序	代字	被 代 用 文 字	附　　注
10	P	需要货物转向架和使用车钩缓冲停止器	
11	R	货物重心高度	代号后写毫米数
12	S	重车重心高度	代号后写毫米数
13	W	经过侧向道岔的限制速度	代号后写限速值
14	Z	超重等级	代号后写几级

（5）装运办法表述示例：

重车重心不超高时：①A ×级超限；②Z ×级超重；③KMN。

重车重心超高时：①A ×级超限；②Z ×级超重；③R 1950mm；④S 2029mm；⑤G 50km/h；⑥L 20km/h；⑦W 15km/h；⑧KMN。

较复杂情况时：①A ×级超限；②Z ×级超重；③G 50km/h；④R ≥600m，限速 40km/h；600m＞R ≥400m，限速 30km/h；400m＞R ≥300m，限速 20km/h；R ＜300m，限速 10km/h；⑤W 15km/h；⑥禁止侧向通过 8 号及以下道岔；⑦禁止通过半径小于 250m 曲线线路；⑧禁止通过驼峰和高站台线路、禁止溜放和冲撞；⑨KMNP；⑩附车辆技术鉴定书一份；⑪成组运输不得拆解，该机组挂列车尾部（专列除外）；⑫严格按铁总运电〔2014〕86 号电报要求办理。

（三）挂运电报

1. 主送单位

车站挂运电报主送局集团公司调度所，抄送局集团公司货运主管部门。

2. 主要内容

挂运电报格式及主要内容，如表 5-8 所示。

超限超重车辆挂运申请电报　　　表 5-8

奉 ×（局）超限超重 ××××号电报，××站发 ××站的 ××（货物品名）×件，使用 ××〔车种、车型、车号（含游车、隔离车）〕×辆装运，×级超限×级超重，已于 ×月 ×日 ×时装载（检查）完毕。经复测（检查），货物装后尺寸符合确认电报要求，装载加固状态良好，请求挂运。

　　注：具体内容由局集团公司结合实际自行规定。

××站（××局）超限起重 ××××号

年　　月　　日

二、超限超重货物运输电报管理的基本规定

（一）基本规定

（1）超限超重货物运输电报内容必须完整、准确、具体、规范。

（2）跨三个及以上局集团公司的各级超重货物和超级超限货物，由局集团公司审查后向

国铁集团货运部门提出申请。

（3）国铁集团货运部门、局集团公司接到超限超重货物运输申请电报后，及时向各有关单位发布确认电报，明确装运办法。发布确认电报时，应加强与相关局集团公司的沟通协调，确保限界满足要求。

（4）局集团公司接到发布的确认电报后，应结合管内的实际情况及时确认转发。对需临时改变建筑物、固定设备的，应在电报中详细指明。管内通行确有困难时，应在收到电报之日起 3 个工作日内以电报和电话形式通知发局和确认电报发布单位。

超限货物装车时间距确认电报发布时间不足 3 个工作日的，发局应与沿途各局进行确认后再发布确认电报。

（二）电报编号及印章

1. 电报编号

超限超重运输电报编号实行年度循环制，以阿拉伯数字顺序编号。本年度确认电报有效期截止到下年度 1 月 31 日，逾期未装运的须重新申请确认电报。

国铁集团货运部门确认电报编号为：国铁集团超限超重×××号。局集团公司申请、确认电报编号为：×（局集团公司简称）超限超重×××号，如哈尔滨局集团公司为：哈超限超重×××号。车站申请电报编号为：×站超限超重×××号。车站挂运电报编号原则和方法由局集团公司自行规定。

2. 印章

国铁集团货运部门确认电报加盖"国铁集团××部门超限超重货物运输专用章"，专用章直径 38mm。局集团公司申请、确认电报加盖"××局集团公司货运主管部门超限超重货物运输专用章"，专用章直径 36mm。车站申请电报、挂运电报加盖的印章由局集团公司自行规定。

任务实施

根据任务五中"任务（知识）储备"所学知识，分析"任务引入"中任务 5-10，完成任务。

1. 模拟拍发铁路超限货物运输申请电报

铁路超限超重货物运输申请电报

主送单位：中国铁路成都局集团有限公司货运处

1. 德阳、昆明局集团公司、昆明东
2. 钢结构梁 1 件，重 30t，货物全长 15500mm，支重面长 15500mm，货物重心高 1000mm。
3. 货物中心高 2000～1600mm 处宽各 1460mm，一侧高 1600～0mm 处宽各 1600mm。
4. 拟使用 N_{17AK} 型 1 辆，N_{17AK} 型 1 辆做游车装载。
5. 货物一端与车端平齐，使用横垫木高 190mm。
6. 预计装后中心高 3401～3001mm 处宽各 1460mm，一侧高 3001～1401mm 处宽各 1600mm。重车重心高 1738mm。
<div align="right">德阳站（成局）超限超重 00010 号 ××××年××月××日</div>

2.模拟拍发铁路超限货物运输确认电报

铁路超限超重货物运输确认电报

主送单位：德阳、局调度所、成都车辆段、成都北、燕岗、西昌南、广通

抄送单位：成都局集团公司运输处、工务处、车辆处、电务处、供电处、机务处；昆明局集团公司货运处

> 1. 德阳站，经攀枝花、广通，昆明东站
>
> 2. 钢结构梁 1 件，重 30t，货物全长 15500mm，支重面长 15500，货物重心高 1000mm。
>
> 3. 使用 N_{17AK} 型 1 辆，N_{17AK} 型游车 1 辆。
>
> 4. 一端与车端平齐装载；使用横垫木高 190mm。
>
> 5. 装后中心高 3401～3001mm 处宽各 1460mm，一侧高 3001～1401mm 处宽各 1600mm。重车重心高 1738mm。
>
> 装运办法：
>
> (1) A 一级超限；
>
> (2) KMN。
>
> 成超限超重 109 号
>
> 成都局集团公司货运处
>
> ××××年××月××日

任务自测

一、填空题

1. 铁路超限超重货物运输电报分为超限超重货物运输_____、_____和超限超重_____。

2. 超限超重货物运输电报代号中 S 表示被代用文字为_____。

3. 超限超重货物运输电报代号中 W 表示被代用文字为_____。

4. 超限超重货物运输电报代号中 Z 表示被代用文字为_____。

二、单项选择题

1. ( )货物禁止无确认电报装车。

    A. 超限、超重、超长、集重   B. 超限、超重、超长

    C. 超限、超重   D. 超限

2. 超限货物电报代号"S"表示( )。

    A. 重车重心高度   B. 重车中心高度   C. 车辆高度   D. 货物重心高度

3. 超限货物电报代号"G"表示( )。

    A. 超限等级   B. 最高运行速度   C. 货物重心高度   D. 侧向过岔限速

4. 超限超重货物运输电报代号"M"表示( )。

    A. 由该局管内工务段指派专人添乘监视运行

    B. 途中货检站按规定检查无碍后继续运送

    C. 区间限制速度

    D. 超重等级

5. 超级超限货物跨及三局运输时，由( )批准。

    A. 局集团公司直属站段   B. 局集团公司货运主管

C. 国铁集团货运部 　　　　　　　　　D. 相关局集团公司商定

6. 超限超重货物运输电报中,代号 R 表示( )。

　　A. 重车重心高度　　　B. 货物重心高　　　C. 超限等级　　　D. 超重等级

7. 到站跨( )及以上局集团公司的各级超重货物和超级超限货物由局集团公司审查后向集团公司申请。

　　A. 两个　　　　　　　B. 三个　　　　　　　C. 四个　　　　　　　D. 五个

8. 超限超重货物运输电报代号"A"表示( )。

　　A. 车长值乘　　　　　B. 超限部位　　　　　C. 超限程度　　　　　D. 超限等级

三、多项选择题

1. 挂运电报主要内容包括:( ),使用车种、车型及辆数,装载完毕时间,装后尺寸复测,装后货物装载加固状态及车辆状态检查确认情况等。

　　A. 确认电报号　　　　B. 发站、到站　　　　C. 货物重量　　　　D. 货物品名、件数

2. 超限超重运输电报分为( )。

　　A. 更改电报　　　　　B. 确认电报　　　　　C. 申请电报　　　　　D. 挂运电报

3. 确认电报主要内容包括:发站、( )、车型及辆数,装载方法,装后尺寸,装运办法等。

　　A. 经由　　　　　　　B. 到站　　　　　　　C. 货物概况　　　　　D. 使用车种

4. ( )货物禁止无确认电报装车,实行装车质量签认制度。

　　A. 超限　　　　　　　B. 超重　　　　　　　C. 超长

　　D. 集重　　　　　　　E. 使用游车的

5. 超限、超重货物变更到站时,受理变更的车站以电报向局集团公司重新请示,并注明( )。

　　A. 限速运行　　　　　B. 原批准单位　　　　C. 车号

　　D. 新到站　　　　　　E. 电报号码

四、判断题

1. 超限货物装车后外形尺寸测量大于确认电报时,须重新申请。　　　　　　　( )

2. 超限超重货物运输电报代码中 Z 表示超限等级。　　　　　　　　　　　　( )

3. 超长、超重货物禁止无确认电报装车,实行装车质量签认制。　　　　　　　( )

4. 受理超限超重货物变更到站的车站须对货物装车后的尺寸进行复测,如尺寸相符,则可以不用重新拍发申请电报。　　　　　　　　　　　　　　　　　　　　　　　( )

五、综合题

1. 装车后测量应测量哪些内容? 如果出现测量尺寸与批示电报内容不符,应如何处理?

2. 车站向局集团公司拍发超限、超重货物运输申请电报包括哪些内容?

任务六　组织超限、超重货物的发送、途中和到达作业

📚 **任务引入**

【任务5-11】 某托运人运输变压器一台,货物外形三视图,如图 5-29 所示。该货物重 46t,超级超限,发站 A 站(中国铁路成都局集团公司),到站 B 站(中国铁路南昌局集团公司),运价里程 2123km。

请运用所学知识及规章,组织该件超限货物的发送、途中和到达作业。

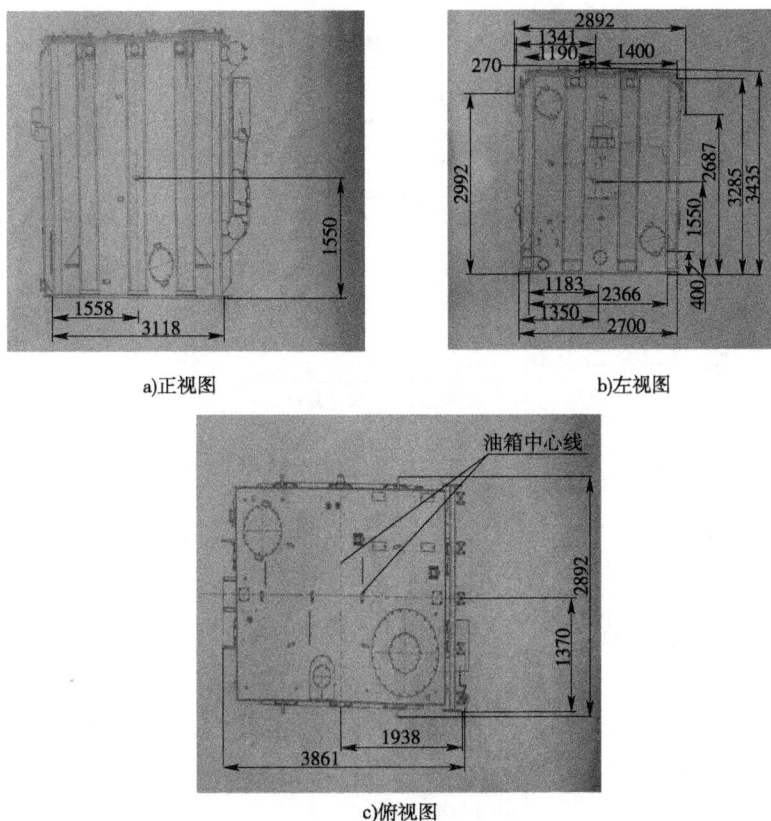

a)正视图

b)左视图

c)俯视图

图5-29 变压器外形尺寸三视图(尺寸单位:mm)

任务(知识)储备

铁路超限超重货物运输作业,是铁路货物运输作业的重要组成部分。
超限超重货物运输作业主要流程,如图5-30所示。

一、超限超重货物运输的发送作业

(一)托运

1. 提出申请
托运人必须向办理超限超重货物运输业务的车站提出超限超重货物运输申请。

2. 提供资料
托运人托运超限、超重货物时,除按一般货运手续办理外,还应提供下列资料:

(1)"超限超重货物托运说明书",如表5-4所示。货物外形三视图,图中应标明货物有关尺寸、支重面长度、货物重量,以"+"号标明重心位置。

(2)自轮运转货物,应有自重、长度、轴数、轴距、固定轴距、转向架中心销间距离、运行限制条件,以及过轨技术检查合格证。

(3)申请使用的车种、车型、车数及装载加固建议方案。

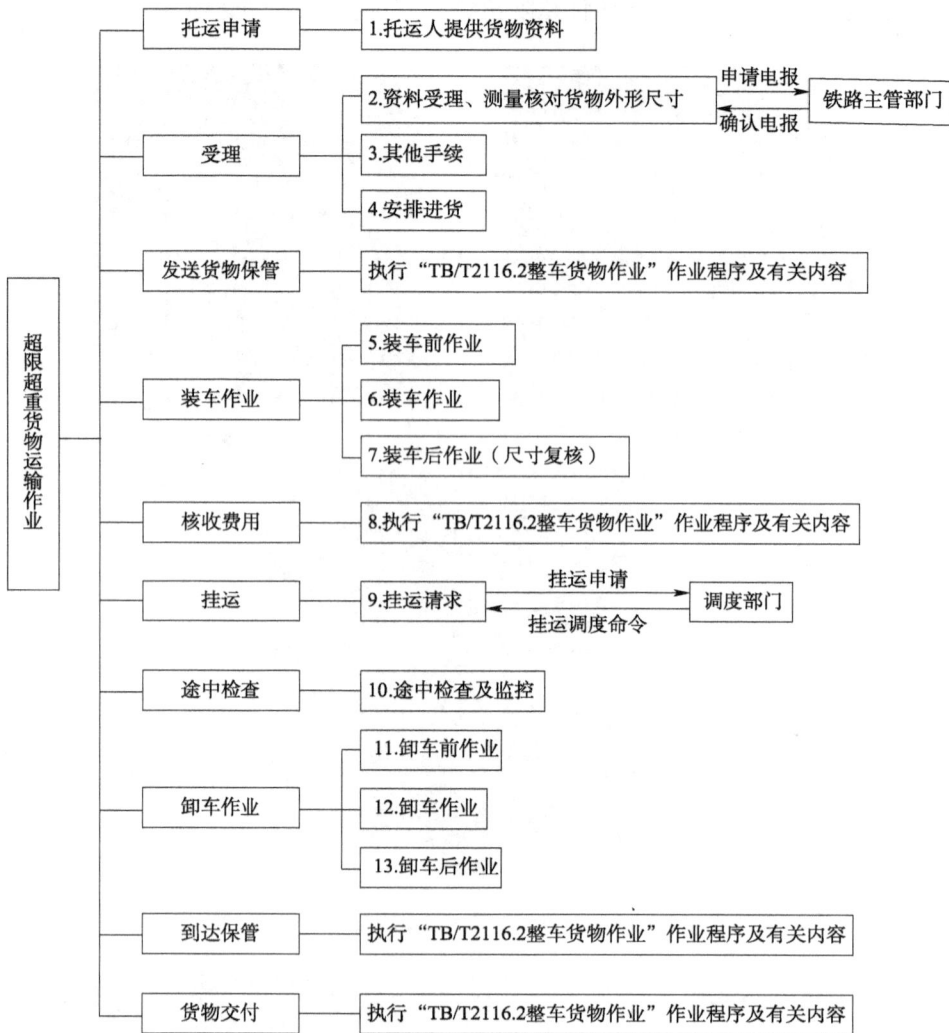

图 5-30　超限超重货物运输作业主要流程

（4）超过承运人计量能力的货物由托运人确定货物重量,并应有货物生产厂家出具的货物重量证明文件(数据应为货物运输状态时的重量,重量数据如不含装载加固材料或装置重量,须单独注明)。对变压器、电抗器等货物,残余油料重量须单独注明;货物生产厂家具备货物称重计量条件的,应要求托运人提供经厂家计量衡器称重的货物重量数据。

（5）其他规定的资料,如自轮运转超限超重货物的安全运输应急预案、相关车辆动力学性能试验报告,企业自备车过轨运输许可证等。

3. 资料要求

托运人应在超限超重货物托运说明书、装载加固建议方案和所提供的资料上签字盖章,并对内容的真实性负责。

（二）受理

超限、超重货物运输实行关键作业质量签认制度。发站发送作业按规定作业标准进行,货物受理和装车作业填记"××车站超限超重货物发送作业质量控制表",见表5-9;超限、超重货物装车质量由主管领导签认。受理作业如下:

1. 资料受理

托运人提供的货物技术资料及相关证明文件齐全有效、符合规定,且货物发到站(含专用线、专用铁路)具备超限、超重货物运输条件的,发站应受理资料。

发站受理超限、超重货物时,应认真审查托运人提出的有关技术资料。

资料受理后,发站测量核对货物外形尺寸和重心位置,以超限超重货物运输申请电报向局集团公司货运主管部门申请装运办法。

跨三个及以上局集团公司的各级超重货物和超级超限货物,由局集团公司审查后向国铁集团货运部门提出申请。

车站等待、接收上级超限超重货物运输确认电报。

2. 办理其他货运手续

车站接到局集团公司确认电报后,通知托运人办理其他货运手续,进行确认,如进行请求车并确认局集团公司已承认车,再次检查确认货物装载加固方案齐全有效,托运人准备的加固材料和装置已准备就绪,进行运输费用缴费准备等,及时组织装车。

×× 车站超限超重货物发送作业质量控制表   表 5-9

到站		品名		超限等级		超重等级		
托运人				车号		装车工班		
件数		件重		A B C D	总重		装车日期	年　月　日
程序	控 制 项 目		控 制 记 录					
一、 货物受理	(1)审查受理资料		①有无超限超重货物托运说明书。(　　) ②有无过轨技术检查合格证。(　　)					
	(2)对照资料核对货物		①全长　　　　mm。 ②支重面长　　　　mm。 ③重心高度　　　　mm。 ④中心高　　mm处宽各　　　mm; 　一侧高　　mm处宽各　　　mm; 　二侧高　　mm处宽各　　　mm; 　三侧高　　mm处宽各　　　mm; 　四侧高　　mm处宽各　　　mm; 　五侧高　　mm处宽各　　　mm。 ⑤自轮运转货物:轴数　　　;轴距　　　mm; 　固定轴距　　mm;转向架中心销距　　　mm					
	(3)确定货物条件		①装载加固方案编号: ②超限超重货物运输申请电报号: ③超限超重货物运输确认电报号:					
	(4)签认		主控人:		互控人:			

程 序	控 制 项 目	控 制 记 录	
二、装车作业	(1)装车前准备	①车型、车数符合电报要求,车况是否良好( )。 ②车地板:长度 mm;宽度 mm; 平均高度 mm。 ③是否标划车地板纵横中心线。( )	
	(2)检查货物装载加固状态	①货物重心偏移车地板中心线距离:纵向 mm,横向 mm。 ②重车重心高: mm。 ③车辆转向架旁承是否符合要求。( ) ④加固材料、装置和加固方法是否符合方案要求。( ) ⑤跨装车组提钩杆是否捆绑牢固,车钩缓冲停止器有无安装。( ) ⑥带动力的设备传动装置是否断开,制动装置是否全部制动,变速器是否置于初速位置,旋转位置是否锁定牢固。( )	
	(3)对照电报复核	①货物突出端梁尺寸 mm,符合要求。( ) ②货物突出端与游车所装货物距离 mm,是否符合要求。( ) ③超限货物装车后尺寸不大于确认电报尺寸。( ) ④重车重心高 mm,货物支重面长度 mm,是否符合要求。( )	
	(4)标划货物检查线及拴挂、书写表示牌	①超限货物是否标划货物检查线。( ) ②是否拴挂或书写超限超重货物表示牌。( ) ③是否安插货车表示牌。( )	
	(5)填写超限超重货物运输记录	①已填写正确,相关单位已确认。( ) ②一份已随运输票据同行。( ) ③一份已留站存查。( )	
	(6)检查票据记载事项	运单、货票已填写"×级超限×级超重货物"或"禁止溜放","限速连挂","运行限速××km/h","连挂车组,不得分离"等内容。( )	
	(7)签认	主控人:	互控人:
	主管领导签认		

注:空白处请如实填写,括号内请确认后打钩。

(三)装车

超限、超重货物禁止无确认电报装车,实行装车质量签认制度。其内容包括装车前准备、检查货物装载加固状态、对照电报复核、标划货物检查线及拴挂、书写表示牌、填写"超限超重货物运输记录"(见表5-9),检查票据记载事项、签认。

1.装车前

(1)装车前的发站工作:

①通知车辆部门检查车辆技术状态。

②确认拟使用的车种、车型、车数符合确认电报和装车要求。检查确认加固材料和加固装置的规格、数量及质量符合装载加固方案规定。

③测量车地板的长度和宽度,在负重车上标划车辆纵、横中心线。车辆纵、横中心线是货物装载位置的依据,又是装后测量各部位尺寸的标准线。

超限超重货物运输记录　　　　　　　　　　　　表 5-10a)

甲页　　　　　　　　　×级超限　　　×级超重　　　　　　（单位:mm）

装车局		发　站		经由线名			
到达局		到　站		经由站名			
品　名		件　数		每件重 t		配重 t	总重 t
货物长度		支重面长　度		转向架中心销间距离		重车重心高	
装车后尺寸	中心高		中心高的宽	左	记事		
				右			
	第一侧高		侧高的宽	左			
				右			
	第二侧高		侧高的宽	左			
				右			
	第三侧高		侧高的宽	左			
				右			
	第四侧高	0	侧高的宽	左			
				右			
车　种		车　号		标记载重	t	轴数	

文电内有关指示	国铁集团　　年　月　日　铁总超限超重　号　批准使用　　车
	铁路局集团公司　　年　月　日　　超限超重　号　批准使用　　车
	本记录在　　站作成,经检查符合确认的条件
	发　站　　　　签字 段　　　　　　签字 段　　　　　　签字 段　　　　　　签字 段　　　　　　签字 年　　月　　日

注:1. 不用的各栏应划去。

2. 按确认电报尺寸填记,小于确认电报尺寸时,将实际尺寸填于记事栏内;大于确认电报尺寸时,必须重新申请。

3. "重车重心高"栏在不超出 2000mm 时须以[/]号标示之。

4. 一式两份,第一份仅为甲页留站存查;第二份为甲、乙页,随货运票据送到达站。

乙页

检查站名		检查站名	
检查站名		检查站名	
检查站名		检查站名	
检查站名		检查站名	
检查站名		检查站名	

④在货物上标明重心位置(投影)、索点。货物装车前按货物重心的位置,在货物的两端和两侧,标划货物重心纵、横向的垂直线。

⑤开好装车前的会议,向装车人员布置明确装车事项。

(2)装车前,测量车辆规定:

装车前测量车地板高度时应将车辆停于平直线路上。车底板高度的确认办法按下列规定办理:

①普通平车或敞车:分别测量出车地板四角至轨面的高度,然后取其平均值为车底板高度。

②凹底平车:取车地板中部为车底板高度;若货物装在大底架悬臂上,以悬臂高度为准。

③球形心盘的长大货物车:分别测量出车地板中部到两侧钢轨面的高度,取其平均值为车底板高度。

2.装车时

装车时站段应派超限超重运输和装载加固专业技术人员到装车现场进行指导。装载加固作业须严格按装载加固方案进行。

超限超重货物一般使用起重机进行装车。装车时,货运人员、装卸人员必须注意起吊位置是否合适,方法是否恰当,尤其是起吊和落下时要平稳,不能用力过猛,防止索具脱落或货物包装底架折断。使用两台起重机共装一件货物时,注意互相配合得当。

3.装车后

(1)装车后,须检查确认货物装载加固符合规定要求。重点检查、确认:

①货物实际装载位置符合装载加固方案。

②车辆转向架旁承游间符合规定。

③使用的加固材料和装置规格、数量、质量及加固方法、措施、质量,符合装载加固方案。

④垫木、支(座)架等加固装置,状态良好,完好无损坏。

⑤钢丝绳等加固线已采取防磨措施,捆绑拴结牢固,拴结点无损坏。

⑥焊接处焊缝长度、高度符合规定,焊接质量良好。

⑦跨装车组连接处的提钩杆捆绑牢固,车钩缓冲停止器已按规定安装。

⑧带有制动装置、变速器和旋转装置的货物,制动装置全部制动,变速器置于初速位置,旋转部位锁定牢固。

⑨自轮运转货物的动力传动装置已断开(机车车辆除外);制动手柄在重联位置并固定良好。

(2)装车后,须进行复测和检查。确认货物装载加固符合规定要求后,须对照确认电报复测和检查。重点复核、确认:

①货物突出车端的尺寸、货物突出端与游车上所装货物的距离符合要求。

②超限货物装后各部位的尺寸(高度和宽度)、重车重心高未超出确认电报范围。

③货物支重面长度(跨装货物支距)符合要求。

④其他各有关数据符合要求。

如果发现货物装车后尺寸、重车重心高度等数据超出确认电报范围时,发站须以实际尺寸重新向局集团公司拍发超限超重货物运输申请电报。

(3)装车后其他作业。确认装车符合确认电报条件后,进行以下作业:

①标划检查线。用颜色醒目的油漆在超限、超重货车车地板上标划易于判定货物是否移动的货物检查线。

②制作超限超重货物标志。在货物两侧明显处以油漆书写、刷印或粘贴"×级超限、×级超重",或挂牌标志。

③安插货车表示牌。按规定在车辆上插挂"禁止溜放"货车表示牌。

④填写运输票据。发站应按规定会同有关单位(部门)填写《超限超重货物运输记录》,见表5-10,确认记录内容与实际情况完全相符,各方分别在记录上签章;该记录一式两份,甲页发站存查,乙页随货运票据送达到站,并作为途中检查交接之用。在货物运单、货票、票据封套、编组顺序表上注明"超限货物"或"超重货物"或"超限超重货物";以连挂车组装运时,应注明"连挂车组不得分摘";限速运行时,应注明"限速××km/h"。

⑤装车后,车辆转向架任何一侧旁承游间不得为零(结构规定为常接触式旁承的货车除外)。遇球形心盘货车一侧旁承游间为零时,可用千斤顶将压死一侧顶起,落顶后出现游间,表明货物装载符合要求。

使用落下孔、钳夹式车辆装载的货物,装后货物底部与轨面的距离不得少于150mm。

⑥按规定进行装车质量签认,填记"××车站超限超重货物发送作业质量控制表"见前表5-9,并现场拍照。

(四)核收费用、承运货物

超限超重货物运费是在普通整车货物运费的基础上根据超限超重的等级和是否限速进行运价率加成收费,但安装检查架的车辆和隔离车不另外收费。

(1)一级超限,按运价率加成50%计费。

(2)二级超限,按运价率加成100%计费。

(3)超级超限,按运价率加成150%计费。

(4)需限速运行的货物,只核收150%的加成运费,不另核收超限货物加成运费。

二、超限超重车的挂运作业

1. 挂运申请电报

发站装车完毕并复核确认符合确认电报条件后,应及时向局集团公司调度所拍发超限超重车辆挂运申请电报(条件不具备时可使用传真或电话申请)。

2. 挂运预报

挂运跨及两个局集团公司的超限超重车辆前,需向邻局进行预报,并征得邻局集团公司调度所的同意后方可挂运。

相邻局集团公司调度所间的预报内容,应包括挂运车次、确认电报号码、车型、车号(含游车、隔离车)、到站、品名、超限等级、超重等级和有关注意事项等。

3. 挂运命令

局集团公司调度所接到车站挂运申请或邻局预报后,应根据超限超重货物运输确认电报认真核对,确定管内具体运行条件,填写"超限超重车辆挂运通知单"(见表5-11),纳入日(班)计划,并将管内具体运行条件以调度命令下达有关站段。

超限超重车辆挂运通知单

表5-11

号   级超限   级超重

铁总超限超重 号	(外 局) 超限超重 号		(自 局) 超限超重 号	
发 站	到 站		品 名	
月 日 口 次接入	月 日 口 次交出		件 数	
车种车号	中心高 mm 处	左宽 mm	运 行 条 件	
		右宽 mm		
	一侧高 mm 处	左宽 mm		
		右宽 mm		
	二侧高 mm 处	左宽 mm		
		右宽 mm		
	三侧高 mm 处	左宽 mm		
		右宽 mm		
	四侧高 mm 处	左宽 mm		
		右宽 mm		

通知者   签认者   年   月   日   时   分

4. 挂运

车站接到挂运命令后,应及时做好车辆挂运准备工作,并将调度命令交给值乘司机。

挂有超限车辆的列车,按《车站行车工作细则》(以下简称《站细》)规定的线路办理到发或通过。遇到特殊情况需要临时变更线路时,须得到局集团公司批准。

三、超限超重货物运输的途中作业

1. 超限超重车的交接检查

超限、超重车的途中检查是确保超限、超重货物运输安全的重要措施,局集团公司必须加强对超限、超重车运行途中的检查,落实区段负责制。

途中检查站应按下列内容检查超限、超重车,并在超限超重货物运输记录上记录、签认检查结果。

(1)有无"超限超重货物运输记录"及其填写是否完整。

(2)货物两侧明显位置,是否有超限、超重等级标志。

(3)是否标划有检查线,货物装载加固是否良好,加固材料是否有松动或损坏。

如发现问题,应按照《铁路货运检查管理规则》和《铁路货物运输管理规则》等文件中的有关规定处理。

2. 超限、超重货物变更到站

超限、超重货物变更到站时,除按普通货物变更有关规定办理外,还应遵守下列规定:

(1)受理变更的车站应为超限超重货物办理站。

(2)受理变更的车站应对货物的装载加固状况进行检查,确认状态良好后,以电报向局集团公司重新申请,并注明原确认电报发布单位、电报号码、新到站及车号。

(3)受理变更的局集团公司按规定确认或申请,变更后的运输要求按新确认电报执行。

(4)受理变更的车站应在"超限超重货物运输记录"中签认。

四、超限超重货物运输的到达作业

超限、超重货物到站应根据确认电报正确选择、确定卸车地点和货位,科学制订卸车方案,加强卸车组织,确保安全。

收货人在货场组织自卸的,车站应与收货人签订卸车协议,明确安全责任,并在卸车前与收货人办理完货物交付手续。

五、超限超重货物的运行组织

1. 编组限制和运行经由

运行有限制条件的超限、超重车,除有特殊要求外,禁止编入直达、直通列车。

装有二级及以上超限货物的车辆禁止溜放。

超限、超重货物应经由最短径路运输,但受到建筑限界或其他不利因素影响时,可指定径路运输。

2. 途经线路、限界

接发超限列车固定线路、准许通行超限车的线路实际建筑限界应满足国家要求。车站应将接发超限列车固定线路及侵限设施设备纳入《站细》管理。

为确保超限货物运输安全,可采用检查架等方法检查确认运输线路或区段的限界能否满足通行安全。

(1)检查架的尺寸应与货物检定断面的实际尺寸相同。

(2)安装检查架的车辆应与拟用车辆的车型相同。

(3)检查架应安装在货物检定断面所在的位置。

使用其他车辆安装检查架的,检查架的尺寸应考虑拟用车辆的偏差量和倾斜量等。

3. 与邻线列车会车速度要求

挂有超限车的列车运行在双线、多线或并行单线的直线地段与邻线列车会车时,应按照表5-12的规定执行。

挂有超限车的列车与邻线列车会车时速度要求　　　　　　邻线列车运行速度	不限速	运行速度≤30km/h	禁止会车
$V \leqslant 120$km/h	$L > 350$mm	300mm$\leqslant L \leqslant 350$mm	$L < 300$mm
120km/h$< V \leqslant 160$km/h	$L > 450$mm	400mm$\leqslant L \leqslant 450$mm	$L < 400$mm
$V > 160$km/h			禁止会车

注:表中 V 表示邻线列车运行速度;L 表示两运行列车之间的最小距离。

　　曲线地段与邻线列车会车,必须根据规定相应加宽。

　　4. 与建筑物、设备接近时速度要求

　　超限车在运行过程中,如超限货物的任何部位接近建筑物或设备时,应遵守下列规定:

　　(1)超限货物的任何超限部位与建筑物或设备之间的距离(以下简称限界距离),在 $100 \sim 150$mm 之间时,速度不得超过 15km/h。

　　(2)限界距离在超过 $150 \sim 200$mm 之间时,速度不得超过 25km/h。

　　(3)限界距离不足 100mm 时,由局集团公司根据实际情况制定办法。

　　5. 电气化区段运输

　　在电气化区段,超限货物顶部距接触网导线的垂直距离 $L \geqslant 350$mm 时,可不停电运输。

　　超限货物顶部距接触网导线的垂直距离,在线路平面海拔高度超过 1000m 时,应按每超过 100m 增加 3.5mm 的附加安全距离计算(不足 100m 时四舍五入计算)。

　　6. 超限超重货物专列运输组织

　　以下车型装运的超限、超重货物,应开行超限、超重货物专列:

　　(1)钳夹车。

　　(2)标记载重 260t 及以上的落下孔车。

　　(3)标记载重 300t 及以上的凹底平车。

　　其他需要采取全程派人监护、监测运行等特殊安全保障措施的重车,也可组织开行超限超重货物运输专列。

　　铁路超限超重货物运输专列按《超规》附件 11 "超限超重货物专列运输管理规定"办理。

　　7. 超限超重货物运输事故施救信息网络

　　为了提高超限超重货物运输应急处理能力,除了建立相应的管理制度,专人负责,制订应急预案、进行应急演练,局集团公司还应建立超限超重货物运输事故施救信息网络。局集团公司要加强与地方政府和企业的沟通联系,了解和掌握大吨位起重设备(160t 以上)的数量、起重能力、所属单位、联系人等信息,建立超限超重货物运输事故施救信息网络,实行动态管理,提高应急处置能力。

六、国际联运超限货物的办理

　　1. 进口超限货物

　　经由铁路运输的进口(包括过境)超限货物,国铁集团根据国际联运有关规定,在接到有关国家铁路部门商定超限货物的文电后,会同货运部门(必要时请有关局集团公司参加)共同审核确定。对于可以接运的,以电报形式答复有关国家铁路部门,并通知国内国境站所在局集团公司。

国境站接到邻国铁路国境站的预(确)报后,须做好接运前的相关准备工作。

超限货物到达国境站后,应根据《超规》第二十三、二十四条的规定,向上级申请装运办法,根据确认的装运办法及时组织运输。

2. 出口超限货物

经由铁路运输的出口(包括过境)超限货物,装车站应按《超规》第二十三、二十四条的规定,向局集团公司申请。局集团公司审核后向国铁集团申请。国铁集团接到申请后与货运部门协商(必要时请有关局集团公司参加),并根据国际联运有关规定同相关国家铁路部门商定,商定结果通知货运部门,由货运部门下达有关局集团公司。

七、长大货物车的运用管理

目前,我国铁路装运超限超重货物的车辆主要有普通平车和长大货物车,部分货物也可使用敞车装载。长大货物车可分为凹底平车、长大平车、落下孔车、双支承平车、钳夹车5种。主要车种车型及技术参数见《超规》附录1:长大货物车常用参数表。

国铁长大货物车的备用、解除、使用和回送,应根据国铁集团的调度命令办理。局集团公司调度所间须互相预报。相邻局集团公司调度所间的预报内容,应包括挂运车次、命令号码、车型车号、发站、到站,以及有关文电号码(超限、超重、限速电报)。

局集团公司在接到上级下达的调度命令或接到邻局的预报后,根据超限超重货物运输电报、限速电报等有关文电及车辆技术条件,确定管内运行条件,并及时纳入日(班)计划(DL_1空车除外),将车辆向指定到站挂运。沿途各站应快速挂运,不得积压。

车站回送国铁长大货物车时,应填写"特殊货车及运送用具回送清单",并注明到站和调度命令号码。自备车按运单指定到站挂运,日常运行比照国铁车要求执行。

局集团公司应在每月25日前向国铁集团机车车辆部门提报次月长大货物车使用计划。局集团公司应于每月5日前,统计上月本局管内超限货物装车数和超重货物装车数,填写"超限货物运量统计表""超重货物运量统计表",并报国铁集团。

长大货物车应严格按照车辆技术条件运用。

任务实施

根据任务六中"任务(知识)储备"所学知识,分析"任务引入"中任务5-11,完成任务。

一、发送作业

(一)托运与受理

1. 提出申请和提供资料
托运人提出运输需求的申请和提供相关资料。

2. 车站受理

(1)资料受理:除一般资料外,还要审查"超限超重货物托运说明书",见表5-13;货物外形尺寸三视图,如图5-29所示,拟使用车种、车型、车数,计划装载加固方案。

（2）装车前测量，与托运人提供资料相符。

（3）确定超限等级——超级超限。

（4）拍发申请电报（如下）：

超限超重货物托运说明书　　　　　　　　　　　　表 5-13

××站超限超重 1005 号

发　局	成都	到局	南昌	预计装后尺寸（mm）			
发　站	A	到站	B			由车辆纵中心线起	
装车地点	车站货场	卸车地点	车站货场	由轨面起高度			
品　名	变压器	件　数	1			左宽	右宽
每件重量	46t	总重量	46t	重心位置	1600	中心高	4735	1450	1450
货物长度	3861	支重面长度	2600mm	一 侧 高	4540	1550	1550
高度	中心高	3515	宽度	左 1450	右 1450	二 侧 高	4300~3870	1615	1615
	侧 高	3320		左 1550	右 1550	三 侧 高	1170	1550	1550
	侧 高	3080~2650		左 1615	右 1615	侧 高	/	/	/
	侧 高	0		左 1550	右 1550	侧 高	/	/	/
要求使用车种	NX₁₇ᵦ	标记载重	61	侧 高	/	/	/
卸车时的要求		50t 门吊　机械装卸					
其他要求				车地板高度	1220		
				垫木或转向架高度	50		
				预计装在车上货物重心位置距轨面的高度	2870		
				重车重心高度	2158		

发货单位　　　戳记　　　　　　　　　　＊＊＊＊ 年 ＊＊ 月 ＊＊ 日提出

　　　　注：粗线栏内由铁路填记。

铁 路 传 真 电 报

签发：×××　　　　　　　　核稿：×××　　　　　　　拟稿人：×××
　　　　　　　　　　　　　　　　　　　　　　　　　　　电　话：×××××

发报所名	电报号码	等级	受理日	时分	收到日	时分	值机员

主送：成都局集团公司货运处

抄送：

报文：

①A 站发到南昌局 B 站。

②变压器 1 件，货重 46t，全长 3861mm，支重面长（两横垫木中心线间距）2600mm，货物重心高 1600mm。

③货物外形尺寸：当检定断面位于装载车中央部位（货物中部）时，外形尺寸如下：
中心高 3515mm 处左右宽各 1450mm，一侧高 3320mm 处左右宽各 1550mm，二侧高 3080~2650mm 处左右宽各 1615mm，三侧高 0mm 处左右宽各 1550mm。以上未衔接高度为斜坡形连接，以上高度均包括铺设在货物底部的横垫木高度 50mm。

④该件货物拟使用 60t 或 61tN、NX（N₁₆、N₆₀ 型除外）型平车一辆装运，不突出装载。

⑤拟按原铁道部 060503 号定型方案装载加固。

⑥预计装后尺寸：
中心高 4735mm 处左右宽各 1450mm，一侧高 4540mm 处左右宽各 1550mm，二侧高 4300~3870mm 处左右宽各 1615mm，三侧高 1170mm 处左右宽各 1550mm。

以上未衔接高度为斜坡形连接。60t 或 61tN、NX（N₁₆、N₆₀ 型除外）型平车的车底板距轨面高度按 1220mm 取值，其中第三侧高按预计车底板压沉 50mm 取值。以上高度均包括铺设在货物底部的横垫木高度 50mm。

A 站超限超重 1005 号
中国铁路成都局集团有限公司 A 站
＊＊＊＊年＊＊月＊＊日

（5）接收局集团公司确认电报（如下）：

铁 路 传 真 电 报

签发：×××   核稿：×××   拟稿人：×××

电 话：×××××

发报所名	电报号码	等级	受理日	时分	收到日	时分	值机员

主送单位：局调度所、××车辆段、A站、C站、××车务段

抄送单位：广州局集团公司、南昌局集团公司货运处

报文：

①A站经由C、D、E到B站（南昌局）。

②变压器1件，货重46t，全长3861mm，支重面长（两横垫木中心线间距）2600mm，货物重心高1600mm。

③使用60t或61tNX$_{17B}$一辆装运。

④不突出装载，货物重心落在车辆中央。

⑤装后尺寸：

中心高4735mm处宽各1450mm，一侧高4540mm处宽各1550mm，二侧高4300~3870mm处宽各1615mm，三侧高1170mm处左右宽各1550mm。

⑥装运办法：A超级超限；R1600mm；S2158mm；G50km/h；L20km/h；W15km/h；MN。

中国铁路成都局集团公司超限超重1013号

＊＊＊＊年＊＊月＊＊日

（6）确认电报，确认请求车，办理货运其他手续。

（7）填记"A站超限超重货物发送作业质量控制表"货物受理程序，见表5-14，进行质量签认。

A站超限超重货物发送作业质量控制表   表5-14

到站	B	品名	变压器	超限等级		超级	超重等级	—
托运人	＊＊＊＊＊＊＊					装车工班	外1	
件数	1	件重	A 46t B C D	总重	46t	装车日期	＊＊＊＊年＊＊月＊＊日	
程 序	控 制 项 目		控 制 记 录					
一、货物受理	（1）审查受理资料		①托运超限超重货物说明书编号：1005。 ②自轮运转特种设备复查合格证编号：过轨技术检查合格证编号____； 厂家图纸编号：1TBEA.710					

程 序	控 制 项 目	控 制 记 录
一、 货物受理	（2）对照资料核对货物	①全长 3861mm。 ②支重面长 2600mm。 ③重心高度 1600mm。 ④中心高 3515mm 处宽各 1450mm； 　一侧高 3320mm 处宽各 1550mm； 　二侧高 4300～3780mm 处宽各 1615mm； 　三侧高 1170mm 处宽各 1550mm； 　四侧高　／　mm 处宽各　／　mm； 　五侧高　／　mm 处宽各　／　mm。 ⑤自轮运转货物：轴数　／　；轴距　／　mm； 　固定轴距　／　mm；转向架中心销距　／　mm
一、 货物受理	（3）确定货物条件	①装载加固方案编号：060503 号。 ②超限超重货物运输申请电报号：A 站超限超重 1005 号。 ③超限超重货物运输确认电报号：成超限超重 1013 号
一、 货物受理	（4）签认	主控人：×××　　　　　　　互控人：×××
二、 装车作业	（1）装车前准备	①车型、车数符合电报要求，车况是否良好（√）。 ②车地板：长度 15400mm；宽度 2980mm；平均高度 1220mm。 ③已标划车地板纵横中心线。（√）
二、 装车作业	（2）检查货物装载加固状态	①货物重心偏移车地板中心线距离：纵向 0mm，横向 0mm。 ②重车重心高：2158mm。 ③车辆转向架旁承符合要求。（√） ④加固材料、装置和加固方法符合方案要求。（√） ⑤跨装车组提钩杆已捆绑牢固，车钩缓冲停止器已安装。（／） ⑥带动力的设备传动装置已断开，制动装置全部制动，变速器已置于初速位置，旋转位置已锁定牢固。（／）
二、 装车作业	（3）对照电报复核	①货物突出端梁尺寸：　／　mm，符合要求。（　／　） ②货物底部与游车车地板的距离：mm，符合要求。（　／　） ③货物突出端与游车所装货物距离　／　mm，符合要求。（　／　） ④超限货物装车后尺寸不大于批示电报尺寸。（√） ⑤重车重心高 2158mm，货物支重面长度 2600mm，符合要求。（√）
二、 装车作业	（4）标划货物检查线及拴挂、书写表示牌	①超限货物已标划货物检查线。（√） ②已拴挂或书写超限货物表示牌。（√） ③已安插货车表示牌。（√）
二、 装车作业	（5）填写超限货物运输记录	①已填写正确，相关单位已确认。（√） ②一份已随运输票据同行。（√） ③一份已留站存查。（√）
二、 装车作业	（6）检查票据记载事项	运单、货票已填写"超级超限、∖级超重货物"或"禁止溜放"，"限速连挂"，"区间运行限速 50km/h"，"连挂车组，不得分离"等内容。（√）
二、 装车作业	（7）签认	主控人：×××　　　　　　　互控人：×××
主管站段长签认		×××

注：空白处请如实填写，括号内请确认后打钩。

（二）装车作业

严格执行《铁路超限超重货物运输作业管理规定》，按照以下流程：

（1）做好装车作业前准备工作。

（2）按照方案实施装载，加固。

（3）进行装车后的测量，符合确认电报，进行下一步骤，否则，必须重新申请装运办法。

（4）标划货物检查线，拴挂或书写货物表示牌。

（5）填写"超限超重货物运输记录"，见表5-15；填记"A站超限超重货物发送作业质量控制表"装车作业，见表5-14，进行装车质量签认。

超限超重货物运输记录 表5-15

甲页　　　　　　　　×级超限　　　×级超重　　　　　　　　　（单位：mm）

装车局	成局	发站	A 站	经由线名		/
到达局	南昌局	到站	B 站	经由站名		/
品名	变压器	件数	1	每件重 t	配重 t	总重 46t

货物长度	3861mm	支重面长度	3861mm	转向架中心销间距离		重车重心高	2158mm

装车后尺寸	中心高	4735	中心高的宽	左 1450	记事	已复核装车后各部位尺寸均在批示电报尺寸范围内。另有押运人专用乘坐车1辆随行，车种车号C64K4900003
				右 1450		
	第一侧高	4540	侧高的宽	左 1550		
				右 1550		
	第二侧高	/	侧高的宽	左 1615		
				右 1615		
	第三侧高	/	侧高的宽	左 1550		
				右 1550		
	第四侧高	/	侧高的宽	左 /		
				右 /		

车种	NX17BK	车号	5284662	标记载重	61t	轴数	4

文电内有关指示	国铁集团20/　年/月/日　部超限超重/号　批准使用/车	
	铁路局 20＊＊年＊＊月＊＊日　成局超限超重1013号 批准使用NX17BK车	
	装运办法：	本记录在A站作成，经检查完全符合批示的条件
	（1）A 超级超限；	
	（2）R 1600mm；	
	（3）S 2158mm；	发　站　　　　签字
	（4）G 50km/h；	段　　　　　签字
	（5）L 20 km/h；	段　　　　　签字
	（6）W 15km/h；	段　　　　　签字
	（7）MN。	段　　　　　签字
		20 ＊＊年＊＊月＊＊日

注：1.不用的各栏应划去。

2.按确认电报尺寸填记，小于批示时，将实际尺寸填于记事栏内；大于确认尺寸时，必须重新申请。

3."重车重心高"栏在不超出2000mm时须以［/］号标示之。

4.一式两份（规格270×185mm），第一份仅为甲页留站存查；第二份为甲、乙页，随货运票据送到达站。

(6)填写货物运单等相关票据。

(7)拍发挂运申请电报(如下所示)。

铁路超限超重车辆挂运申请电报

签发×××　　　　　　　　　核稿×××　　　　　　　　　拟稿人：×××

电　话：×××××××××

发报所名	电报号码	等级	受理日	时分	收到日	时分	值机员

主送：成都局集团公司调度所(特调)

抄送：成都局集团公司货运处

报文：

奉成(局)超限超重1206号电报，A站经由C、D、E发B站变压器1件，货重46t，使用NX$_{17BK5284661}$一辆，超级超限，重车重心高2158mm。该车已于3月27日17时装载加固(检查)完毕，经复测(检查)，货物装后尺寸符合确认电报要求，装载加固状态良好，具备挂运条件；另有押运人乘坐车一辆随行，车种车号C$_{64K490005}$，请求挂运。

A站超限超重1005号

××××年××月××日

（三）制票，承运

核算运输费用，加盖承运日期戳，承运。

其中运费计算：

超级超限，运价率加成150%，区间限速运行，运价率加成150%，最终加成150%；变压器运价号为6号，因此

运费 =（基价1 + 基价2 × 运价里程）计费重量 =（24.2 + 0.129 × 2123）× 61 ×（1 + 150%）= 45455.20 元

二、途中作业

落实区段负责制，途中货运检查站执行《货运检查作业》，按下列内容检查超限、超重车，并在超限超重货物运输记录上记录、签认检查结果。

(1)有无超限超重货物运输记录及其填写是否完整。

(2)货物两侧明显位置，是否有超限、超重等级标志。

(3)是否标划有检查线，货物装载加固是否良好，加固材料是否有松动或损坏。

如发现问题，应按照《铁路货运检查管理规则》和《铁路货物运输管理规则》等文件中的有关规定处理。

三、到达作业

超限、超重货物到站应根据确认电报正确选择、确定卸车地点和货位，科学制订卸车方案，加强卸车组织，确保安全。

收货人在货场组织自卸的，车站应与收货人签订卸车协议，明确安全责任，并在卸车前与收货人办理完货物交付手续。

任务自测

一、填空题

1. 超限、超长货物装车后，应用白色或红色油漆标划易于判定货物是否移动的_____。

2. 装运超长、超限货物,发站应在货物运单、票据封套、编组顺序表及车牌上注明"超长货物"或"超限货物"字样;以连挂车组装运时,应注明＿＿＿＿＿＿＿字样。

3. 超限、超重货物禁止＿＿＿＿＿＿装车,实行＿＿＿＿＿＿制度。

二、单项选择题

1. 挂有超限车的列车或超限列车应按照( )内规定的线路到发或通过。

  A.《铁路超限货物运输规则》   B.《车站行车工作细则》

  C.《行车组织规则》   D.《车站货运管理细则》

2. 使用落下孔、钳夹式车辆装载的货物,装后货物底部与轨面的距离不得少于( )。

  A.50mm   B.150mm   C.200mm   D.250mm

3. 二级超限货物按运价率加( )%计费。

  A.50   B.100   C.150   D.200

4. 超限、超长货物装车后,应用( )油漆标划易于判定货物是否移动的检查线。

  A. 白色或黑色   B. 白色或红色   C. 白色或黄色 D. 黄色或绿色

5. 电气化区段超限货物、不停电运输的条件,超限货物顶部距接触网导线的垂直距离 $L \geq ($)mm 时,可不停电运输。

  A.200   B.250   C.350   D.400

6. 各装车单位装车后,应对超限货物装车后各部位尺寸与( )是否相符进行检查。

  A. 运输方案   B. 托运人提供的尺寸   C. 规章规定 D. 确认电报

7. 超限货物顶部距接触网导线的垂直距离,在线路平面海拔高度超过1000m时,应按每超过100m增加( )mm的附加安全距离计算(不足100m时四舍五入计算)。

  A.2.5   B.3   C.3.5   D.4

8. 装有( )的超限货物车辆禁止溜放。

  A. 超级超限   B. 一级及以上   C. 二级及以上 D. 一级和二级

9. 超限货物的任何超限部位与建筑限界之间的距离,在 100～150mm 时,速度不得超过( )。

  A.15km/h   B.25km/h   C.35km/h   D.45km/h

10. 使用( )组跨装运送 32.6m 的预应力梁时,允许中间加挂游车两辆。

  A. N_{17} 型车   B. N_{15} 型桥梁专用车   C. 桥梁专用车 D. 长大货物车

11. 超限货物收货人为自卸车的,应按( )执行。

  A. 车站可以不要求收货人签订自卸车安全协议,收货人凭领货凭证即可组织自卸车

  B. 车站应与收货人签订自卸车安全协议,明确安全职责

  C. 车站可以不要求收货人签订自卸车安全协议,但应与收货人达成口头卸车安全协议

  D. 车站可以不要求收货人签订自卸车安全协议,但要求收货人提供自卸车方案,并提出相关要求

二、多项选择题

1. 托运人托运超限超重货物还应提供申请使用的( ),计划装载加固方案。

  A. 车种   B. 车型   C. 车数   D. 载重量

2.《超规》规定:装车后,发站应填写"超限超重货物运输记录",在( )上注明"超限货物"或"超重货物"或"超限超重货物"。

A. 货物运单　　　　　　B. 货票　　　　　　C. 票据封套

D. 编组顺序表　　　　　E. 装载清单　　　　F. 票据交接簿

3. 途中检查站应按下列( )内容检查超限、超重车,并记录检查结果。

A. 超限超重货物托运说明书

B. 有无超限超重货物运输记录及其填写是否完整

C. 货物两侧明显位置,是否有超限、超重等级标志

D. 是否标划检查线,加固材料是否松动、损坏

E. 车辆转向架左右旁承游间不得为零(结构规定为常接触式旁承及球形心盘除外)

4. 超限、超重货物变更到站时,受理变更的车站以电报向局集团公司重新请示,并注明( )。

A. 限速运行　　　　　　B. 原批准单位　　　　C. 车号

D. 新到站　　　　　　　E. 电报号码

四、判断题

1. 超限货物装车后外形尺寸测量大于批示电报时,须重新请示。( )

2. D 型长大货物车运输货物需用隔离车时,隔离车不另核收运费。( )

3. 运行上有限制条件的超限超重车辆,除确认电报明确规定外,禁止编入直达、直通列车。( )

4. 使用落下孔、钳夹式车辆装载的货物,装后货物底部与轨面的距离不得少于350mm。( )

5. 超限超重货物变更到站时,受理变更的车站应重新填写"超限超重货物运输记录"。( )

6. 运输超限货物或需要限速运行的货物使用游车时,游车运费不加成。( )

7. 超限货物到达国境站后,不再向上级申请装运办法。( )

8. 长12m 的均重货物,使用13m 长的普通平车均衡装载,如果在平直线路上测量不超限,则该货物不超限。( )

9. 装后超出机车车辆限界基本轮廓的货物,经国铁集团批准,可不按超限货物办理。( )

10. 装有超限货物的车辆禁止溜放。( )

11.《铁路超限超重货物运输规则》规定,装有二级及以上超限货物的车辆禁止溜放。( )

12. 超长、超重货物禁止无确认电报装车,实行装车质量签认制度。( )

13. 运行上有限制条件的超限超重车辆,除有特别指示外,禁止编入直达、直通列车。( )

14. 跨装车组、装有二级超限货物车辆、用于装毒性气体的空罐车禁止溜放。( )

15. 挂有超限车的列车,遇到特殊情况需要临时变更线路时,须得到局集团公司批准。( )

16. 受理超限超重货物变更到站的车站须对货物装车后的尺寸进行复测,如尺寸相符,则可以不用重新拍发申请电报。( )

17. 超限、超重无确认电报,可以装车。( )

18. 装有一级及以上超限货物的车辆禁止溜放。( )

19. 超限车交接检查时,应检查有无超限超重货物运输记录及其填写是否完整。(　　)

20.《铁路超限超重货物运输规则》规定,装有超限超重的货物的车辆禁止溜放。

(　　)

21. 车站回送长大货物车时,应填写货物运单,并注明到站和调度命令号码。　(　　)

22. 装后超出机车车辆限界基本轮廓的货物,经国铁集团批准,可不按超限货物办理。

(　　)

五、综合题

1. 某托运人到××(超限货物办理站)站托运一批超限货物时,请问应提供哪些资料?

2. 超限、超重车辆在途中检查站应检查哪些内容?

3. 某托运人欲在你站托运超限货物一件,请说明你站从受理到申请挂运前的组织过程。

项目六　组织铁路军事运输

★ 项目描述

　　铁路军事运输是联勤保障部队的重要工作内容之一。军事物资铁路装载与卸载要求铁路部门协同配合，按照技术要求进行运输组织。通过本项目学习，知道铁路军事运输的种类、等级、军运号码，能够按照相关技术规定协助发货单位进行军运受理与承运、装载与卸载的组织工作。

★ 教学目标

　　1. 知识目标

　　知道铁路军运范围、等级，掌握军运受理与承运、装载与卸载组织等方面的有关规定。

　　2. 能力目标

　　能与军事交通运输代表联系沟通，填写军事运输票据，密切配合发送单位做好军运受理与承运、装载与卸载的组织工作，并进行联合签认。

　　3. 情感目标

　　(1)具有爱国爱岗、安全保密、敬业严谨、吃苦耐劳等职业素养。

　　(2)具有团队协作、高效精简的工作作风。

　　(3)具有良好的语言表达、交流沟通的职业能力。

　　(4)具有学习创新的发展素养。

思政链接

改革创新

联勤保障部队探索交通
运输军事代表机构
建设新路子

任务一　认识铁路军事运输

📚 **任务引入**

　　案例：铁路军事运输在"5·12"抗震救灾抢险中发挥巨大作用

　　我国铁路交通网日趋完善，统计资料显示，截至 2018 年底，全国铁路营业里程达到 13.1 万公里，居世界第二。铁路运输具有的运量较大、速度快、续行力强、受气候季节影响小的优势，适合于我军长距离、大运量、重装备的输送和战略战役运输，在国家综合运输体系中和军事运输体系中发挥着十分重要的作用。

　　2008 年在"5·12 汶川大地震"发生后，中国人民解放军迅速派出海、陆、空部队，医疗卫生部队奔赴灾区，进行救灾抢险。铁路是抗震救灾人员和物资运输的主力军，累计开行抗震救灾专列近3.8万列,运送救灾人员53.5万人、救灾物资6172万t,为抗震救灾和灾后恢复重建作出了重要贡献。从地震发生,到5月16日10时,铁路开行军运专列84列,运送部队人员四万人左右。

请思考:

(1)铁路军事运输有哪些特点、作用和要求?

(2)铁路军事运输和普通商业运输在运输组织上有什么区别?

任务(知识)储备

铁路军事运输,就是组织和利用铁路运输设备实施的部队和军用物资的运输。它是国家运输的组成部分,是我军综合运输体系中的主要运输方式,是保障部队机动和物资供应的重要手段。圆满完成铁路军事运输任务,也是铁路和军队各有关部门的共同任务。学习和掌握铁路军事运输组织的基本方法,可以更好地为部队服务,为国防建设服务。

一、铁路军事运输的作用、特点和要求

(一)铁路军事运输的作用

铁路军事运输与国防建设和战争有密切联系,它服务于战争准备和战争的全过程,是决定战争规模、进程和胜负的重要因素之一。铁路军事运输的作用,主要体现在以下五个方面:

1. 铁路军事运输是军队综合运输的重要力量

部队的人员机动和各种物资的保障是通过陆、水、空交通运输工具的综合运用实现的。从我国交通运输网络构成来看,铁路布局日趋完善,形成了国家军事战略、战役交通网的骨架。从铁路运输的特点来看,它具有运量较大、速度快、续行力强、受气候季节影响小的优势,适合于我军长距离、大运量、重装备的输送和战略战役运输。从铁路所担负的运量来看,铁路承担了全国总运量的2/3,是国民经济的大动脉,在国家综合运输体系中和军事运输体系中发挥着十分重要的作用。

2. 铁路军事运输是部队机动的主要手段

行动自由是军队的命脉。交通运输线是部队作战的生命线。机动力就是战斗力,它是制约战争胜负的一个至关重要的因素。要快速合围、彻底地消灭来犯之敌需要快速机动;要摆脱被动,扭转战局,重新调整和部署兵力以形成有利的作战态势,也需要快速机动。越是现代化的战争,越是需要部队的快速机动作保证,而铁路运输正是保障这些快速机动的主要手段。

3. 铁路军事运输是后勤保障的中心环节

恩格斯曾指出"军队同作战基地之间的交通线,就是它本身的生命线"。越是现代化的战争,物资的消耗数量也就越大。大量的物资消耗,除了要有充足的物资来源外,还必须有良好的、稳定的运输保障,才能保障部队不间断地物资供应。把武器、弹药、粮食、被装等及时送上前线的工作中,运输部门起着决定性的作用。

4. 铁路军事运输是军队实施战略、战役运输的骨干

军事运输的达成依赖于各种交通工具,从我国战略、战役交通网的构成情况来看,起骨干作用的仍然是铁路运输。它具有的技术经济特点使其在军事运输组织上,既能在输送过程中保持部队建制,减少机械的消耗和人员的疲劳,保持部队战斗力,又适宜于重型兵器装备和大批物资的远距离输送,是当前我军战略、战役后方运输的骨干。

5. 铁路军事运输在和平时期的重要作用

铁路军事运输在和平时期发挥着重要作用:和平时期每年部队的新兵入伍、老兵退役,重大国防科研的过程及成果的验证,新式武器装备的研制,部队战斗力的提高(军事演习、训练),部队参加的重大险情的排除、扑灭森林火灾、抗洪、抗震救灾等均离不开铁路运输的密切配合。

(二)铁路军事运输的特点

铁路军事运输的特点受现代战争和国家铁路运输体制的制约,集中表现在以下四个方面:

1. 统一计划、集中指挥

我国正进行中国特色社会主义建设,铁路作为国民经济的基础产业属国家所有。铁路军事运输是利用国家的铁路运输工具来完成军队的输送任务,军队所固有的高度统一性和铁路所具有的点多线长、连续性以及计划运输等特殊性质,决定了铁路军事运输必须纳入国家统一的运输计划,由总部、军区分级管理,其运输组织则同铁路部门一样,实行高度集中的调度指挥。

2. 涉及部门多,协同工作复杂

铁路军事运输本身是一个系统工程,涉及部队、铁路和地方政府。在部队系统涉及上至中央军委作战意图的实现,下到每一个有机动任务或装卸任务的单位;在铁路系统不仅涉及运输部门,还涉及机务、工务、车辆、电务、供电、公安等部门;在地方政府还涉及粮食、燃料、副食、军供站和各级支前组织。由于铁路军事运输所涉及的部门多、关系复杂,因此,组织协同就成了铁路军事运输组织工作的一项重要内容。

3. 紧急运输多,工作难度大

战争的突然爆发、战场战况瞬息变化,往往使作战物资运输时间、地点、去向很难掌握,有时为达成某一战略、战役企图,部队实施机动往往是极其隐蔽而突然的。此外,重大险情的排除、扑灭森林火灾、抗洪、抗震救灾等任务也是突发的、紧急的。因此,运输任务突然下达,时限很紧,形成紧急运输多。要想在运输准备时间极其短促的情况下,迅速拟订好运输计划,协调好各方关系,准备大量的车辆和器材,保证输送任务的完成,其组织工作的难度是相当大的。

4. 保密要求高

国家秘密是关系国家的安全和利益,依照法定程序确定,在一定时间内只限一定范围的人员知悉的事项。国防建设和武装力量活动中的秘密事项属国家秘密,根据其等级,如泄露会使国家的安全和利益分别遭受包括特别严重的损害、严重的损害、遭受损害三种程度的损害。

一切国家机关、武装力量、政党、社会团体、企业事业单位和公民都有保守国家秘密的义务。

(三)铁路军事运输的要求

铁路军事运输的各有关单位应当统一领导,科学管理,严密组织,密切配合,迅速、准确、安全、保密、经济地完成铁路军事运输任务。军事运输的基本原则为:统一计划、分级组织、归口管理、集中指挥、优先运输、优质服务。从这一基本原则出发,对于铁路军事运输提出了如下要求。

（1）服从大局,确保重点,正确处理军事运输与商业运输,特殊、重点运输与一般运输的关系。

（2）严密组织,归口管理,统筹安排,各司其职,计划科学,合理使用国家铁路运能。

（3）统一指挥,严格纪律,正确贯彻军事意图,做好保密运输。

（4）按级负责,加强协作,共同完成军事运输任务。

（5）总结经验,勇于创新,不断提高运输管理水平,提供优质服务。

二、铁路军事运输的范围与等级

（一）军事运输的范围

军事运输的范围,是军队运送人员、物资准予按军事运输办理的规定。它是根据国家有关方针、政策和军事任务的需要,为加强国防建设和适应当前运能运力状况,确保国防经费的合理使用和国防、军队建设重点任务的完成而确定的。铁路军事运输的范围依运输对象的不同,分为人员运输和装备物资运输两大类。

1. 人员运输

（1）执行作战、战备、训练、演习、调防、国防科研、抢险救灾、国防施工和生产等任务的部(分)队。

（2）军队机关、院校、医院、科研院所、仓库、在编工厂搬迁的人员和随军家属。

（3）后送的伤病员,遣送的战俘。

（4）补退的兵员。

（5）军队院校毕业分配、实习的学员。

（6）参加军事行动的民兵、民工。

（7）符合乘坐铁路公务车条件的军队人员。

（8）军级以上单位批准执行其他军事任务的团体人员。

2. 装备物资运输

（1）作战、战备、训练、演习、调防、抢险救灾的装备物资。

（2）军队机关、院校、医院、科研院所、仓库和在编工厂等单位搬迁的装备物资。

（3）进出口、补给、调拨、入库、修理和上缴的军用装备物资。

（4）国防科研、试验的装备物资。

（5）军队干部转业(复员)、离休、退休和调动的搬家物资。

（6）军队的战利品、慰问品和展览品。

（7）修建军事设施的建筑材料和维修军事装备的器材。

（8）军队工厂、军办农场用于军工生产和军需生产的机械设备和原材料,地方工厂为军队加工或者改装的装备、器材及其所需原材料。

（9）保障部队生活的农副产品。

（10）在编的军马、军犬。

（11）原总后勤部军事交通运输部批准运输的其他军用物资。

（二）军事运输的等级

依据运输任务性质、保密要求和装备物资特性,铁路军事运输划分为特殊运输、重点运输和一般运输三个等级。

（1）特殊运输，是指重要或紧急的运输，它是铁路军事运输中最高等级的运输。

（2）重点运输，是指重要的人员和装备物资运输，其重要程度仅次于特殊运输。

（3）一般运输，是指不属于特殊、重点运输的其他运输以及重点运输中属于送修的常规武器、装备、器材的运输。

（三）运输限制

以下情况军队运送人员、物资不能按军运办理：

（1）未经国务院、中央军委批准的军品外贸运输。

（2）收取劳务费、服务费、演出费的人员运输。

（3）凡属经商性的各种运输。

任何单位或个人不得以军运名义进行军运范围以外的运输。对违反军运规定的，经铁路有关部门和部队计划审批单位确认后，到站按照铁路商运运价的 2 倍向乘坐人员或者收货单位收取运费。其中，已经按照军运后付办理的运输，运费由运费主管部门先支付铁路部门，再由部队计划审批单位向提计划单位追回已支付的运费。

任务实施

你现在知道铁路军事运输的重要作用了吗？你可以再查阅资料，阐述新时代中国特色社会主义建设中加强铁路军事运输的意义。

任务自测

问答题

1. 铁路军事运输的特点和要求各有哪些？
2. 铁路军事运输的范围和等级是什么？

任务二　组织铁路军事运输

任务引入

假设你作为货运站的货运负责人，接到一次协助部队进行运输的军事运输任务，你应该在货运组织生产技术方面如何协助呢？

任务（知识）储备

一、铁路军事运输计划

铁路军事运输实行月份计划管理制度。提报计划单位应当按月提报铁路军事运输计划；特殊情况也可以提报临时铁路军事运输计划。

铁路军事运输计划，由总后勤部（简称总后）军事交通运输部、军区联勤部军事交通运输部、驻局集团公司军事代表办事处按照规定的权限审批并下达执行。

（一）军事运输计划的种类

1. 按实行管理制度划分

军事运输计划按实行管理制度划分为月份计划和临时计划。

2. 按运输对象划分

（1）人员运输计划，是指为输送执行军事任务的人员及携行的装备、物资而编制的计划。

（2）装备物资运输计划，是指为达成军事目的而编制的各类装备、物资的运输计划。

（二）军运号码

军运号码是军事交通运输部门（简称军交部）核准每批军事运输计划所签发的代号。它是区分运输种类、运输等级和计划性质的标志，是军队与铁路各有关部门在军事运输组织过程中调度指挥和联系工作的代号。其作用是利于保密和管理，便于工作联系。

军运号码由阿拉伯数字组成。人员军运号码为6位整数，物资军运号码由分数组成。既便于传递运输等级、物资品类等运输信息，又有利于做到保密运输。

军运号码由总后军交部统一编制、下达和更换。

一个军运号码为一批军事人员或军用装备、物资的运输，应当一次装运。

（三）月度军运计划的编制

月度军运计划是一种任务性的计划，因此它的编制是一项十分严肃的工作。编制的原则是：正确贯彻执行党和国家的经济和运输政策、法令及军运规章办法，符合军委、战区的意图和部队的要求，正确处理军运与商运、军队效益与社会效益、重点与一般的关系，合理安排运输时间、序列、进度、径路及运量等，充分利用铁路运力，最大限度地满足军队建设和军事行动的需要。

月度军运计划由部队各业务归口部门提报并编制，由相应承办计划单位受理并审批。

月度军运计划编制的要求：及时、准确、合理、均衡。

（四）军运计划的变更

军运计划的变更是指因军事任务发生变化，运输的对象需要进行调整，装、卸载站能力不足或供货单位的货源发生变化等，对已核准的军运计划进行变更。

铁路军运计划的变更，必须由铁路军运计划审批部门按照规定权限批准，逐级下达至驻铁路团（营）级军事代表办事处；驻局集团公司军事代表办事处以"军运任务通知书"形式提交局集团公司，由局集团公司下达至有关车站（段）。其中，科学尖端保密产品和重要保密物资运输的变更，总后勤部军交部批准后应当通报国铁集团货运部；一般运输计划需要在途中变更卸载站的，按照铁路有关规定办理。

二、铁路军运的受理与承运

铁路车站应当凭装备物资发送单位提交的"铁路军运费后付凭证"（以下简称后付凭证，见表6-1）或"军运现付证明"（以下简称现付证明，见表6-2）受理铁路军事运输。

装备物资发送单位于装车的3日前，到装载站货运部门办理请求车手续。

铁路军运费后付凭证　　　　　　　　　　　　　表6-1

铁路军运费后付凭证（正面）

No.000001　　　　　　　　　　　　　　　　　　　　年　　月　　日

军运号码		发送单位代号			发站				
付费号码		接收单位代号			到站				
车种	吨位（定员）	请求车数	物资实重（t、人）	收费项目	实用车数	计费人（t）数	里程	价率	金额（元）

车种	吨位（定员）	请求车数	物资实重（t、人）	收费项目	实用车数	计费人（t）数	里程	价率	金额(元)
承运日期	年 月 日			合计金额（小写）					

托运单位　　　　　　　　　部队　　　　　　　　　　发站站名　　　　　　　　　　发站
（负责人）_____　经办人_____　日 期 戳_____　经办人_____

（背面）

部队 注意实项		车种	吨位	车号	车种	吨位	车号	车种	吨位	车号	车种	吨位	车号	车 站 注意事项
（4）除有特殊要求的运输加盖部队负责人印章外，其他运输均加盖托运单位公章。 （3）「发送单位代号」栏填写规定的代号，无代号者填写单位名称； （2）「物资实重」栏，装备物资按吨，人员按名； （1）部队填写正面粗线内各栏和背面记事栏；	使用车辆记录栏													（3）单位、姓名及记录文号要素填写不全的付费凭证无效。 （2）凭军运输部门通话记录办理的事宜，必须在凭证记事栏内注明军运交运单位、电话内容、 （1）车站填写正面粗线框外和背面各栏；
	记事栏													

年　月　日

军运现付证明

表6-2

No.000001　　　　　　　　　　　　　　　　　　　　　　年　月　日

军运号码		发站（港）		到站（港）	
物资品类		车　数		重（数）量	
发货部队 代　号		收货部队 代　号		押运人数	
记 事					

托运部队（代号）公章：　　　　　　　　　　　　　　　　经办人：

注：零担运输不填军运号码。

242

（一）办理军运请求车手续的凭证

（1）办理"后付"运输的请求车手续，应当提交后付凭证。运输未列入《超限的特种装备装运办法》的超限装备的，还应当提交"托运超限货物说明书"；挂运自备车辆的，还应当提交铁路车辆部门出具的车辆技术状态合格证明。

（2）办理"现付"运输的请求车手续，应当提交现付证明，物资运输还应当提交货物运单。

（二）凭证的填写

发送单位在同车站办理请求车手续时，必须按规定和要求正确填写现付证明或后付凭证。

1. 后付凭证的填写

（1）一般运输填写日期、军运号码、付费号码、托运部队代号、收货部队代号、发站、到站、车种、吨位、请求车数、物资实重等栏；重点运输、特殊运输不填写到站和收货部队代号，其余各项按一般运输要求填写；按《科学尖端保密产品和重要保密物资运输警卫工作规定》办理的运输或者上级有特殊要求的运输，不填写发、到站和托运部队代号、收货部队代号，并在记事栏内注明△标记。

（2）部队输送训练用车，在后付凭证右上端注明"输送训练"字样。

（3）国内外相互间的运输，在后付凭证右上端注明"出（入）境"字样。

（4）自装自卸或者加装分卸的运输，在记事栏内注明"自装"或者"自卸""加装"或者"分卸"字样。

（5）军用危险品货物运输，在后付凭证右上端用红笔注明组级代号，在记事栏内注明运输要求。

（6）超限装备运输，列入《超限的特种装备装运办法》的，在记事栏内注明该办法规定的代号；其他的，注明超限等级。

（7）派有押运人员的，在记事栏内注明押运人姓名、证件名称及号码。

（8）开行军用列车的，填写整列装备物资的实际总重量。

（9）列入"△"范围的装备物资运输，在记事栏内注明"△"标记。

（10）需要停止制动、禁止溜放的装备物资运输，在记事栏内注明"停止制动""禁止溜放"字样。

（11）需要使用装卸用具、临时站台、加固器材的运输，在记事栏内注明名称、数量。

（12）按《科学尖端保密产品和重要保密物资运输警卫工作规定》办理的运输或者上级有特殊要求的运输，后付凭证加盖部队负责人印章和经办人印章；其他运输加盖托运单位公章和经办人印章。

2. 现付证明的填写

（1）完整填写各项内容。

（2）军用危险货物运输，在右上端用红笔注明货物组级代号，在记事栏内注明运输要求。

（3）超限装备运输，在记事栏内注明超限等级。

（4）派有押运员的，在记事栏内注明押运人姓名、证件名称及号码。

（5）需要使用装卸用具、临时站台、加固器材的运输，在记事栏内注明名称、数量。

（三）办理军运承运手续

装载站办理军运承运手续，应当按照规定核查后付凭证、现付证明、货物运单等有关证明,并与局集团公司军(特)调核对军运号码和付费号码,无误后优先安排,不得拒绝受理或者积压不报。

装载站应当会同装备物资发送单位商定具体装载日期、时间、地点等,于装载的前 1 日 11 时前向局集团公司报告次日请求车计划(主要包括军运号码、车种车数),一般运输还应当增报卸载站站名。

(四)军运的计费付费

铁路军事运输的计费付费,按照《铁路军事运输计费付费办法》办理。铁路军运付费分为"后付"和"现付"。按"后付"办理的军运,运费由原总后勤部军交部、军区联勤部军交部或者由其指定的驻局集团公司军事代表办事处按照规定与国铁集团或者局集团公司统一结算;按"现付"办理的军运,运费由装备物资发送单位直接与装载站结算。

铁路军事运输票据,按照《铁路军事运输计费付费办法》的要求填制。使用货车的"后付"运输填写军运后付货票(见表6-3);"现付"运输填写货票。按照一级运输警卫方案办理的科学尖端保密产品和重要保密物资运输,不填制货票。

军 运 后 付 货 票   表 6-3

军 运 后 付 货 票

发站存查　　甲联　　　　　　　　　　A 00000

军运号码					发站			发送单位代号			
付费号码					到站			接收单位代号			
车种	标重	车号	车种	标重	车号	车种	标重	车号	车种	标重	车号	篷布号码		铁路/部队装车	
												货物重量			
												经由		里程	
												实用车数	计费吨数	运价号	运价率	运费
												合计				
记事																

注:本票据应按一车一票填制,爬装、跨装、游车和保温车组等必须连挂的车组等填联票。

发站　日期　承载运

1.军运后付货票的填写

军运后付货票,一式三联。甲联发站存查,乙联发站按日汇总与后付凭证一起报局集团公司财务处,丙联用货运票据封套签封后(重点以上运输,封套上加盖无站名密字章)带至到站留存备查。

(1)后付货票由车站货运部门按车填写,一车一票,但爬(跨)装车辆及游车车组可填联票。

(2)特殊运输和重点运输不填写到站和收货部队。

(3)按《科学尖端保密产品和重要保密物资运输警卫工作规定》办理的运输或者上级有特殊要求的运输,不填写发站、到站和发货部队、收货部队,不盖站名戳,只盖不带站名的经办人印章,并将后付货票上的"××铁路局集团公司"字样剪去。

(4)后付凭证注有"△"标记的运输,在军运后付货票上也标注"△"标记。

(5)危险货物运输应填记"组级代号"。

(6)超限装备运输应注明超限等级。

(7)自装自卸或者加装分卸运输,注明"自装"或者"自卸"、"加装"或者"分卸"字样。

(8)施封的棚车、冷藏车或者罐车,在其军运后付货票上注明"施封"字样。

(9)派有押运员的运输,注明押运人姓名、证件名称及号码。

2. 军运票据的密封

装载站应当按照一票一封的要求,将特殊运输和重点运输的军运后付货票装入封套密封;开行军用列车输送部队的,可以将同一军运号码的军运后付货票装入一个封套密封,途中分批时,组织分批的车站应当将相应票据分开装入封套重新密封;使用罐车运输油料的,应当将装备物资发送单位提交的产品合格证和油料化验单,连同货票装入封套密封。

军运票据封套的填写内容为:军运号码、车种、车号。运输危险货物时,按规定填写组级代号、编组隔离标记。施封的棚车、冷藏车或者罐车,注明"施封"字样。需要"禁止溜放""停止制动"或者装载"△"装备物资的车辆,填注相应的"禁止溜放""停止制动""△"警示标记。加盖无站名"密"字章和经办人名章。

三、军用装备物资的装载

军用装备物资的装载是指发送单位将军用装备物资装上运输工具的行动,是铁路军事运输组织的重要环节。装载工作质量的好坏,直接关系到军事运输的安全和铁路运输的安全。

(一)装载准备

装载准备工作,是实施装载的前提,是装载工作中的主要环节。它一般包括组织、站场、车辆、备品等准备。

1. 组织准备

组织准备是完成装载任务的重要保证。在完成重要和大批军事运输任务时,为了加强装载的组织领导,搞好各方面的协同,在装载站应成立装载联合指挥所或指挥领导小组,由车站站长牵头,军代表、部队、车站运转、客运、货运、公安、列检等人员参加。在装载前一天召开联席会,明确任务性质、特点、运量和上级指示、要求,研究安排具体装载计划。

2. 站场准备

为了保证装载任务的顺利实施,现场军代表于装载之前会同部队、车站有关人员,对装载场地进行勘察;全面了解公路、货场、站台、股道、照明以及车站附近地形情况。装载点在通常情况下,应选在股道平直、通路良好、货场宽阔、有固定站台(或能搭设临时站台)和照明设备的货场线或其他站线。车站要及时组织研究制定列车梯队装载计划,腾空货位和线路,整理场地,平整道路,修整装载设备,提供良好的装载条件。

3. 车辆准备

铁路车站(段)选扣军运使用车辆时,应挑选技术状态良好、定检合格、清扫干净,符合装载要求的车辆。

以棚车运送人员时,应挑选有Ⓐ标记、门窗良好、不漏雨、冬季可以安装火炉,并经过严格消毒的棚车;装运履带式、轮式装备的平车,车型应当符合规定,地板良好,手闸、端侧板收放自如;装运军用危险货物的车辆,应当符合《军用危险货物铁路运输规则》(以下简称《军用危规》)规定;装运动物、食品及药品的棚车,必须经过清洗并严格消毒。

军用车辆的整备要求:

(1)由局集团公司组织车站、车辆和卫生防疫等部门对选扣的军用车辆,在使用前进行整备。主要负责清洗、消毒和安装代客车备品。整备工作结束后必须进行登记、对代客车进行施封,工作人员应签名盖章以示负责。

(2)装(乘)载前,乘车部队或者装备物资发送单位应会同装载站对铁路车辆进行检查验收。不符合条件的,由局集团公司或驻局集团公司军代处组织修理或者调换。

4. 备品准备

军运备品包括铁路军运所需装卸用具、临时站台、加固捆绑器材、代客车备品和燃料等。对制订了装运方案的,驻局集团公司军代处应根据装运方案通知局集团公司;未制订装运方案的,由装载站向局集团公司提出,由局集团公司组织调拨。

(二)装载实施

装载实施工作是整个装载工作的中心,它是在做好装载组织准备和物资准备的基础上进行的。车站货运人员既是组织者,又是指挥者,必须严格按照《铁路军运装载标准》指导部队正确实施装载;无定型装载方案的,部队或者装备物资发送单位应当提前拟制,并按照有关规定报批后组织装载。

1. 一般物资的装载

物资装载时,要保证货物的完整,有效地利用货车的载重及容积,做到合理装载;货物装载的高度与宽度,不得超过货物装载限界。

物资须合理分布在车地板上,摆放平稳、堆码整齐,不超载、不偏重、不偏载、不集重;装载后的总重心投影,应位于车地板纵、横中心线的交叉点上。特殊情况下必须偏离时,横向偏离量不得超过100mm,超过时必须采取配重措施;纵向偏离时,每个车辆转向架所承受的重量不得超过车辆容许载重量的1/2,且两个转向架承受重量之差不得大于10t。

2. 装备的装载

轮式(履带式)装备可采用顺装、跨装、爬装、横装的方式。部队输送时,多采用顺装和跨装两种方式。

装载前,汽车、火炮等装备必须按装载顺序依次驶入装载待运地点。装载时要有专人指挥及专人调整渡板。使用临时站台装载时,禁止坦克在站台停车、转向和快速行驶,以免损坏站台,发生事故。装载状态,必须符合《铁路军事运输装载标准》的规定,并按要求进行加固捆绑。

3. 超限装备的装载

(1)军用超限装备分类

军用超限装备分为一般超限装备和特种超限装备两类。

一般超限装备的装载标准分列于《铁路军事运输装载标准》中,这类超限装备的装运应按《铁路超限超重货物运输规则》办理。

特种超限装备按《超限的特种装备装运办法》办理。

(2)军用超限装备运输的受理

车站受理军用超限装备时,对发送单位提供的有关技术资料进行审核,由驻铁路团(营)级军代处和铁路车站(段)会同装备物资发送单位,提前测量超限装备尺寸、制订装载加固方案,并按照规定的程序、内容和要求于装载的8日前,以文电向上级请示装运办法。批复电报中对具备"不限速运行、不禁止会车"条件的超限装备,注明"准挂直通"字样。

受理超限的特种装备时,装载前不再测量其尺寸。

(3)装载实施

超限装备,应采取措施降低超限等级。

装载超限装备,必须严格按照计划装载方案组织实施。

超限装备装载加固完毕后应进行复测。

超限货物装车后,应以油质颜料在车底板上按货物外形轮廓的主要处所,标划易于判别货物是否移动的检查线;并在货物两侧明显处,以油质颜料书写或印刷"×级超限"字样(书写困难时亦可挂牌表示)。

按《超限的特种装备装运办法》办理的特种装备的装载与加固按有关规定执行。

4.危险货物的装载

(1)办理整车的要求

军运危险货物分为九组,分别为:爆炸品;压缩气体和液化气体;易燃液体;易燃固体、自燃物品和遇湿易燃物品;氧化剂和有机过氧化物;毒害品和感染性物品;放射性物品;腐蚀品;杂类。每组内货物特性和运输要求相同的划为同一级,共83级。

整车运输军用危险货物,发货单位在向车站办理要车手续时,必须在"后付凭证"右上角或"现付计费证明"品名栏用红笔写明货物的组级代号,不填写货物名称。

装车站对发货单位提供的组级代号要认真与运输计划或路局军(特)调核对,确认无误后方可承运。日间装载计划批准后,应按该组级代号的运输条件办理各种手续和作业。运单、货票、封套、列车编组顺序表都要将组级代号、编组隔离标记、"禁止溜放""停止制动"等填写清楚,对禁止溜放的车辆要严格按规定插挂"禁止溜放"表示牌。

第7组货物除按组级表的规定办理外,还应按照铁路有关放射性货物运输的规定办理。

(2)货物包装检查

军用危险货物的包装应符合组级代号表的要求。使用敞、平车装载的军用危险货物需具有能防水、防火、防潮的良好包装。弹药包装箱箱板厚度和强度应达到制式箱的标准。包装破损变形、腐朽者,不准托运。

已列入《军用危规》组级代号表的军用危险货物,如需改变包装,须由托运单位提出能确保运输安全的新包装方法和鉴定资料,经发局和驻局军代处审查后,报国铁集团货运部和原总后勤部军事交通运输部研究确定。

(3)车辆选配

装运军用危险货物时,车站必须严格按《军用危规》的规定选配车辆。装车前,发站要会同托运单位对车辆进行检查;对车况不良、车种不符的车辆要及时更换。

（4）装载要求

整车运输军用危险货物，由托运单位负责组织装载。在专用线内装载时，车站在送车前要通知托运单位，送车时要对好货位。托运单位要及时组织装载。

军用危险货物的装载作业，应由熟悉货物性能的人员组织实施。作业前应向装载人员讲明安全注意事项，并对所用的装车设备、机具严格进行检查，保证状态完好。装载场所严禁烟火，装车作业中不得使用明火灯具照明。

装载货物时，要严格遵守操作规程，稳拿轻放，不准撞击、拖拉、翻滚、侧放和倒置。

弹药堆码要整齐稳固，分清种类、批号，不得混淆。装车不准超过车辆标记载重。车内四周要排列紧密，高度和重量要均匀，最高不得超过2400mm。车门两边码成梯形。但每年7、8月使用 P_{62} 型全钢棚车装运普通弹药时，装载高度不得超过2000mm。引信与炮弹在同一车厢装载时，应将引信放在上部或车厢一端。火箭弹和旋上引信的炮弹应在车内横装。装车时遇有弹药跌摔，由发送单位检查处理后方可装运。

装车后，对需要停止制动作用的车辆，车站要及时通知车辆部门按规定关闭制动机，并建立有关登记台账。

装载危险货物，一车内应装载同一级号的货物。不同级号的危险货物或危险货物与其他货物同车配装时，必须符合《军用危规》的有关规定。在同一车内装载不同的危险货物时，应按隔离要求最严的进行隔离。

按规定不准在同一车内配装的危险货物，不得同时在同一站台或线路上进行装载作业（部队调动运输除外）。特殊情况下必须在同一站台或线路上装载时，需经驻局集团公司军代处与局集团公司同意，由发送单位与车站共同采取安全措施，并隔开不少于50m的距离。

罐车装载液体危险货物时，装载前应将阀门关严，严禁混入杂质；装载后关闭阀门，盖好人孔盖，拧紧螺栓。

装载油桶油料时，油桶应完好，不泄漏，码放稳固、不倒置、不卧装。各层之间应垫置木板等防磨材料。顶层未装满时，应采取措施防止翻倒。

装过危险货物的空容器，口盖须封闭严密。装过有毒气体、易燃气体的空钢瓶和装过黄磷、一级毒害品（剧毒品）、一级酸性腐蚀品的空容器，仍按原装危险货物的运输条件办理；其他空容器，经安全处理后，可按普通货物运输办理。

（三）装载后的检查

军运装备物资装载后，为保证行车安全，车站应对装载状态进行检查。按《超限的特种装备装运办法》办理的运输，装载后，车站应进行复测。对需要"禁止溜放"或"停止制动作用"的车辆，车站应在表示牌上注明"禁止溜放"或"停止制动作用"字样，并对需要"停止制动作用"的车辆，关闭截断塞门。

在军事专用线内装载的装备物资的检查，按车站与专用线管理单位的运输协议办理。

（四）施封

在车站内使用棚车、冷藏车、罐车、毒品车装载军用装备物资，如不派人押运时，应当在装载后及时由装载单位施封。施封后，在军运后付货票和封套上注明"施封"字样。

在专用线内装载的，按专用线管理单位与接轨车站签订的运输协议办理。

（五）军运物资的押运

1. 应派人押运的情况

按照整车办理的科学尖端保密产品和重要保密物资、特种装备、精密仪器、武器、弹药、车辆、军需被装、军马（犬）、国防科学试验用动物、火箭（导弹）推进剂、特种核材料及其专用设备、毒害品、搬家物资、加装或者分卸物资等，以及发送单位认为需要派人押运的物资的运输。这些军运物资，均须派专人押运。

2. 押运员数量

一批运输，按照最少 2 人、最多 1 车 1 人安排押运人员；途中每加装或者分卸一次，增派 1 名押运员。

特殊情况，押运员人数超过规定数量时，需经驻铁路沿线军代处同意。

3. 押运管理

装载站应为押运人员开具押运证明，押运人员可以免费乘坐所押运的车辆；铁路车站（段）应当为押运人员提供方便。所押运的车辆不适合乘坐的，驻局集团公司军代处与铁路部门协商解决。

四、军用列车的运行

1. 军用列车开行条件

（1）军用列车分为军用人员列车和军用物资列车两种。符合下列条件之一时者，可开行军用列车。

①客车 10～18 辆或者代客车 20～36 辆（客车与代客车混编时 1 辆客车按 2 辆代客车计算）。

②人员车与物资车混编的 20 辆以上（运送特种部队、分队的为 15 辆以上），但列车换长只能按 52.0、牵引重量按不超过 2000t 编组。

③物资车 40 辆以上，但列车换长不得超过列车运行区段换长和牵引定数的规定。

（2）虽不符上述条件，根据任务需要开行军用列车时或者军用列车换长、重量超过上述第②条规定但不超过列车运行区段换长和牵引定数，在局集团公司管内的由驻局军代处与局集团公司商定；跨及两个局集团公司的由有关局集团公司商定；跨及三个以上局集团公司的由总后军交部与国铁集团货运部商定。

（3）军用列车车次，按照国铁集团的统一规定执行。具体开行车次由局集团公司和驻局军代处商定，必要时由国铁集团货运部和总后军交部指定。

2. 军用列车等级

军用列车等级，按照《铁路技术管理规程》确定。其中，执行作战、紧急战备、抢险救灾或者其他重要任务的军事运输，应提高军用列车等级。

3. 军用列车（车辆）编组规定

（1）输送部队的军用列车，应尽量保持部（分）队建制完整，便于装卸载、部队管理和铁路作业，符合技术安全要求。

（2）空车应当成组编挂。

（3）军用列车机后 3 辆和尾部 3 辆中不得编挂"关门车"。

（4）装载军用危险货物的车辆，按照《军用危规》编组。

（5）装载科学尖端保密产品和重要保密物资的零星车辆，从货物列车尾部第 2 位开始编挂。

（6）军用列车（车组）中，带风挡的客车不得与大手闸台货车的手闸端连挂。

4. 军用列车时刻表的确定

军用列车运行时刻，全列使用客车编组的军用列车，按照快速旅客列车运行区间的运行时分标准确定；应选用列车运行图中的直达（直通）货物列车运行线，或者按照货物列车运行区间的运行时分标准确定。其中，对部队需要在军用饮食供应站就餐的军用列车，在站停留时间不得少于40分钟。

需要预先安排军用列车全程运行时刻时，由国铁集团货运部、总后军交部或者军区联勤部军交部布置下达，有关局集团公司和驻局军代处商定后逐级上报核准。

5. 军事运输车辆的日运行计划

军事运输车辆的日运行计划，包括次日运行计划编制与下达，日（班）计划的变更与临时调整。

6. 特殊运输、重点运输运行计划

特殊运输、重点运输运行计划应按照规定做好通报、上报，各级按照规定掌握特殊运输、重点运输运行情况。

五、军用装备物资的卸载

铁路军事运输的卸载是铁路军事运输的最后阶段。组织好卸载，特别是组织大批部队的卸载，对于保证部队快速机动和加速车辆周转，有着重要的意义。

（一）卸载计划的下达

驻局集团公司军代处对管内卸载的特殊、重点运输，应事先通知局集团公司，由局集团公司布置卸载站，卸载站对到达本站的军运物资应及时向部队发出通知。大批部队的卸载，局集团公司应召开有关单位领导参加的会议，专门布置落实有关事宜。

（二）卸载准备

1. 组织准备

特殊运输和重点运输的卸载，终到局集团公司预先通报卸载站，由卸载站或者驻铁路沿线军代处通知装备物资接收单位做好卸载准备。

在受领大批部队输送的卸载任务后，局集团公司和驻局集团公司军代处应会同车站、部队提前制订卸载实施方案，成立卸载联合指挥组，并召开联席会议，确定参加单位和部门人员分工，确定协调办法，明确任务性质、特点、运量和上级有关指示、要求，明确卸载具体计划。其主要内容为：卸载地点，取送车安排，卸载开始、完了时间，卸载分队、短途运力安排，临时站台的搭设，卸载机具的准备，出站通路的整修，排空车计划，备品回收，警戒、安全、保密措施等。

2. 站场准备

为了保证卸载任务顺利实施，军代表应会同部队、车站对卸载地域进行勘察，车站应按卸载要求，及时腾空卸车线、站台（货位），整修货场进出通道。

卸载站向局集团公司提出卸载所需铁路卸载用具和临时站台，进行调拨；也可以由驻局集团公司军代处根据部队或者装备物资接收单位的要求，以"军运任务通知书"通知局集团公司，安排卸载所需铁路卸载用具和临时站台。

（三）卸载实施

1. 装备物资到站后的交接

装备物资到达后，卸载站及时向接收单位发出到货通知，凭接收单位出具的介绍信或"领货凭证"办理货物交付手续。

装备物资的交接，派有押运员的，由押运员与接收单位直接办理。对未派押运员的运输，由车站与接收单位按下列规定办理交接：

（1）在车站内卸载，以棚车、罐车、冷藏车装运的装备物资，凭铅封封印交接；以敞车、平车装运的装备物资，未苫盖篷布的，凭现状或规定的标记交接；苫盖篷布的，按篷布现状交接。交接后，部队应及时组织卸载，不得积压车辆。

（2）在专用线内卸载的装备物资，按车站与专用线管理单位签订的运输协议办理交接。

（3）交接时，发现装备物资有灭失、损坏或者被盗痕迹等情况时，车站应会同公安部门、装备物资接收单位编制货运记录。

2. 特种装备卸载的特殊要求

特种装备卸载前，车站与部队要共同制订卸载方案，确定卸载方法，采取安全措施。对卸载股道、站台及其他装卸设备要严格进行技术检查，及时清理卸载场地，对危及卸载物资安全的货物按规定移至安全距离以外。对作业人员进行安全教育，明确注意事项，严格执行特运保密规定，严守国家机密。

取送车严格执行调车作业规定，严禁溜放，防止冲撞。

卸载中，要严密组织，按照警卫工作的规定进行安全警戒，防止破坏。对一、二级整列运输，按有关规定采取隐蔽卸载措施。夜间卸载时，要组织驾驶人员熟悉站台、道路情况，介绍注意事项，加强安全防护。

3. 危险品卸载的特殊要求

整车军运危险货物由收货单位负责组织卸载；在专用线内卸载时，车站在进车前要通知收货单位，送车时调车人员要注意瞭望，限制速度，防止使用紧急制动。

整车军用危险品的卸载作业，应由熟悉货物性能的人员组织实施。作业前应向卸载人员讲明安全注意事项，并对所用的卸载设备、机具严格进行检查，保证状态完好。

卸载场所严禁烟火，夜间作业不得使用明火灯具。

卸载人员在作业中应听从指挥，严格遵守操作规程；要稳拿轻放，不准撞击、拖拉、翻滚、侧置。

组级表规定不准在一起堆放的，不得同时在同一站台或线路上进行卸载作业（随部队调动运输除外）。特殊情况下必须同时在同一站台或线路上卸载时，须经驻局集团公司军代处与局集团公司商定同意，由收货单位、车站采取安全措施，并隔开不少于 $50\mathrm{m}$ 的距离。

（四）卸载后的工作

卸载站对当天已卸载完成的特殊、重点运输，应将军运号码、车种车数，卸载开始和完成时间等，及时报告局集团公司特调。

装备物资卸载后，卸载站应及时收回铁路提供的卸载用具、军运备品和篷布，并凭局集团公司下达的调度命令向指定地点回送。代客车备品按"代客车备品清单"收回。

局集团公司、驻局军代处应随时掌握装备物资卸载情况，包括卸载实施方案，装备物资到达情况、卸载作业的进度以及卸后的空车情况，采取有效措施，做到快卸、快排，以防卸载站车辆积压。

配合协助军运单位,基于工作过程,从运输技术组织上完成军运受理承运;办理请求车手续、填写军运凭证并制票,组织军事物资的装载和卸载的工作任务。

任务自测

问答题

1. 铁路军事运输的特点是什么?

2. 铁路军事运输的运输组织原则是什么?

3. 什么是军运范围?铁路军事运输的范围包括哪些?

4. 铁路军事运输等级如何划分?

5. 办理军运请求车的凭证有哪些?填写要求是什么?

6. 简述铁路军事运输的受理与承运作业。

7. 简述车站组织一批军事一般装备运输的流程。

8. 军运危险货物如何分类?

参 考 文 献

[1] 崔志宇,杨冀琴.铁路货运组织[M].北京:人民交通出版社股份有限公司,2015.
[2] 戴实.铁路货运组织[M].北京:中国铁道出版社,2013.
[3] 韩梅.铁路货运技术[M].北京:北京交通大学出版社,2013.
[4] 戴实,冯双.铁路货运组织与管理[M].北京:中国铁道出版社,2002.
[5] 陈清.铁路特殊条件货物运输[M].北京:中国铁道出版社,2012.
[6] 中国铁路总公司.铁路鲜活货物运输规则[S].北京:中国铁道出版社,2018.
[7] 中国铁路总公司.铁路货物装载加固规则[S].北京:中国铁道出版社,2015.
[8] 中国铁路总公司.铁路危险货物运输管理规则[S].北京:中国铁道出版社,2017.
[9] 中国铁路总公司.铁路超限超重货物运输规则[S].北京:中国铁道出版社,2017.
[10] 罗新民,刘湘宁.铁路军事运输[M].北京:中国铁道出版社,1994.
[11] 济南铁路局集团公司.铁路职工军交知识教材[M].北京:中国铁道出版社,2004.